湘西苗族
民间传统文化丛书
[第一辑]

# 接龙

[第一册]

石寿贵◎编

中南大学出版社
www.csupress.com.cn

# 总 序

刘昌刚

  苗族是一个古老的民族，也是一个世界性的民族。据 2010 年第六次全国人口普查统计，我国苗族有 940 余万人，主要分布在贵州、湖南、云南、四川、广西、湖北、重庆、海南等省区市；国外苗族约有 300 万人，主要分布于越南、老挝、泰国、缅甸、美国、法国、澳大利亚等国家。

一

  《苗族通史》导论记载：苗族，自古以来，无论是在文臣武将、史官学子的奏章、军录和史、志、考中，还是在游侠商贾、墨客骚人的纪行、见闻和辞、赋、诗里，都被当成一个神秘的"族群"，或贬或褒。在中国历史的悠悠长河中，苗族似一江春水时涨时落，如梦幻仙境时隐时现，整个苗疆，就像一本无字文书，天机不泄。在苗族人生活的大花园中，有着宛如仙境的武陵山、缙云山、梵净山、织金洞、九九洞以及花果山水帘洞似的黄果树大瀑布等天工杰作；在苗族的民间故事里，有着极古老的蝴蝶妈妈、枫树娘娘、竹简兄弟、花莲姐妹等类似阿凡提的美丽传说；在苗族的族群里，嫡传着榤瓠（即盘瓠）后世、三苗五族、夜郎子民、楚国臣工；在苗族的习尚中，保留着八卦占卜、易经卜算、古傩祭祀、老君法令和至今仍盛行着的苗父医方、道陵巫术、三峰苗拳……在这个盛产文化精英的民族中，走出了蓝玉、沐英、王宪章等声震全国的名将，还诞生了熊希龄、滕代远、沈从文等政治家、文学家、教育家。闻一多在《伏羲考》一文中认为延维或委蛇指伏羲，是南方苗之神。远古时期居住在东南方的人统称为夷，伏羲是古代夷部落的大首领。苗族人民中确实流传着伏羲和女娲的传说，清初陆次云的《峒溪纤志》载："苗人腊祭曰报草。祭用巫，设女娲、伏羲位。"历史学家芮逸夫在《人类学集刊》上发表的《苗族洪水故事与伏羲、女娲的传说》中说："现代的人类学者经过实地考察，才得到这是苗族传说。据此，苗族全出于伏羲、女娲。他们本为兄妹，遭遇洪水，人烟断绝，仅此二人存。他们在盘古的撮合下，结为夫妇，绵延人类。"闻一多还写过《东皇太一考》，经他考证，苗族里的伏羲就是《九歌》里的东皇太一。

《中国通史》（范文澜著，人民出版社1981年版第1册第19页）载："黄帝族与炎帝族，又与夷族、黎族、苗族的一部分逐渐融合，形成春秋时期称为华族、汉以后称为汉族的初步基础。"远古时代就居住在中国南方的苗、黎、瑶等族，都有传说和神话，可是很少见于记载。一般说来，南方各族中的神话人物是"槃瓠"。三国时徐整作《三五历纪》吸收"槃瓠"入汉族神话，"槃瓠"衍变成开天辟地的盘古氏。

在历史上，苗族为了实现民族平等，屡战屡败，但又屡败屡战，从不屈服。苗族有着悠久、灿烂的文化，为中华文化的形成和发展做出了巨大贡献，在不同的历史阶段，涌现出了许多可歌可泣的英雄人物。

苗族不愧为中华民族中的一个伟大民族，苗族文化是苗族几千年的历史积淀，其丰厚的文化底蕴成就了今天这部灿烂辉煌的历史巨著。苗族确实是一个灾难深重的民族，却又是一个勤劳、善良、富有开拓性与创造性的伟大民族。苗族还是一个世界性的民族，不断开拓和创造着新的历史文化。

历史上公认的是，九黎之苗时期的五大发明是苗族对中国文化的原创性贡献。盛襄子在其《湖南苗史述略·三苗考》中论述道："此族（苗族）为中国之古土著民族，曾建国曰三苗。对于中国文化之贡献约有五端：发明农业，奠定中国基础，一也；神道设教，维系中国人心，二也；观察星象，开辟文化园地，三也；制作兵器，汉人用以征伐，四也；订定刑罚，以辅先王礼制，五也。"

苗族历史可以分为五个时期：先民聚落期（原始社会时期）、拓土立国期（九黎时期至公元前223年楚国灭亡）、苗疆分理期（公元前223年楚国灭亡至1877年咸同起义失败）、民主革命期（1872年咸同起义失败到1949年中华人民共和国成立）、民族区域自治期（1949年中华人民共和国成立至今）。相应地，苗族历史文化大致也可以分为五个时期，且各个时期具有不尽相同的文化特征：第一期以先民聚落期为界，巫山人进化成为现代智人，形成的是原始文化，即高庙文明初期；第二期以九黎、三苗、楚国为标志，属于苗族拓土立国期,形成的是以高庙文明为代表的灿烂辉煌的苗族原典文化;第三期是以苗文化为母本,充分吸收了诸夏文化,特别是儒学思想形成高庙苗族文化;第四期是苗族历史上的民主革命期(1872年咸同起义失败到1949年中华人民共和国成立),形成了以苗族文化为母本,吸收了电学、光学、化学、哲学等基本内容的东土苗汉文化与西洋文化于一体的近现代苗族文化;第五期是苗族进入民族区域自治期(1949年中华人民共和国成立至今),此期形成的是以苗族文化为母本,进一步融合传统文化、西方文化、当代中国先进文化的当代苗族文化。

## 二

苗族是我国一个古老的人口众多的民族,又是一个世界性的民族。她以其悠久的历史和深厚的文化而著称于世,传承着历史文化、民族精神。由田兵主编的《苗族古歌》,马学良、今旦译注的《苗族史诗》,龙炳文整理译注的《苗族古老话》,是苗族古代的编年史和苗族百科全书,也是苗族最主要的哲学文献。

距今7800—5300年的高庙文明所包含的不仅是一个高庙文化遗址,其同类文化遍布亚洲大陆,其中期虽在建筑、文学和科技等方面不及苏美尔文明辉煌,却比苏美尔文明早2300年,初期文明程度更高,后期又不像苏美尔文明那样中断,是世界上唯一一直绵延不断、发展至今,并最终创造出辉煌华夏文明的人类文明。在高庙文化区域的常德安乡县汤家岗遗址出土有蚩尤出生档案记录盘。

苗族人民口耳相传的"苗族古歌"记载了祖先"蝴蝶妈妈"及蚩尤的出生:蝴蝶妈妈是从枫木心中变出来的。蝴蝶妈妈一生下来就要吃鱼,鱼在哪里?鱼在继尾池。继尾古塘里,鱼儿多着呢!草帽般大的瓢虫,仓柱般粗的泥鳅,穿枋般大的鲤鱼。这里的鱼给她吃,她好喜欢。一次和水上的泡沫"游方"(恋爱)怀孕后生下了12个蛋。后经鹤宇鸟(有的也写成鸡宇鸟)悉心孵养,12年后,生出了雷公、龙、虎、蛇、牛和苗族的祖先姜央(一说是龙、虎、水牛、蛇、蜈蚣、雷和姜央)等12个兄弟。

《山海经·卷十五·大荒南经》中也记载了蚩尤与枫树以及蝴蝶妈妈的不解之缘:"有宋山者,有赤蛇,名曰育蛇。有木生山上,名曰枫木。枫木,蚩尤所弃其桎梏,是为枫木。有人方齿虎尾,名曰祖状之尸。"姜央是苗族祖先,蝴蝶自然是苗族始祖了。

澳大利亚人类学家格迪斯说过："世界上有两个苦难深重而又顽强不屈的民族，他们就是中国的苗族和分散在世界各地的犹太民族。"诚如所言，苗族是一个灾难深重而又自强不息的民族。唯其灾难深重，才能在磨砺中锤炼筋骨，迸发出民族自强不屈的魂灵，撰写出民族文化的鸿篇巨制。近年来，随着国家民族政策的逐步完善，对寄寓在民族学大范畴下的民族历史文化研究逐步深入，苗族作为我国少数民族百花园中的重要一支，其悠远、丰厚的历史足迹与文化遗址逐步为世人所知。

苗族口耳相传的古歌记载，苗族祖先曾经以树叶为衣、以岩洞或树巢为家、以女性为首领。从当前一些苗族地区的亲属称谓制度中，也可以看出苗族从母权制到父权制、从血缘婚到对偶婚的演变痕迹。诸如此类的种种佐证材料，无不证明着苗族的悠远历史。苗族祖先凭借优越的地理条件，辛勤开拓，先后发明了冶金术和刑罚，他们团结征伐，雄踞东方，强大的部落联盟在史书上被冠以"九黎"之称。苗族历史上闪耀夺目的九黎部落首领是战神蚩尤，他依靠坚兵利甲，纵横南北，威震天下。但是，蚩尤与同时代的炎黄部落逐鹿中原时战败，从此开启了漫长的迁徙逆旅。

总体来看，苗族的迁徙经历了从南到北、从北到南、从东到西、从大江大河到小江小河，乃至栖居于深山老林的迁徙轨迹。五千年前，战败的蚩尤部落大部分南渡黄河，聚集江淮，留下先祖渡"浑水河"的传说。这一支经过休养生息的苗族先人汇聚江淮，披荆斩棘，很快就一扫先祖战败的屈辱和阴霾，组建了强大的三苗集团。然而，历史的车轮总是周而复始的，他们最终还是不敌中原部落的左右夹攻，他们中的一部分到达西北并随即南下，进入川、滇、黔边区。三苗主干则被流放崇山，进入鄱阳湖、洞庭湖腹地，秦汉以来不属王化的南蛮主支蔚然成势。夏商春秋战国乃至秦汉以降的历代正史典籍，充斥着云、贵、湘地南蛮不服王化的"斑斑劣迹"。这群发端于蚩尤的苗族后裔，作为中国少数民族的重要代表，深入武陵山脉心脏，抱团行进，男耕女织，互为凭借，势力强大，他们被封建统治阶级称为武陵蛮。据史料记载，东汉以来对武陵蛮的刀兵相加不可胜数，双方各有死伤。自晋至明，苗族在湖北、河南、陕西、云南、江西、湖南、广西、贵州等地辗转往复，与封建统治者进行了长期艰苦卓绝的不屈斗争。清朝及民国，苗族驻扎在云南的一支因战火而大量迁徙至滇西边境和东南亚诸国，进而散发至欧洲、北美、澳大利亚。

苗族遂成为一个世界性的民族！

# 三

苗族同胞在与封建统治者长期的争夺征战中,不断被压缩生存空间,又不断拓展生存空间,从而形成了其民族极为独特的迁徙文化现象。苗族历史上没有文字,却保存有大量的神话传说,他们有感于迁徙繁衍途中的沧桑征程,对天地宇宙产生了原始朴素的哲理认知。每迁徙一地,他们都结合当地实际,丰富、完善本民族文化内涵,从而形成了系列以"蝴蝶""盘瓠""水牛""枫树"为表象的原始图腾文化。苗族虽然没有文字,却有丰富的口传文化,这些口传文化经后人整理,散见于贵州、湖南等地流传的《苗族古歌》《苗族古老话》《苗族史诗》等典籍,它们承载着苗族后人对祖先口耳相传的族源、英雄、历史、文化的再现使命。

苗族迁徙的历程是艰辛、苦难的,迁徙途中的光怪陆离却是迷人的。他们善于从迁徙途中寻求生命意义,又从苦难中构建人伦规范,他们赋予迁徙以非同一般的意义。他们充分利用身体、语言、穿戴、图画、建筑等媒介,表达对天地宇宙的认识、对生命意义的理解、对人伦道德的阐述、对生活艺术的想象。于是,基于迁徙现象而产生的苗族文化便变得异常丰富。苗族将天地宇宙挑绣在服饰上,得出了天圆地方的朴素见解;将历史文化唱进歌声里,延续了民族文化一以贯之的坚韧品性;将跋涉足迹画在了岩壁上,应对苦难能始终奋勇不屈。其丰富的内涵、奇特的形式、隐忍的表达,成为这个民族独特的魅力,成为这个民族极具异禀的审美旨趣。从这个层面扩而大之,苗族的历史文化,便具备了一种神秘文化的潜在魅力与内涵支撑。苗族神秘文化最为典型的表现是巴代文化现象。从隐藏的文化内涵因子分析来看,巴代文化实则是苗族生存发展、生产生活、伦理道德、物质精神等文化现象的活态传承。

苗族丰富的民族传奇经历造就了其深厚的历史文化,但其不羁的民族精神又使得这个民族成为封建统治者征伐打压的对象。甚至可以说,一部封建史,就是一部苗族的压迫屈辱史。封建统治者压迫苗族同胞惯用的手段,一是征战屠杀,二是愚昧民众,历经千年演绎,苗族同胞之于本民族历史、祖先伟大事功,慢慢忽略,甚至抹杀性遗忘。

一个伟大民族的悲哀莫过于此!

# 四

历经苦难，走向辉煌。中华人民共和国成立后，得益于党的民族政策，苗族与全国其他少数民族一样，依托民族区域自治法，组建了系列具有本民族特色的少数民族自治机构，千百年被压在社会底层的苗族同胞，翻身当家做主人，他们重新直面苗族的历史文化，系统挖掘、整理、提升本民族历史文化，切实找到了民族的历史价值和民族文化自信。贵州和湖南湘西武陵山区一带，自古就是封建统治阶级口中的"武陵蛮"的核心区域。这一块曾经被统治阶级视为不毛之地的蛮荒地区，如今得到了国家的高度重视，中央整合武陵山片区4省市71个县市，实施了武陵山片区扶贫攻坚战略。作为国家区域大扶贫战略中的重要组成部分，武陵山区苗族同胞的脱贫发展牵动着党中央、国务院关注的目光。武陵山区苗族同胞感恩党中央，激发内生动力，与党中央同步共振，掀起了一场轰轰烈烈的脱贫攻坚世纪大战。

苗族是湘西土家族苗族自治州两大主体民族之一，要推进湘西发展，当前基础性的工作就是要完成两大主体民族脱贫攻坚重点工作，自然，苗族承担的历史使命责无旁贷。在这样的语境下，推进湘西发展、推进苗族聚集区同胞脱贫致富，就是要充分用好、用活苗族深厚的历史文化资源，以挖掘、提升民族文化资源品质，提升民族文化自信心；要全面整合苗族民族文化资源精华，去芜存菁，把文化资源转化为现实生产力，服务于我州经济社会的发展。

正是贯彻这样的理念，湘西土家族苗族自治州立足少数民族自治地区的民族资源特色禀赋，提出了生态立州、文化强州的发展理念，围绕生态牌、文化牌打出了"全域旅游示范区建设""国内外知名生态文化公园"系列组合拳，民族文化旅游业蓬勃发展，民族地区脱贫攻坚工作突飞猛进。在具体操作层面，州委、州政府提出了以"土家探源""神秘苗乡"为载体、深入推进我州文化旅游产业发展的口号，重点挖掘和研究红色文化、巫傩文化、苗疆文化、土司文化。基于此，州政协按照服务州委、州政府中心工作和民生热点难点的履职要求，组织相关专家学者，联合相关出版机构，在申报重点课题的基础上，深度挖掘苗族历史文化，按课题整理、出版苗族历史文化丛书。

人类具有社会属性，所以才会对神话故事、掌故、文物和文献进行著录和收传。以民族出版社出版、吴荣臻主编的五卷本《苗族通史》和贵州民族出版社出版的《苗族古歌》系列著作为标志，苗学研究进入了一个新的历史时期。

湘西土家族苗族自治州政协组织牵头的《湘西苗族民间传统文化丛书》是苗疆文化的主要内容和成果。它不但整理译注了浩如烟海的有关苗疆的历史文献，出版了史料文献丛书，还记录整理了苗族人民口传心录的苗族古歌系列、巴代文化系列等珍贵资料，并展示了当代文化研究成果。

　　党的十八大以来，以习近平同志为核心的党中央，以"一带一路"倡议为抓手，不断推进人类命运共同体建设，以实现中华民族伟大复兴的中国梦为目标，不断推进理论自信、道路自信、制度自信和文化自信。没有包括苗族文化在内的各个少数民族文化的复兴，也不会有完全的中华民族伟大复兴。

　　因此，从苗族历史文化中探寻苗族原典文化，发现新智慧、拓展新路径，从而提升民族文化自信力，服务湘西生态文化公园建设，推进精准扶贫、精准脱贫，实现乡村振兴，进而实现湘西现代化建设目标，善莫大焉！

　　此为序！

2018 年 9 月 5 日

# 专家序一

## 掀起湘西苗族巴代文化的神秘面纱

### 汤建军

2017年9月7日，根据中共湖南省委安排，我在中共湘西州委做了题为"砥砺奋进的五年"的形势报告。会后，在湘西州社科联谭必四主席的陪同下，考察了一直想去的花垣县双龙镇十八洞村。出于对民族文化的好奇，考察完十八洞村后，我根据中共湖南省委网信办在花垣县挂职锻炼的范东华同志的热诚推荐，专程拜访了苗族巴代文化奇人石寿贵老先生，参观其私家苗族巴代文化陈列基地。石寿贵先生何许人也？花垣县双龙镇洞冲村人。他是本家祖传苗师"巴代雄"第32代掌坛师、客师"巴代扎"第11代掌坛师、民间正一道第18代掌坛师。石老先生还是湘西州第一批命名的"非物质文化遗产（以下简称'非遗'）保护"名录"苗老司"代表性传承人、湖南省第四批"非遗"名录"苗族巴代"代表性传承人、吉首大学客座教授、中国民俗学会蚩尤文化研究基地蚩尤文化研究会副会长、巴代文化学会会长。他长期从事巴代文化、道坛丧葬文化、民间习俗礼仪文化等苗族文化的挖掘搜集、整编译注及研究传承工作。一直以来，他和家人，动用全家之财力、物力和人力，经过近50年的全身心投入，在本家积累32代祖传资料的基础上，又走访了贵州、四川、湖北、湖南、重庆等周边20多个县市有名望的巴代坛班，通过本家厚实的资料库加上广泛搜集得来的资料，目前已整编译注出7大类76本

2500 多万字及 4000 余幅仪式彩图的《巴代文化系列丛书》，且准备编入《湘西苗族民间传统文化丛书》进行出版。这 7 大类 76 本具体包括：第一类，基础篇 10 本；第二类，苗师科仪 20 本；第三类，客师科仪 10 本；第四类，道师科仪 5 本；第五类，侧记篇 4 本；第六类，苗族古歌 14 本；第七类，历代手抄本扫描 13 本。除了书稿资料以外，石寿贵先生还建立起了 8000 多分钟的仪式影像、238 件套的巴代实物、1000 多分钟的仪式音乐、此前他人出版的有关苗族巴代民俗的藏书 200 余册以及包括一整套待出版的《湘西苗族民间传统文化丛书》在内的资料档案。此前，他还主笔出版了《苗族道场科仪汇编》《苗师通书诠释》《湘西苗族古老歌话》《湘西苗族巴代古歌》四本著作。其巴代文化研究基地已建立起巴代文化的三大仪式、两大体系、八大板块、三十七种类苗族文化数据库，成为全国乃至海内外苗族巴代文化资料最齐全系统、最翔实厚重、最丰富权威的亮点单位。"苗族巴代"在 2016 年 6 月入选第四批湖南省"非遗"保护名录。2018 年 6 月，石寿贵老先生获批为湖南省第四批非物质文化遗产保护项目"苗族巴代"代表性传承人。

走进石寿贵先生的巴代文化挖掘搜集、整编译注、研究及陈列基地，这是一栋两层楼的陈列馆，没有住人，全部都是用来作为巴代文化资料整编译注和陈列的。一楼有整编译注工作室和仪式影像投影室等，中堂为有关图片及字画陈列，文化气息扑面而来。二楼分别为巴代实物资料、文字资料陈列室和仪式腔调录音室及仪式影像资料制作室等，其中 32 个书柜全都装满了巴代书稿和实物，真可谓书山文海、千册万卷、博大精深、琳琅满目。

石老先生所收藏和陈列的巴代文化各种资料、物件和他本人的研究成果极大地震撼了我们一行人。我初步翻阅了石老先生提供的《湘西苗族巴代揭秘》一书初稿，感觉这些著述在中外学术界实属前所未闻、史无前例、绝无仅有。作者运用独特的理论体系资料、文字体系资料以及仪式符号体系资料等，全面揭露了湘西苗族巴代的奥秘，此书必将为研究苗族文化、苗族巴代文化学、中国民族学、民俗学、民族宗教学以及苗族地区摄影专家、民族文化爱好者提供线索、搭建平台与铺设道路。我当即与湘西州社科联谭必四主席商量，建议他协助和支持石老先生将《湘西苗族巴代揭秘》一书申报湖南省社科普及著作出版资助。经过专家的严格评选，该书终于获得了出版资助，在湖南教育出版社得到出版。因为这是一本在总体上全面客观、科学翔实、通俗形象地介绍苗族巴代及其文化的书，我相信此书一定会成为广大读者喜闻喜阅、喜欣喜爱的书，一定能给苗族历代祖先以慰藉，一定能更好地传播苗民族文化精华，一定能深入弘扬中华民族优秀传统文化。

2017 年 12 月 6 日，我应邀在中南大学出版社宣讲党的十九大精神时，我结合如何策划选题，重点推介了石寿贵先生的苗族巴代文化系列研究成果，希望中南大学出版社在前期积累的基础上，放大市场眼光，挖掘具有民族特色的文化遗产，积极扶持石老先生巴代文化成果的出版。这个建议得到了吴湘华社长及其专业策划团队的高度重视。2018 年 1 月 30 日，国家出版基金资助项目公示，由中南大学出版社挖掘和策划的石寿贵编著的《巴代文化系列丛书》中的 10 本作为第一批《湘西苗族民间传统文化丛书》入选。该《丛书》以苗族巴代原生态的仪式脚本(包括仪式结构、仪式程序、仪式形态、仪式内容、仪式音乐、仪式气氛、仪式因果等)记录为主要内容，原原本本地记录了苗师科仪、客师科仪、道师绕棺戏科仪以及苗族古歌、巴代历代手抄本扫描等脚本资料，建立起了科仪的文字记录、图片静态记录、影像动态记录、历代手抄本文献记录、道具法器实物记录等资料数据库，是目前湘西苗族地区种类较为齐全、内容翔实、实物彩图丰富生动的原生态民间传统资料，充分体现了苗族博大精深、源远流长的文化内涵和艺术价值，对今后全方位、多视角、深层次研究苗族历史文化有着极其重要的价值和深远的意义。

从《湘西苗族民间传统文化丛书》中所介绍的内容来看，可以说，到目前为止，这套《丛书》是有关领域中内容最系统翔实、最丰富完整、最难能可贵的资料了。此套书籍如此广泛深入、全面系统、尽数囊括、笼统纳入，实为古今中外之罕见，堪称绝无仅有、弥足珍贵，也是有史以来对苗族巴代文化的全面归纳和科学总结。我想，这既是石老先生和他的祖上及其家眷以及政界、学界、社会各界对苗族文化的热爱、执着、拼搏、奋斗、支持、帮助的结果，也体现出了石寿贵老先生对苗族文化所做出的巨大贡献。这套丛书将成为苗族传统文化保护传承、研究弘扬的新起点和里程碑。用学术化的语言来说，这 300 余种巴代科仪就是巴代历代以来所主持苗族的祭祀仪式、习俗仪式以及各种社会活动仪式的具体内容。但仪式所表露出来的仅仅只是表面形式而已，更重要的是包含在仪式里面的文化因子与精神特质。关于这一点，石寿贵老先生在《丛书》中也剖析得相当清晰，他认为巴代文化的形成是苗族文化因子的作用所致。他认为：世界上所有的民族和教派都有不同于其他民族的文化因子，比如佛家的因果轮回、慈善涅槃、佛国净土，道家的五行生克、长生久视、清静无为，儒家的忠孝仁义、三纲五常、齐家治国，以及纳西族的"东巴"、羌族的"释比"、东北民族的"萨满"、土家族的"梯玛"等，无不都是严格区别于其他民族或教派的独特文化因子。由某个民族文化因子所产生出来的文化信念，在内形成了该民族的观念、性格、素质、气节和精神，在外则形成了该民族的风格、习俗、形象、身份和标志。通过内外因素的共同作用，形成支撑该民族生生不息、发展壮大、繁荣富强的不竭动力。苗族巴代文化的核心理念是人类的"自我不灭"真性，在这一文化因子的影响下，形成了"自我崇拜"或"崇拜自我、维护自我、服务自我"的人类生存哲学体系。这种理论和实践体现在苗师"巴代雄"祭祀仪式的方方面面，比如上供时所说的"我吃你吃，我喝你喝"。说过之后，还得将供品一滴不漏地吃进口中，意思为我吃就是我的祖先吃，我喝就是我的祖先喝，我就是我的祖先，我的祖先就是我，祖先虽亡，但他的血液却在我的身上流淌，他的基因附在我的身上，祖先的化身就是当下的我，并且一直延续到永远，这种自我真性没有被泯灭掉。同时，苗师"巴代雄"所祭祀的对象既不是木偶，也不是神像，更不是牌位，而是活人，是舅爷或德高望重的活人。这种祭祀不同于汉文化中的灵魂崇拜、鬼神崇拜或自然崇拜，而是实实在在的、活生生的自我崇拜。这就是巴代传承古代苗族主流文化（因子）的内在实质和具体内容。无怪乎如来佛祖降生时一手指天，一手指地，所说的第一句话就是："天上地下，唯我独尊。"佛祖所说的这个"我"，指的绝非本人，而是宇宙间、世界上的真性自我。

　　石老先生认为，从生物学的角度来说，世界上一切有生命的动植物的活动都是维护自我生存的活动，维护自我毋庸置疑。从人类学的角度来说，人类的真性自我不生不灭，世间人类自身的一切活动都是围绕有利于自我生存和发展这个主旨来开展的，背离了这个主旨的一切活动都是没有任何价值和意义的活动。从社会科学的角度来说，人类社会所有的科普项目、科学文化，都是从有利于人类自我生存和发展这个主题来展开的，如果离开了这条主线，科普也就没有了任何价值和意义。从人类生存哲学的角度来说，其主要的逻辑范畴，也是紧紧地把握人类这个大的自我群体的生存和发展目标去立论拓展的，自我生存成为最大的逻辑范畴；从民族学的角度来说，每个要维护自己生生不息、发展壮大的民族，都要有自己强势优越、高超独特、先进优秀的文化来作支撑，而要得到这种文化支撑的主体便是这个民族大的自我。

　　石老先生还说，从维护小的生命、个体的小自我到维护大的人类、群体的大自我，是生物世界始终都绕不开的总话题。因而，自我不灭、自我崇拜或崇拜自我、服务自我、维护自我，在历史上早就成为巴代文化的核心理念。正是苗师"巴代雄"所奉行的这个"自我不灭论"宗旨教义，所行持的"自我崇拜"的教条教法，涵盖了极具广泛意义的人类学、民族学以及哲学文化领域中的人类求生存发展、求幸福美好的理想追求。也正是这种自我真性崇拜的文化因子，才形成了我们的民族文化自信，锻造了民族的灵魂素质，成就了民族的精神气节，才能坚定民族自生自存、自立自强的信念意识，产生出民族生生不息、发展壮大的永生力量。这就充分说明，苗族的巴代文化，既不是信鬼信神的巫鬼文化，也不是重巫尚鬼的巫傩文化，而是从基因实质的文化信念到灵魂素质、意识气魄的锻造殿堂，是彻头彻尾的精神文化，这就是巴代文化和巫鬼文化、巫傩文化的本质区别所在。

乡土的草根文化是民族传统文化体系的基因库，只要正向、确切、适宜地打开这个基因库，我们就能找到民族的根和魂，感触到民族文化的神和命。巴代作为古代苗族主流文化的传承者，作为一个族群社会民众的集体意识，作为支撑古代苗族生存发展、生生不息的强大的精神支柱和崇高的文化图腾，作为苗族发展史、文明史曾经的符号，作为中华民族文化大一统中的亮丽一簇，很少被较为全面系统、正向正位地披露过。

巴代是古代苗族祭祀仪式、习俗仪式、各种社会活动仪式这三大仪式的主持者，更是苗族主流文化的传承者。因为苗族在历史上频繁迁徙、没有文字、不属王化、封闭保守等因素，再加上历史条件的限制与束缚，为了民族的生存和发展，苗族先人机灵地以巴代所主持的三大仪式为本民族的显性文化表象，来传承苗族文化的原生基因、本根元素、全准信息等这些只可意会、不可言传的隐性文化实质。又因这三大仪式的主持者叫巴代，故其所传承、主导、影响的苗族主流文化又被称为巴代文化，巴代也就自然而然地成为聚集古代苗族的哲学家、法学家、思想家、社会活动家、心理学家、医学家、史学家、语言学家、文学家、理论家、艺术家、易学家、曲艺家、音乐家、舞蹈家、农业学家等诸大家之精华于一身的上层文化人，自古以来就一直受到苗族人民的信任、崇敬和尊重。

巴代文化简单说来就是三大仪式、两大体系、八大板块和三十七种文化。其包括了苗族生存发展、生产生活、伦理道德、物质精神等从里到表、方方面面、各个领域的文化。巴代文化必定成为有效地记录与传承苗族文化的大乘载体、百科全书以及活态化石，必定成为带领苗族人民从远古一直走到近代的精神支柱和家园，必定成为苗族文化的根、魂、神、质、形、命的基因实质，必定成为具有苗族代表性的文化符号与文化品牌；必定成为苗族优秀的传统文化、神秘湘西的基本要素。

石老先生委托我为他的丛书写篇序言，因为我的专业不是民族学研究，不能从专业角度给予中肯评价，为读者做好向导，所以我很为难，但又不好拒绝石老先生。工作之余，我花了很多时间认真学习他的相关著述，总感觉高手在民间，这些文字是历代苗族文化精华之沉淀，文字之中透着苗族人的独特智慧，浸润着石老先生及历代巴代们的心血智慧，更体现出了石老先生及其家人一生为传承苗族文化所承载的常人难以想象的、难以忍受的艰辛、曲折、困苦、执着和担当。

这次参观虽然不到两个小时，却发现了苗族巴代文化的正宗传人。遇见石老先生，我感觉自己十分幸运，亦深感自己有责任、有义务为湘西苗族巴代文化及其传人积极推荐，努力让深藏民间的优秀民族文化遗产能够公开出版。石老先生的心愿已了，感恩与我们一样有这种情结的评审专家和出版单位对《湘西苗族民间传统文化丛书》的厚爱和支持。我相信，大家努力促成这些书籍公开出版，必将揭开湘西苗族巴代文化的神秘面纱，必将开启苗族巴代文化保护传承、研究弘扬、推介宣传的热潮，也必将引发湘西苗族巴代文化旅游的高潮。

略表数言，抛砖引玉，是为序。

（作者系湖南省社会科学界联合会党组成员、副主席，湖南省省情研究会会长、研究员）

# 专家序二

罗康隆

　　我来湘西20年,不论是在学校,还是在村落,听到当地苗语最多的就是"巴代"(分"巴代雄"与"巴代扎")。起初,我也不懂巴代的系统内涵,只知道巴代是湘西苗族的"祭师",但经过20年来循序渐进的认识与理解,我深知,湘西苗族的"巴代",并非用"祭师"一词就可以简单替代。

　　说实在的,我是通过《湘西苗族调查报告》和《湘西苗族实地调查报告》这两本书来了解湘西的巴代文化的。1933年5月,国立中央研究院的凌纯声、芮逸夫来湘西苗区调查,三个月后凌纯声、芮逸夫离开湘西,形成了《湘西苗族调查报告》(2003年12月由民族出版社出版)。该书聚焦于对湘西苗族文化的展示,通过实地摄影、图画素描、民间文物搜集,甚至影片拍摄,加上文字资料的说明等,再现了当时湘西苗族社会文化的真实图景,其中包含了不少关于湘西苗族巴代的资料。

　　当时,湘西乾州人石启贵担任该调查组的顾问,协助凌纯声、芮逸夫在苗区展开调查。凌纯声、芮逸夫离开湘西时邀请石启贵代为继续调查,并请国立中央研究院聘石启贵为湘西苗族补充调查员,从此,石启贵正式走上了苗族研究工作的道路。经过多年的走访调查,石启贵于1940年完成了《湘西苗族实地调查报告》(2008年由湖南人民出版社出版)。在该书第十章"宗教信仰"中,他用了11节篇幅来介绍湘西苗族的民间信仰。2009年由中央民族大学"985工程"中国少数民族非物质文化研究与保护中心与台湾"中央研究院"历史语言研究所联合整理,在民族出版社出版了《民国时期湘南苗族调查实录(1~8卷)(套装全10册)》,包括民国习俗卷、椎猪卷、文学卷、接龙卷、祭日月神卷、祭祀神辞汉译卷、还傩愿卷、椎牛卷(上)、椎牛卷(中)、椎牛卷(下)。由是,人们对湘西苗族"巴代"有了更加系统的了解。

我作为苗族的一员,虽然不说苗语了,但对苗族文化仍然充满着热情与期待。在我主持学校民族学学科建设之初,就将苗族文化列为重点调查与研究领域,利用课余时间行走在湘西的腊尔山区苗族地区,对苗族文化展开调查,主编了《五溪文化研究》丛书和《文化与田野》人类学图文系列丛书。在此期间结识了不少巴代,其中就有花垣县董马库的石寿贵。此后,我几次到石寿贵家中拜访,得知他不仅从事巴代活动,而且还长期整理湘西苗族的巴代资料,对湘西苗族巴代有着系统的了解和较深的理解。

我被石寿贵收集巴代资料的精神所感动,决定在民族学学科建设中与他建立学术合作关系,首先给他配备了一台台式电脑和一台摄像机,可以用来改变以往纯手写的不便,更可以将巴代的活动以图片与影视的方式记录下来。此后,我也多次邀请他到吉首大学进行学术交流。在台湾"中央研究院"康豹教授主持的"深耕计划"中,石寿贵更是积极主动,多次对他所理解的"巴代"进行阐释。他认为湘西苗族的巴代是一种文化,巴代是古代苗族祭祀仪式、习俗仪式、各种社会活动仪式这三大仪式的主持者,是苗族文化的传承载体之一,是湘西苗族"百科全书"的构造者。

巴代文化成为苗族文化的根、魂、神、质、形、命的基因实质。这部《湘西苗族民间传统文化丛书》含7大类76本2500多万字及4000余幅仪式彩图,还有8000多分钟仪式影像、238件套巴代实物、1000多分钟仪式音乐等,形成了巴代文化资料数据库。这些资料弥足珍贵,以苗族巴代仪式结构、仪式程序、仪式形态、仪式内容、仪式音乐、仪式气氛、仪式因果为主要内容进行记录。这是作者在本家32代祖传所积累丰厚资料的基础上,通过近50年对贵州、四川、湖南、湖北、重庆等省市周边有名望的巴代坛班走访交流,行程达10万多公里,耗资40余万元,竭尽全家之精力、人力、财力、物力,对巴代文化资料进行挖掘、搜集与整理所形成的资料汇编。

这些资料的样本存于吉首大学历史与文化学院民间文献室,我安排人员对这批资料进行了扫描,准备在2015年整理出版,并召开过几次有关出版事宜的会议,但由于种种原因未能出版。今天,它将由中南大学出版社申请到的国家出版基金资助出版,也算是了结了我多年来的一个心愿,这是苗族文化史上的一件大好事。这将促进苗族传统文化的保护,极大地促进民族精神的传承和发扬,有助于加强、保护与弘扬传统文化,对落实党和国家加强文化大发展战略有着特殊的使命与价值。

**(作者为吉首大学历史文化学院院长、湖南省苗学学会第四届会长)**

# 概 述

　　《湘西苗族民间传统文化丛书》以苗族巴代原生态的仪式脚本(包括仪式结构、仪式程序、仪式形态、仪式内容、仪式音乐、仪式气氛、仪式因果等)记录为主要内容,原原本本地记录了苗师科仪、客师科仪、道师绕棺戏科仪以及苗族古歌、巴代历代手抄本扫描等脚本资料,建立起了科仪文字记录、图片静态记录、影像动态记录、历代手抄本文献记录、道具法器实物记录等资料数据库,为抢救、保护、传承、研究这些濒临灭绝的苗族传统文化打牢了基础,搭建了平台,提供了必需的条件。

　　巴代是古代苗族祭祀仪式、习俗仪式、各种社会活动仪式这三大仪式的主持者,也是苗族主流文化的传承载体之一。古代苗族在涿鹿之战后因为频繁迁徙、分散各地、没有文字、不属土化、封闭保守等因素,形成了具有显性文化表象和隐性文化实质这二元文化的特殊架构。基于历史条件的限制与束缚,为了民族的生存和发展,苗族先人机灵地以巴代所主持的三大仪式为本民族的显性文化表象,来传承苗族文化的原生基因、本根元素、全准信息等这些只可意会、不可言传的隐性文化实质。因为三大仪式的主持者叫巴代,故其所传承、主导、影响的苗族主流文化又被称为巴代文化,巴代也就自然而然地成为聚集古代苗族的哲学家、史学家、宗教家等诸大家之精华于一身的上层文化人,自古以来就一直受到苗族人民的信任、崇敬和尊重。

　　巴代文化简单说来就是三大仪式、两大体系、八大板块和三十七种文化。其包括了苗族生存发展、生产生活、伦理道德、物质精神等从里到表、方方面面各个领域的文化。巴代文化必定成为有效地记录与传承苗族文化的大乘载体、百科全书以及活态化石，必定成为带领苗族人民从远古一直走到近代的精神支柱和家园，必定成为苗族文化的根、魂、神、质、形、命的基因实质；必定成为具有苗族代表性的文化符号与文化品牌，必定成为苗族优秀的传统文化之一、神秘湘西的基本要素。

苗族的巴代文化与纳西族的东巴文化、羌族的释比文化、东北民族的萨满文化、汉族的儒家文化、藏族的甘朱尔等一样，是中华文明五千年的文化成分和民族文化大花园中的亮丽一簇，是苗族文化的本源井和柱标石。巴代文化的定位是苗族文化的全面归纳、科学总结与文明升华。

近代以来，由于种种原因，巴代文化濒临灭绝。为了抢救这种苗族传统文化，笔者在本家 32 代祖传所积累丰厚资料的基础上，又通过近 50 年以来对贵州、四川、湖南、湖北、重庆等省市周边有名望的巴代坛班走访交流，行程 10 多万公里，耗资 40 余万元，竭尽全家之精力、人力、财力、物力，全身心投入巴代文化资料的挖掘、搜集、整编译注、保护传承工作中，到目前已形成了 7 大类 76 本 2500 多万字及 4000 余幅仪式彩图的《湘西苗族民间传统文化丛书》(以下简称《丛书》) 有待出版，建立起了《丛书》以及 8000 多分钟的仪式影像、238 件套的巴代实物、1000 多分钟的仪式音乐等巴代文化资料数据库。该《丛书》已成为当今海内外唯一的苗族巴代文化资源库。

7 大类 76 本 2500 多万字及 4000 余幅仪式彩图的《丛书》在学术界也称得上是鸿篇巨制了。为了使读者能够在大体上了解这套《丛书》的基本内容，在此以概述的形式来逐集进行简介是很有必要的。

这套洋洋大观的《丛书》，是一个严谨而完整的不可分割的体系，按内容属性可分为 7 大类型，具体如下：

第一类：基础篇，共 10 本。分别是：《许愿标志》《手诀》《神符》《巴代法水》《巴代道具法器》《文疏表章》《纸扎纸剪》《巴代音乐》《巴代查病书》《湘西苗族民间传统文化丛书通读本》。

第二类：苗师科仪，共 20 本。分别是：《接龙》(第一、二册)，《汉译苗师通鉴》(第一、二、三册)，《苗师通鉴》(第一、二、三、四、五、六、七、八册)，《苗师"不青"敬日月车祖神科仪》(第一、二、三册)，《敬家祖》《敬雷神》《吃猪》《土昂找新亡》。

第三类：客师科仪，共 10 本。分别是：《客师科仪》(第一、二、三、四、

五、六、七、八、九、十册）。

第四类：道师科仪，共5本。分别是：《道师科仪》（第一、二、三、四、五册）。

第五类：侧记篇，共4本。分别是：《侧记篇之守护者》《巴代仪式图片汇编》《预测速算》《傩面具图片汇编》。

第六类：苗族古歌，共14本。分别是：《古杂歌》，《古礼歌》，《古阴歌》，《古灰歌》，《古仪歌》，《古玩歌》，《古堂歌》，《古红歌》，《古蓝歌》，《古白歌》，《古人歌》（第一、二册），《汉译苗族古歌》（第一、二册）。

第七类：历代手抄本扫描，共13本。

本套《丛书》的出版将为抢救、保护、传承、研究这些濒临灭绝的苗族传统文化打牢基础、搭建平台和提供必需的条件；为研究苗族文化，特别是研究苗族巴代文化学、民族学、民俗学、民族宗教学等，以及这些学科的完善和建设做出贡献；为研究、关注苗族文化的专家学者以及来苗族地区的摄影者提供线索与方便。《丛书》的出版，将有力地填补苗族巴代文化学领域里的空缺和促进苗族传统文明、文化体系的完整，使苗族巴代文化成为中华民族文化大花园中的亮丽一簇。

**石寿贵**
2019 年秋于中国苗族巴代文化研究中心

# 前　言

　　龙神为中华民族传统观念中的祖神之一，俗语"中华民族是龙的传人""皇帝的身体是龙体""我们是龙子龙孙"等正好说明了这一点。苗族将龙神称为"绒剖绒娘"，即龙祖龙婆，若是见哪家喜添人口，人们都会说是"达绒包标"或者是"达绒求周"，意为龙神进家了。可见，人们对龙的信仰的确非同寻常。

　　龙为苗族人民所信奉的吉祥物之一，认为龙神可以庇佑人丁，庇佑发家致富，可以保佑富贵双全，可以保佑兴旺发达，等等。总之，一切有利于人类生存和发展的事物，如人们所说的福、禄、寿、喜，人丁、金钱和下属，权力、名声和地位，财产、处境和寿元，等等，一切好事的出现，一切理想与愿望的实现，都离不开龙的庇佑，龙是传统观念中最吉祥的代表。

　　为了求得龙神的庇佑，人们在建新房的时候，要选择一处"前有水抱，后有山靠"的龙堂凤地做屋场；在安葬老母老父上山的时候，要选择一处"左青龙、右白虎、前朱雀、后玄武、中明堂"都要优良的"龙穴宝地"做坟场；等等。于是人们便堪舆风水，分辨山脉，分径拨向，寻找地气龙脉聚集之地，认为只要有龙的气息，便可得到龙的庇佑，便可得到人生的幸福，这是人们最为突出的传统观念。

　　人们除了选择利用大自然中的舒适环境以安居之外，尚有将龙敬奉为神的作法，企图通过敬奉龙神来达到祈福保禄之目的。在湘西苗族村寨里，过去时代每家每户的堂屋都有龙穴一处，名曰"酷绒"即龙堂。内置一碗，装有一些碎金碎银及朱砂粉，碗内盛满清水，名曰"窝这绒"，即龙堂水。上盖一块岩板，凿有黑白"太极"图案，名曰"板柔绒"，即龙岩。整个设施称为"标绒标潮、标乖标令"，即龙屋龙宅、龙堂龙殿，专门用来安奉"便方便告绒剖绒娘、绒内绒骂、绒得绒嘎",即五方五位龙公龙母、龙娘龙爷、龙子龙孙。

在安置这龙堂的时候,户主必须举行"然绒"即接龙仪式,并且要每三年举行一次,在九年之内举行三次之后才算圆满。之后可根据需求,或十年八年再做都行。接龙有接山龙、接寨龙、接坟龙、接家龙等多种规格,具体行持依情况而定。

接龙有苗师接龙和客师接龙两种仪式。苗师接龙称为"然绒雄",其神辞全系苗语,属于苗族原生态的祭祀。客师接龙称为"然绒扎",其神辞全系汉语,是苗汉杂居而形成文化交融之后的祭祀。本书所介绍的是苗师接龙,即苗族原生态的接龙的祭祀仪式。

不管是苗师接龙还是客师接龙,都要由年轻男女身着盛装、打花伞来装扮龙公龙母、龙娘龙爷、龙子龙孙,用活人代表龙神接受供奉。在去水边大请龙神时要列队前往,骑马抬轿,鸣锣吹号,跳接龙舞,诵接龙词,还要从井里舀井水作龙水来盛在信士家堂屋龙穴里面的龙碗内。在回到门外时还要举行跳接舞,接龙进门问答、撒龙粑进屋仪式,场面十分热烈。祭祀中没有神像,也没牌位,是活人祭祀、活人领供的作法。

苗师接龙有十六堂科仪。具体包括第一堂将棍空(请师出坛),第二堂休足、封牢总(收祚、封牢井),第三堂奈绒(小请龙神),第四堂扛服扛能(敬吃供喝),第五堂安绒(安龙),第六堂巴高绒(中请龙神),第七堂袍酒包(喝入堂酒),第八堂走梅斩(交吃剩的酒),第九堂送琶(交牲),第十堂留吾炯绒(大请龙神),第十一堂几排绒(接龙对答),第十二堂袍服袍能(送喝送吃),第十三堂走酒先(送熟酒肉),第十四堂忙叫安绒(大安龙神),第十五堂开牢总(开牢井放邪师),第十六堂长纵(回坛)。

苗师接龙要用一头猪、一块肉、一桌豆腐、一二百斤的糯米打糍粑、一只花鸡、三斤青油、适量香纸蜡烛、一桶白酒等做供品。要在堂屋中铺一床新晒席,在晒席上铺三层新织的丝绸花布。在布上摆一纸扎的龙屋,屋内点青油灯。龙屋外按五方摆设,每方各有两捆新稻草把,草把上按方插五色龙旗。草把行内接连堆放两路糍粑,名曰龙街粑。五方有五个大粑,大粑上有用糍粑捏成龙形状一条,谓之"龙粑"。五方外各点青油灯一盏,蜡烛一对。五方五位插有五色纸五束,下有香米一碗,酒肉各一碗。龙屋前方陈设新绸缎花衣花裙、金银项圈、胸挂花串、指戒耳环等物。晒席前边沿地下有烧蜂香烟的香碗一个,再摆巴代的竹柝、蚩尤铃、骨卦等物,巴代坐在前面,背朝大门敲竹柝、诵神辞。

苗师接龙要两夜一天的时间。第一天晚上剪纸、扎龙屋,到半夜时小请龙神。第二天清早摆设祭场，早饭后启建，接龙。晚上安龙、送祖师完毕。

由于巴代神辞基本上是诗歌体裁，其平仄韵脚要求相当严格，而在苗区的语言基本上都是五里不同腔，八里不同韵的语音，因本书的资料采集于花垣县双龙镇洞冲村一带的民间，属于东部方言第二方言区的语音区，为了保持平仄韵脚、诗歌体裁的流畅押韵，故而苗文记音也就得采用东部方言第二方言区花垣县排碧地区的语音批注，请读者理解。

又，巴代所主持的每堂仪式，都是一场完整的地戏，其中的结构与框架、语言与形态、内容与轨迹、诉求与效果既有其相似性和共性，又有其差异性和个性，犹如人们建房子一样，材料虽然都是砖木瓦石，但所建造出来的房子千种百样，论其共性都是房子，都能供人使用或居住，但个性却有很多，比如形状、大小、宽窄、高矮、作用、价值等却是千差万别，各有千秋。材料虽然都是这些，但用法用量、组合方式却大有区别。祭祀仪式也与此一样，虽然基本素材都是这些，但具体组合的方式及用法用量各有不同，即使是在每一小段神辞中，哪怕只是岔出其中的几句，也是一种不可忽视的差异，正如化工调料一样，原料的成分与调和的比例将能直接左右效果。上述种种，在巴代所主持的几百堂祭祀仪式中，虽然其中的基本素材大致相同，但通过不同顺序、不同分量，不同形式的组合之后却形成了千差万别的各种模式，加上历代先民所创的"祭神如神在"的虔诚意念之下，在历代祖师爷的必须"原原本本"地持诵心传口授所学来的神辞的铁规制约之下，仪轨也就如同铁打一般，不可随意改变一丝一毫，体现出各种仪式的个体性、完整性和严密性。

我们是本着完整记录各种仪式模式的个体性、整体性和严密性来记录和整编译注巴代的祭祀科仪的。因为科仪是地戏的脚本，演员们在演唱地戏的时候不可能在交叉的脚本中寻找到类似参阅的台词，即使找得到也不一定能够全部用上，因此，在整编、译注巴代的祭祀科仪的时候，尤其是每堂完整的个体资料的时候，在这些科仪面临着被扭曲而出现逐渐变形、变态、变味甚至变质、濒临灭绝的时候，我们都是按原生态流传口碑资料一字不漏地收录的，这是记录科仪不同于平时写文章规则的地方。

本册图片皆为石开林和石国鑫拍摄，文中不再注明。

# 目 录

接龙祭堂的场景

接龙堂还设有分开摆去五方位的龙粑、龙蛋

# 第一堂
## 将棍空 · Jiagb ghunt kongt · 请师出坛

【简述】

在苗乡，苗师巴代雄一般都以二人以上为一个坛班，每个坛班都有一个祖师坛，一般都是安设在掌坛师（师父）家里的堂屋后壁中。祖师坛又称神坛，苗语称为"纵寿吉标""秋得吉竹"，简称"纵棍雄"，即祖师大堂、宗师大殿，简称祖师坛。里面供奉着苗师巴代的启教宗师和历代祖师，苗语称为"葵汝产娥棍空""傩汝吧图棍德"，简称"棍空棍德"，即千位高贵的祖师、百位尊贵的宗师，简称宗本祖师。

巴代在接受祭主的奉请之后，在出发去祭主家之前，得先在自家祖坛前烧蜂蜡宝香，奉请坛内的祖师们出坛，一同前往祭主家里主持祭仪。这一仪式称为请师出坛，苗语叫作"将棍空"。

【神辞】

就——

Jiux—

斗你纵寿吉标，

Doud nib zongd shout jid bioud,

斗炯秋得吉竹。

Doud jongb qieb ded jid zhub.

窝汝意记松斗，

Aot rub yid jid shongb dout,

窝汝依达穷炯。

Aot rub yid dad qingb jongb.

产棍几没然鸟，

Chant ghunt jid miex rax niaox，

吧母几没弄难。

Bad mub jid miex nongb nand.

几长窝汝意记耸斗，

Jid changb aot rux yid jib songx doub，

得寿列充葵汝产娥棍空。

Deit shet lieb congd kiub rux chant eb gunt kongt.

几长窝汝依达穷炯，

Jid changb aot rux yit dat qiongx jiongb，

弄得列然傩汝吧图棍得。　　　　　　　　　　（祖师诀）

Niongx deit lieb rab nub rux bax tux gunt deib.

棍空斗你纵寿吉标，

Gunt kongt doub nit zongb shex jib bioud，

弄得斗炯秋得记竹。

Niongx deit doub jiongx qiux deib jid zhub.

列苟送斗猛充，

Lieb ged songt doub mengb congd，

列共穷炯猛然。　　　　　　　　　　　　　　（香碗诀）

Lieb gongx qiongx jiongx mengb rab.

几长窝汝意记送斗，

Jid changb aot rux yid jib songx doub，

几长然鸟葵汝产鹅棍空。

Jid changb rab niaob kiub rux chant eb gunt kongt.

几长窝汝以打穷炯，

Jid changb aot rux yit dab qiongx jiongx，

几长弄奈录汝吧图棍得。

Jid changb niongx naib lub rux bax tux gunt deit.

窝汝意记松斗，

Aot rux yid jid songx doub，

柔汝依打穷炯。　　　　　　　　　　　　　　（香碗诀）

Roub rux yit dat qiongx jiongb.

产棍几没然鸟，

Chanx gunt jid meib ranb niaob,

吧母几没弄奈。

Bax mud jid meib nongd naix.


神韵——

在此家中祖坛，在这家内祖殿。

诚心焚烧蜂蜡糠香，诚意焚燃纸团火烟。

千神没有来请，百祖没有来迎。

诚心焚烧蜂蜡糠香，弟子要请千位宗师

诚意焚燃纸团火烟，师郎要请百位祖师。

宗师坐在家中祖坛，祖师坐在家内祖殿。

要烧宝香去请，要用香烟去迎。

虔诚焚烧纸团宝香，虔诚奉请弟子的千位祖师。

虔诚烧起蜂蜡宝烟，虔诚奉迎师郎的百位宗师。

焚烧蜂蜡糠火，纸团宝香。

焚烧蜂蜡糠火，纸团宝香。

千神没有来请，百祖没有来迎。


就——　　　　　　　　　　　　　　　　　　（祖师诀）

Jiux—

喂列然鸟便告斗补，

Weib lieb rab niaob biat gaod doub bub，

再列弄奈照告然冬。

Zaix lieb longb naix zhaox gaox rab dongt.

阿剖斗补告补，

Ad pout doub bub gaod bub，

阿乜斗冬告绒。

Ad nias doub dongt gaod rongb.

虐西拢立几苟总剖，

Nub xit liongb lib jid zongd pout，

虐夏拢立几让总乜。

Nub xiat liongb lib jid rangb zongb nias.

阿苟内浪剖绒，

Ad geb neib nangd pout rongb,

阿让总浪剖棍。

Ad rangb zongt nangb pout gunt.

总剖斗白阿苟，

Zongt pout deb beid ad geb,

总乜发白阿让。

Zongt nias fat beid ab rangb.

再斗吉标内浪向剖向乜，

Zaix doub jib bioud neib nangd xiangt pout xiangt nias，

吉高度内几竹向内向骂。

Jid gaod dub neib jid zhub xiangt neib xiangt max.

几纵棍缪得忙吉子，

Jid zongb gunt mioub deit mangbjib zid，

吉秋棍昂度忙吉录。

Jib qiux gunt angb dux mangb jib lub.

再斗得寿产俄棍空，

Zaix doub deit shet chant eb gunt kongt，

吉高录汝吧图棍得。

Jib gaod lub rux bax tux gunt deit.

喂浪补产葵莽告见，

Weib nangd but chant kiub mangx gaod jianb，

喂列抓葡几最吉走，

Weib lieb zhuab pux jid zuib jib zoub，

剖浪补吧傕忙送嘎，

Bout nangd but bax niub mangb songx gax，

莎列寿葡吉走吉板。

Shat lieb shet pux jid zoub jib banb.

就——                                        （祖师诀）

Jiux—

油喂声然埋腊拢单几图，

Youb weib shongt rab maib lab liongb dand jid tub，

告剖弄奈埋莎炯单吉浪。

Gaob bout nangb naix maib sax jiongx dand jib nangb.

拢单拢斗得寿告见，

Liongb dand liongb dout deib shet gaot jianb，

拢送拢弄告得送嘎。

Liongb songx liongb nongb gaot deit songx giax.

告见几扛几白纠录乙苟，

Gaot jianb jid gangb jid beib jiub lub yib ged，

送嘎几扛热然谷叉图公。

Songx giax jid gangb reib rab guob chad tux gongt.

告见列扛莎单，

Gaot jianb lieb gangb sax dand，

送嘎列扛莎送。

Songx giax lieb gangb sax songx.

斗你得寿苟娄苟追，

Doub bit deib shet goud neb goud zhuix，

炯弄告得把抓把尼。

Jiongx nangb gaot deit bad zhuab bad nib.

剖扑列扛麻见，

Bout pud lieb gangb mab jianb，

喂岔列扛麻尼。

Weib chanx lieb gangb mab nib.

剖扑列扛莎中，

Bout pud lieb gangb sax zhongd，

喂岔列扛莎见。

Weib chax lieb gangb sax jianb.


神韵——

我要奉请五方土地，还要奉迎六路龙神，

管辖本地老祖公，管理本处老祖婆。

古代来立本村的开始祖，古时来立本寨的开始人。

一村人的总祖，一寨人的总婆。

总祖发满一村，总婆育满一寨。

还有主家人的祖公祖婆，和起主人一家的先母先父。

鱼神司鱼能手郎子，肉神司肉办供郎君。

还有弟子的千位宗师，和起师郎的百位祖师。

弟子的三千交钱祖师，我也查名齐来齐到。

师郎的三百度纸宗师，我也点字齐到齐临。

神韵——

闻我奉请你们来到这里，应我奉迎你们来临此间。

来到要和弟子主持，来临要与师郎主祭。

主持不要主歪主偏，主祭不要主坏主乱。

主持要送得准，主祭要送得灵。

祖师你们随前随后，宗师你们随左随右。

我讲就要得准，我说就要得灵。

我讲就要成功，我说就要准数。


就—— （祖师诀）

Jiux—

几长窝汝意记耸斗，

Jid changb aot rux yid jib songx doub,

得寿列充葵汝产娥棍空。

Deit shet lieb congd kiub rux chant eb gunt kongt.

几长窝汝侬达穷炯，

Jid changb aot rux yit dat qiongx jiongb,

弄得列然傩汝吧图棍得。 （祖师诀）

Niongx deit lieb rab nub rux bax tux gunt deib.

棍空斗你纵寿吉标，

Gunt kongt doub nit zongb shex jib bioud,

弄得斗炯秋得记竹。

Niongx deit doub jiongx qiux deib jid zhub.

列苟送斗猛充，

Lieb ged songt doub mengb congd,

列共穷炯猛然。 （香碗诀）

Lieb gongx qiongx jiongx mengb rab.

几长窝汝意记送斗，

Jid changb aot rux yid jib songx doub,

几长然鸟葵汝产鹅棍空。

Jid changb rab niaob kiub rux chant eb gunt kongt.

几长窝汝以打穷炯，

Jid changb aot rux yit dab qiongx jiongx,

几长弄奈录汝吧图棍得。

Jid changb niongx naib lub rux bax tux gunt deit.

窝汝意记松斗，

Aot rux yid jid songx doub,

柔汝依打穷炯。　　　　　　　　　　　　（香碗诀）

Roub rux yit dat qiongx jiongb.

产棍几没然鸟，

Chanx gunt jid meib ranb niaob,

吧母几没弄奈。

Bax mud jid meib nongd naix.

列拢然鸟——　　　　　　　　　　　（各宫口的祖师诀）

Leib liongb rad niaob—

然鸟太棍共米、

Rab niaob tait gunt gongx mid

公加、首关、四贵，　　　　　（巳宫、辰宫、酉宫、寅宫诀）

Gongd jiad、shoud guand、sid giux,

太棍米章、巴高、国峰、明鸿、　（午宫、戌宫、巳宫、卯宫诀）

Taix gunt mit zhuangd、bad gaod、guob fengd、mingb hongx,

太棍仕贯、后保。　　　　　　　　　（巳宫、申宫诀）

Tait gunt shid giux、houx baod.

苟太光珍、勇贤、　　　　　　　　（申宫、戌宫诀）

Goud taix guangd zhengd、yongd xianb,

光三、老七、跃恩。　　　　　（卯宫、巳宫、申宫诀）

Guangd sand、laod qib、yiex engd.

苟太席乙、江远、林花、老苟、　（未宫、卯宫、子宫、午宫诀）

Goud taib xib yix、jiangd yand、linb huad、laod goud,

共四、老弄、　　　　　　　　　　（辰宫、寅宫诀）

Gongx six、laod nongt,

千由、天才、炯容、同兰。　　（丑宫、巳宫、酉宫、亥宫诀）

Qiand youb、tianb caib、jiongx rongb、tongb lan.

苟太强贵、龙贵、 　　　　　　　　　　　　（亥宫、丑宫诀）

Goud taib qiangb giux、longb giux、

光合、冬顺、得水。 　　　　　　　　　（卯宫、申宫、未宫诀）

Guangd hob、dongd shunx、deib shiut.

苟剖双全、苟剖长先。 　　　　　　　　　（未宫、午宫诀）

Goud bout shuangd quanb、goud bout changb xiand.

苟打二哥、那那…… 　　　　　　　　　　（酉宫、辰宫诀）

Goud dad erx ged、nat nat. . .

补谷阿柔告寿，

But guot ad roub gaot shet，

补谷欧柔告德。

But guob out roub gaot deit.

补产葵忙告见，

Butchanx kiub mangb gaot jianb，

补吧录忙送嘎，

But bad lub mangb songx giax，

抓葡儿最吉走。

Zhuad pux jid ziub jib zoub.

寿葡吉走吉板。

Shoux pux jid zoub jib banb.

浪喂声然照修打便郎得，

Nangb weib shongt rad zhaob xiud dat biat liangd deib，

照闹打绒郎秋。

Zhaob laox dad rongb liangb quix.

照修纵寿吉标，

Zhaob xiut zongb shet jib bioud，

照闹秋得记竹。 　　　　　　　　　　　（降神诀）

Zhaob laox quid deib jid zhub.

照修补谷补涌提仲，

Zhaob xiud but guob but yongd tib zongb，

照闹补谷补肥图岭。 　　　　　　　　　（下降布条诀）

Zhaob laox but guob but fenb tub linb.

照修达香，照闹达穷。

Zhaob xiut dab xiangd zhaob laox dab qiongx.

就——

Jiux—

补热声棍，

But reb shongt gunt,

拢单纵寿吉标。 （坐坛诀）

Liongb dandzongd shout jid bioud.

补然弄猛，

But rad nongd mengb,

拢送秋得吉竹。 （坐殿诀）

Liongb songxqieb ded jid zhub.

拢单你瓦意记送斗，

Liongb dand nit wab yit jid songx doub,

炯龙以打穷炯。 （香炉诀）

Jiongx longb yit dat qiongx jiongx.

你瓦喂斗得寿，

Nit wab weib doub deib shoux,

炯龙剖弄告得。 （绕祖诀）

Jiongx longb boub nongd gaot deit.

几达然鸟埋列嘎修，

Jid dab rad niaox maib leib giad xiut,

吉炯达奈埋列嘎闹。

Jib jiongx dab naix maib leib giad laox.


　　神韵——

　　诚心焚烧蜂蜡糠香，弟子要请尊贵的千位宗师，

　　诚意焚燃纸团火烟，师郎要请高贵的百位祖师。

　　宗师坐在家中祖坛，祖师坐在家内祖殿。

　　要烧宝香去请，要用香烟去迎。

　　虔诚焚烧纸团宝香，虔诚奉请弟子的千位祖师。

　　虔诚烧起蜂蜡宝烟，虔诚奉迎师郎的百位宗师。

　　焚烧蜂蜡糠香，纸团宝云。

　　焚烧蜂蜡糠烟，纸团宝雾。

千神没有来请，百祖没有来迎。

要来奉请——

祖太共米、共甲、仕官、首贵，

明章、巴高、

国锋、明鸿、仕贵、后宝。

祖太光朱、勇贤、光三、老七、跃恩。

祖太席玉、江远、林华、老苟、共四、老弄、

千有、天财、进荣、腾兰。

祖太强贵、隆贵、光合、冬顺、得水。

叔公双全、祖公长先。

外祖大大、二哥……

三十一代祖师，三十二代弟子。

三千祖师交钱，查名皆齐皆遍，

三百度纸宗师，点字皆遍皆全。

闻我奉请暂离上天大堂，听我奉迎暂别天宫大殿。

暂离家中祖坛，暂别家内祖殿。

暂离三十三块布条，暂别三十三块布幔。

离别香炉，暂别香碗。

神韵——

三咏神腔，来到祖师坛中，

三吟神韵，来临宗师殿内。

来到安享纸团宝香，来临安受蜂蜡糠烟。

拥护吾本弟子，守护我这师郎。

同日有请你们莫起，同时有奉你莫去。

就—— （祖师诀）

Jiux—

内没见恩头果，

Neib meib jianb engb tel guet,

见抗头浪。

Jianb kangx tel nangb.

几窝尼头尼抗，

Jid aot nib tel nib kangx,

窝拢尼见尼嘎。

Aot liongb nib jianb nib giax.

到见苟猛几白，

Daox jianb goud mengb jid beit，

到嘎苟猛吉炯。

Daox giax goud mengb jib jiongb.

修照埋浪热洞热恩，

Xiut zhaob maib nangb reb dongb reb engb，

见照埋浪热光热量。

Jianb zhaob maib nangb reb guangd reb liangx.

埋列拢斗得寿告见，

Maib leib liongb dout deib shoux gaod jianb，

莎列拢弄告得送嘎。

Sax leib liongb nongt gaod deib songx giax.

斗抓埋你，

Doub zhuab maib nit，

斗尼埋炯。

Doub nit maib jiongx.

告见扛单，

Gaod jianb gangb dand，

送嘎扛送。

Songx giax gangb songx.

列休喂斗得寿，

Leib xiut weib doub deit shet，

归先归得。

Giud xiand giud deit.

候然剖弄告得，

Houx rad boub nongd gaod deit，

归木归嘎。　　　　　　　　　　　　　　　　　　（莲华诀）

Giud mub giud giad.

休照阿谷欧奶酷绒麻冬几图，

Xiud zhaob ad guob out leit kud rongb mab dongt jid tub，

然照阿谷欧奶酷便麻汝吉浪。　　　　　　　　　　（藏身诀）

Rad zhaob ad guob out leit kud biat mab rux jid nangb.

*神韵——*

*主人有钱纸冥币，纸帛冥钱。*

*不烧是纸是帛，烧了是钱是财。*

*得财拿去共分，得钱拿去共用。*

*收在金仓银仓，入在金库银库。*

*你们要和弟子交钱，要与吾师郎度纸。*

*拥在左边，护在右旁。*

*交钱得到，度纸得达。*

*收起我的正魂本命，三魂七魄。*

*收在一十二个深洞之中，藏在一十二个宝洞之内。*

就—— （祖师诀）

Jiux—

几长窝汝意记耸斗，

Jid changb aot rux yid jib songx doub,

得寿列充葵汝产娥棍空。

Deit shet lieb congd kiub rux chant eb gunt kongt.

几长窝汝依达穷炯，

Jid changb aot rux yit dat qiongx jiongb,

弄得列拢然鸟傩汝吧图棍得。 （祖师诀）

Niongx deit lieb liongb rab niaob nub rux bax tux gunt deib.

然鸟补谷阿柔告寿，

Rab niaob but guot ad roub gaot shet,

补谷欧柔告德。

But guob out roub gaot deit.

补产葵忙告见，

Butchanx kiub mangb gaot jianb,

补吧录忙送嘎，

But bad lub mangb songx giax,

抓葡几最吉走。

Zhuad pux jid ziub jib zoub.

寿葡吉走吉板。
Shoux pux jid zoub jib banb.

神韵——
诚心焚烧蜂蜡糠香，弟子要请尊贵的千位宗师，
诚意焚燃纸团火烟，师郎要请高贵的百位祖师。
三十一代祖师，三十二代弟子。
三千祖师交钱，查名皆齐皆遍，
三百度纸宗师，点字皆遍皆全。

拢单喂列扑内，
Longd dans wed lieb pub niex,
拢送喂列扑扛。
Longd songb wed lieb pub gangb.
他拢几苟没内拢充，
Tab nongs jid gous miex niex longd congb,
几让没内拢难。
Jid rangb miex niex longd niabx.
充喂候猛送见，
Congs wed houb mengb songx jianx,
充剖候猛送嘎。
Congs pout houb mcngb songx gax.
列西出笔出包浪绒，
Lieb xid chub bid chub baos nangd rongt,
列笑出话出求浪棍。
Lieb xiaob chub huat chub qiub nangd rongt.
他拢西约列扛娘莎，
Tab nongd xid yox lieb gangb niangx sead,
笑约列扛娘章。
Xiaob yox lieb gangb niangb zhangb.
西约列扛话才，
Xid yox lieb gangb huab canx,
笑约列扛求泻。

Xiaob yox lieb gangb qiub xieb.

埋列阿齐嘎补扛客，

Manb lieb ad qid gab bub gangb hies，

阿洽嘎西扛干。

Ad qiad gab xid gangb giab.

葵汝埋苟窝走苟抱几单，

Ghui rub manb goud aob zout goud baob jid dans，

录汝埋共抗闹苟内扛中。

Nub rub manb gongb kangb naob goud niex kangb zhongd.

产内腊客窝走，

Chant niex lab geb aob zhout，

吧内纵腊梦抗闹。

Bad niex zongb lad mengb kangb naob.

就——

Jiux—


来到我要说清，来临我要道明。

今天村中有人来请，今日寨内有人来迎。

奉请我们前去交钱，奉迎我们前往度纸。

去祭保佑发达的龙，去敬庇荫发旺的神。

今天祭了要送发财，今日敬了要送兴旺。

骨卦一块朝天送知，神筶一片扑地送见。

祖师你拿骨卦去问要送得准，

宗师你用神筶去问要送得明。

千人也看骨卦，百众也看神筶。

神韵——


他拢西约几没话才，

Tab nongs xid yox jid miex huab canx，

笑约几没求泻。

Xiaob yox jid miex qiub xieb.

窝走欧齐嘎补扛客，

Aob zout out qid gab bub gangb hies，

抗闹欧洽吉葡扛干。

Kangb naob out qias jid pub gangb giab.

洽没产棍儿不让服，

Qiab mieb chant ghunt jid pub rangx hub，

吧母吉数让能。

Bab mub jid shut rangx nongx.

窝走欧齐嘎西扛客，

Aob zout out qid gab bub gangb hies，

抗闹欧洽几白扛干。

Kangb naob out qias jid pub gangb giab.

葵汝埋苟窝走苟抱几单，

Ghui rub manb goud aob zout goud baob jid dans，

录汝埋共抗闹苟内扛中。

Nub rub manb gongb kangb naob goud niex kangb zhongd.

产内腊客窝走，

Chant niex lab geb aob zhout，

吧内纵腊梦抗闹。

Bad niex zongb lad mengb kangb naob.

就——

Jiux—


　　今人祭了没有发财，今日敬了没有兴旺。
　　骨卦两块翻背送知，神筶两片扑地送见。
　　恐有千神为殃作祸，怕有百鬼兴灾作难。
　　骨卦两块翻面送知，神筶两片朝天送见。
　　祖师你拿骨卦去问要送得准，
　　宗师你用神筶去问要送得明。
　　千人也看骨卦，百众也看神筶。
　　神韵——


葵汝召休纵寿吉标，

Ghuix rub zhaob xiud zongx shout jid bioud，

傩汝召闹秋得吉竹。

Nub rub zhaob laob qieb deb jid zhux.

召休补谷补勇提中，

Zhaob xiud bub guox bub yongx tib zhongb，

召闹补谷补回图岭。

Zhaob laob bub guox bub huix tux liongx.

召篓埋列候猛告见，

Zhaob ned manb lieb houb mengs gaod jianb，

召追埋列候猛送嘎。

Zhaob zuib manb lieb houb mengs songx gax.

喂斗得寿，

Wed dout dex shout，

告见莎到先头，

Gaox jianb sead daob xianb tout，

剖弄告得，

Poud nongs gaox dex，

送嘎莎到木汝。

Songb gab sead daob mub rub.

你娘阿产欧谷浪豆，

Nid niangb ad chant out guox nangb dout，

炯挂阿吧布谷浪就。

Jongb guab ad bax but guox nangb jub，

再斗见恩头果，

Zaib dout jianb enb toud guot，

见抗头浪。

Jianb kangb doud nangb.

几窝尼头尼抗，

Jid aot nid toud nid kangx，

窝拢尼见尼嘎。

Aot longs nid jianb nid gab.

到久苟猛几白，

Daob jud gous mengb jid biat，

到汝苟猛吉炯。

Daob rub gous mengb jid jongb.

修照埋浪热冬热恩，

Xiut zhaob manb nangb rex dongt rex ghongx,

油照埋浪热光热量。

Yud zhaob manb nangb rex guanb rex liangb.

就——

Jiu—


祖师你们今要出坛，宗师你们现要出殿。

走出三十三块布条，走下三十三片神绸。

在前你们要去交钱，在后你们要去度纸。

吾本弟子，交钱之后坐得长命，

我这师郎，度纸之后获得洪福。

坐得一百二十余年，活过一百八十余岁。

今有银钱白纸，还有冥币纸钱。

不烧是纸是箔，烧了是钱是币。

得多拿去共分，得好拿去共用。

收在你们的银仓钱仓，入在你们的金库财库。

神韵——


埋列拢斗得寿告见，

Manb lieb longb dous dex shout gaox jianb,

拢弄告得送嘎。

Longb nongd gaox dex songb gab.

斗抓埋你，

Dous zhab manb nid,

斗尼埋炯。

Dous nid manb jongb.

告见扛单，

Gaox jianb gangb dans,

送嘎扛送。

Songb gab gangb songb.

列休喂斗得寿归先归得，

Lieb xius wed dous dex shout guid xianb guid dex,

归木归嘎。 （莲华诀）

Guid mut guid gad.

休照阿谷欧奶酷绒麻冬几图，

Xiud zhaob ad guox out liet kub rongx mab dongt jid tux,

阿谷欧奶酷便麻汝吉浪。 （藏身诀）

Ad guox out liet kub biab mab rub jid nangb.


你们要和弟子交钱，要与吾师郎度纸。

拥在左边，护在右旁。

交钱得到，度纸得达。

收起我的正魂本命，三魂七魄。

收在一十二个深洞之中，一十二个好洞之内。


葵汝召休纵寿吉标，

Ghuix rub zhaob xiud zongx shout jid bioud,

傩汝召闹秋得吉竹。

Nub rub zhaob laob qieb deb jid zhux.

召休补谷补勇提中，

Zhaob xiud bub guox bub yongx tib zhongb,

召闹补谷补回图岭。

Zhaob laob bub guox bub huix tux liongx.

召篓埋列候猛告见，

Zhaob ned manb lieb houb mengs gaod jianb,

召追埋列候猛送嘎。

Zhaob zuib manb lieb houb mengs songx gax.

喂斗得寿，

Wed dout dex shout,

告见莎到先头，

Gaox jianb sead daob xianb tout,

剖弄告得，

Poud nongs gaox dex,

送嘎莎到木汝。

Songb gab sead daob mub rub.

你娘阿产欧谷浪豆，

Nid niangb ad chant out guox nangb dout，

炯挂阿吧布谷浪就。

Jongb guab ad bax but guox nangb jub，

再斗见恩头果，

Zaib dout jianb enb toud guot，

见抗头浪。

Jianb kangb doud nangb.

几窝尼头尼抗，

Jid aot nid toud nid kangx，

窝拢尼见尼嘎。

Aot longs nid jianb nid gab.

到久苟猛几白，

Daob jud gous mengb jid biat，

到汝苟猛吉炯。

Daob rub gous mengb jid jongb.

修照埋浪热冬热恩，

Xiut zhaob manb nangb rex dongt rex ghongx，

油照埋浪热光热量。

Yud zhaob manb nangb rex guanb rex liangb.

就——

Jiu—

> 祖师你们今要出坛，宗师你们现要出殿。
> 走出三十三块布条，走下三十三片神绸。
> 在前你们要去交钱，在后你们要去度纸。
> 吾本弟子，交钱之后坐得长命，
> 我这师郎，度纸之后获得洪福。
> 坐得一百二十余年，活过一百八十余岁。
> 今有银钱白纸，还有冥币纸钱。
> 不烧是纸是箔，烧了是钱是币。
> 得多拿去共分，得好拿去共用。
> 收在你们的银仓钱仓，入在你们的金库财库。
> 神韵——

埋列拢斗得寿告见,

Manb lieb longb dous dex shout gaox jianb,

拢弄告得送嘎。

Longb nongd gaox dex songb gab.

斗抓埋你,

Dous zhab manb nid,

斗尼埋炯。

Dous nid manb jongb.

告见扛单,

Gaox jianb gangb dans,

送嘎扛送。

Songb gab gangb songb.

列休喂斗得寿归先归得,

Lieb xius wed dous dex shout guid xianb guid dex,

归木归嘎。 （莲华诀）

Guid mut guid gad.

休照阿谷欧奶酷绒麻冬几图,

Xiud zhaob ad guox out liet kub rongx mab dongt jid tux,

阿谷欧奶酷便麻汝吉浪。 （藏身诀）

Ad guox out liet kub biab mab rub jid nangb.


你们要和弟子交钱,要与吾师郎度纸。

拥在左边,护在右旁。

交钱得到,度纸得达。

收起我的正魂本命,三魂七魄。

收在一十二个深洞之中,一十二个好洞之内。

龙堂龙殿(小龙华屋)的供品

# 第二堂 休足、封牢总·Xiud zub fengs laob zongb· 收祚、封牢井

【简述】

　　接龙是苗族较高级别的祈福仪式，用时虽然不太长，但参与的人较多。为了保证在祭祀期间不出差错和问题，自始至终都能吉利平安，巴代在从其祖师坛出发去祭主家的半路中，在四周没有人看见的情况下，找一僻静处，于地下挖一小土孔(祭祀术语称为"牢井")。再用诀法把在祭祀中可能出现的病灾瘟疫、是非口舌以及邪师邪教用邪法邪诀来进行扰乱、破坏接龙活动的这些不良因素全部封押在此牢井之内。

　　封牢井的方法很简单。先于地上烧几张钱纸，叩师。然后用小木棍在地下或打或挖出一个孔眼，用诀法将上面所提到的各种不良因素收拢在一张钱纸上，把它揉成一小坨扎入孔眼中。收三次，扎三坨。最后用土盖好，并放上一些杂草盖住新土，勿让他人发现就行。到返回的那一天，还要拿酒拿肉并烧几张钱纸来开牢井，释放这些被封押了的不良因素才行。

【神辞】

就——　　　　　　　　　　　　　　　　　　　　(祖师诀)
Jiux——
窝汝见恩头果，
Aot rux jianb engb teb guet,
窝约见抗头浪。
Aot yod jianb kangx teb nangb.
窝汝意儿笙斗，
Aot rux yit jid songx doub,

柔汝以达穷炯。

Roub rux yit dab qiongx jiongb.

产棍几没然鸟，

Chant gunt jid meib rab niaob,

吧母几没拢奈。

Bax mub jid meib liongb naix.

窝向列拢然鸟，

Aot xiangt lieb liongb rab niaob,

窝头列拢弄奈。

Aot teb lieb liongb niongb naix.

然鸟绒魁龙贵洞庆，

Rab niaob rongb kiub longb guix dongd qinx,

弄奈成久长先补玛。

Longb naix chenb jiud changb xiand bub mual.

休鸟喂然埋浪，

Xut niaob weib maib nangb,

然弄喂奈埋洞。

Rab longb weib naix maib dongx.

得寿架格腊咱，

Deit shet jid giet lab zad,

弄得查梅腊干。

Nongd deit chab meib lab ganb.

棍空斗你喂浪打篓，

Gunt kongt doub nit weib nangb dat let,

棍得斗炯喂浪达比。

Gunt deit doub jiongx weib nangd dab.

斗你喂浪达起几图，

Doub nit weib nangb dab kid jid tub,

斗炯喂浪达写吉郎。

Doub jiongx weib nangd dab xie jib nangb.

埋自尼剖，

Maib zix nib bout,

剖自尼埋，

Bout zit nib maib,

埋尼喂浪打楼达起，

Maib nib weib nangb dat let dat qit,

喂尼埋浪吉久几得。

Weib nib maib nangd jib jud jid deib.

埋告穷向闹达，

Maib gaob qiongx xiangt laox dab,

埋油穷头拢单。

Maib youb qiongx teb liongb dand.

拢单号弄几图，

Liongb dand haox nongd jid tub,

拢送号炯吉浪。

liongb songx haox jiongx jib niangb.

几油喂浪声棍扛见，

Jid yub weib nangd shongt gunt gangb jianb,

吉候喂浪弄母扛拿。

Jib houx weib nangd niongx mux gangb nab.

喂拢告见莎单，

Weib liongb gaot jianb sax dand,

喂拢送嘎莎送。

Weib liongb songx giad sax songx.

喂扑产固莎见，

Weib pud chant gut sax jianb,

喂出吧汉莎尼。

Weib chux bax hanx sax nib.


神韵——

烧起银钱冥纸，焚起冥币钱财。

烧起蜂蜡糠香，焚起纸团火烟。

千神没有乱请，百祖没有乱奉。

焚香要来奉请，烧纸要来奉迎。

奉请绒魁龙贵洞冲，奉迎成久长先洞寨。

我讲你们得听，我说你们得闻。

弟子闭眼观想，师郎抬眼观看。

祖师都在我的脑海，宗师坐在我的脑门。

祖师在我心念之中，宗师在我意念之内。

你们就是我们，我们就是你们。

你们就是我们的心脑神魂，我们就是你们的身体骨肉。

你们纵那香烟飘到，你们随那烟雾降临。

来到我们中间，来临我们之内。

帮助我的神腔娓娓，协助我的神辞朗朗。

我今主持也准，我来主祭也灵。

我说千种也应，我做百样也验。


喂斗得寿，

Wed dous dex shout,

斗你瓦吹告斗，

Dous nid wab cuis gaox dout,

剖弄告德，

Poud nongb gaox dex,

斗炯瓦绒比兵。

Dous jongx wab rongx bid biongb.

要先几封内浪归先归得，

Yaob xianb jid fengs niex nangb guid xianb guid dex,

要木几封内浪归木归嘎。

Yaob mux jid fengs niex nangb guid mux guid gad.

内浪先头转嘎虫兰，

Niex nangb xianb tous zhanb gas chongx lanx,

木汝奈拿虫兄。

Mux rub nanb nax chongx xiongd.

补谷照斗汝空，

But guox zhaob dous rub kongt,

炯谷欧斗汝卡。

Jongb guox out dous rub kab.

得忙巧起，

Det mangx qiaox qid,

度忙加写。

Dub mangx jiad xied.

得忙出空出卡，

Det mangx chub kongt chub kad,

度忙出豆出斗。

Dux mangx chub dout chub doud.

得忙出穷出洽，

Det mangx chub qiongt chub qiad,

度忙出够出妻。

Dux mangx chub goux chub qid.

得忙呕滚，

Det mangx oud guongx,

度忙呕穷。

Dub mangx oud qiongb.

得忙呕乖，

Det mangx oud guat,

度忙呕弟。

Det mangx oud dib.

得忙让服巧起，

Det mangx rangd hub qiaos qid,

度忙让龙加写。

Dut mangx rangd nongx jiad xied.

忙雄忙扎，

Mangx xiongt mangx zhad,

便盘照告。

Biat paid zhaob gaox.

加绒加棍，

Jiad rongx jiad ghunt,

加空加卡。

Jiad kongt jiad kab.

产内鸟茶几扑得松，

Chand niex niaox cad jid pub dex songd,

吧内弄然吉岔得莎。

Bad niex nongb rax jid chab dex sead.

几抱照从照打,

Jid boux zhaob congx zhaob dad,

吉大篓古篓穷。

Jid dab led gus led qiongs.

乖鸟几扑,

Guat niaox jid pub,

乖弄吉苏。

Gunt nongb jid sud.

见苟猛豆,

Jianb goud mengb dout,

见公猛炯。

Jianb gongd mengb jongb.

棍嘎棍江,

Ghunt gad ghunt jiangx,

锐那锐苟。

Ruit nat ruit goud.


吾本弟子,在这道途闲土之中,

我这师郎,在这僻静荒野之地。

少气不封人们的生气儿气,

少福不封人穿的洪福孙福。

人们的长气系在体中,洪福附在身内。

三十六道正法,七十二道真诀。

要封邪师烂肠,邪法烂肚。

用邪诀邪法弄人的邪教,用邪教邪手弄我的邪师。

用坏药坏术弄人的坏蛋,用草鬼蛊术弄我的妖人。

黄衣和尚,红衣老司。

黑衣道师,烂衣苗师。

讨米挑拨的邪师,叫化弄人的老司。

苗师客师,五等邪师。

邪神邪鬼,邪诀邪法。

千人口舌乱讲是非,百众口嘴乱说挑拨。

官牙口嘴，官司口气。
疾病乱起，瘟疫乱发。
药鬼药神，百草百药。


苟达休猛欧谷便奈，

Goud dab xiud mengb out guox biat nanb,

苟炯休猛欧谷便奈，

Goud jongb xiud mengb out guox biat nab,

苟篓休猛欧谷便奈，

Goud ned xiud mengb out guox biat nab,

苟追休猛欧谷便奈，

Goud zuib xiud mengb out guox biat nab,

几瓜几现休猛，

Jid guas jid xianb xiux mengb,

阿产欧吧便谷养奈。

Ad chant out bab biat guox yangb nanb.

休照窝哭麻冬，

Xiut zhaob aod kub mab dongt,

油照窝迷麻得。

Yub zhaob aod mioub mab dex.

休照窝哭麻乖，

Xiut zhaob aod kub mab guat,

油照窝迷麻布。

Yub zhaob aod mioub mab biub.

特汉嘎柔嘎金，

Teb haib gab rout gab giongd,

鸦汉嘎首嘎闹。

Yax haib gab shout gab laob.

嘎崩嘎动，

Gad pengb gad dongb,

嘎猛嘎会。

Gad mengb gad huit.

单内没酒扛服意猛，

Dand niet mieb jiud gangb hus yid mengb,

单虐没昂扛龙意会。

Dand niub mieb ghax gangb nongx yid huit.

剖共巴浓扑单自见。

Pout gongb bab niongd pub dand zid jianb.

东方收去一百二十五里，
南方收去一百二十五里，
西方收去一百二十五里，
北方收去一百二十五里，
五五收去一千一百二十五里。
收在很深的洞，押在很深的坑。
收在很黑的洞，押在很暗的坑。
压那大石大岩，盖那铜盖铁盖。
莫惊莫动，莫走莫行。
到日有酒相赠再去，到时有肉相送再离。
胡髻老人一讲就灵。

[注]以上两段神辞，在实际操作时要反复念三次才行。

喂斗得寿，

Weib doub deib shoux，

剖弄告得。

Bout nongd gaod deib.

告见你到先头，

Ghaox jianb nit daox xiand toub，

送嘎炯到木汝。

Songx giax jiongx daox mub rux.

你气葡剖葡娘，

Nil qix pud pout pud nas，

炯气葡内葡玛。

Jiongx qix pud neib pud max.

你气禾柔斗补，

Nil qix aob roub doub bus，

炯气禾图然冬。

Jiongx qit aob tux rab dongt.

你气冬林夯公，

Nil qix dongt liongs hangb gongt，

炯气绒善夯踏。

Jiongx qix rongb shait hangb tax.


吾本弟子，我这师郎。

主持坐得长寿，主祭活得长命。

居来光宗耀祖，坐来荣母耀父。

居似古老大岩，坐如古老大树。

居似大川大坝，坐如高山大地。

五方五位龙旗：东方青龙旗、南方赤龙旗、
西方白龙旗、北方黑龙旗、中央黄龙旗

# 第三堂
## 奈绒 · Nanb rongx · 小请龙神

【简述】

传统观念认为：大凡家道财气不佳，五谷不丰，六畜不旺，人丁不发者，可对龙神许愿，求其赐财赐福，发家旺人；如愿以偿之后，即要接龙进家，以求长久兴旺发达，荣华富贵。

小请龙神又叫作喊龙，仪式在户主家的堂屋举行。何以谓之喊？之所以谓之喊，一是因为在夜深人静之时去喊龙神，不敲锣打鼓，不放鞭炮，不敲竹柝，仅用一支竹筷敲碗作伴奏，是悄悄进行的，因而言喊。二是因为龙神虽属水中灵物，但在人们的传统观念中，龙神早已被请入财主、员外、富户家中，有其家祖先守护。人们为了请得龙神，只有在夜深人静、没有防备之时去喊它们，才能得到一些龙气。届时，于信士家的龙穴盖板岩上摆一碗香米，上插三根香，摆一盏灯，香米碗后面摆一捆草把，将五色纸束插于草把上。五方五位分别点上一盏清油灯、一支蜡烛，摆上一柱糍粑、一碗酒、一碗肉，供奉五方五位龙公龙母、龙娘龙爷、龙子龙孙。再于香米碗的前方摆一碗肉、三碗酒、一个烧蜂蜡香的香碗。巴代雄左手拿着一个响碗，右手拿一支竹筷，面对龙岩坐定，边敲响碗边吟诵神辞。

【神辞】

阿比林休，
Ad bioud liongx xiut,
产豆几没窝汝意记送斗，
Chant dout jid mieb aod rub yid jid songb dout,
陇林虫崩。

Longd liongx chongb pengd.

吧就几没窝汝以打穷炯，

Bab jiub jid mieb aod rub yid dad qiongb jiongb，

陇送虫兄。

Longd songb chongb xiongd.

冬豆几休勾莎，

Dongt dout jid xiex goud sead，

冬腊几休勾章。

Dongt lad jid xiex goud zhangd.

冬豆你虫，

Dongt dout nid chongb，

冬腊炯拿。

Dongt lad jongb lad.


一家大小，

千年没烧蜂蜡糠香，在这堂屋之中。

百年没烧纸团糠烟，在这中堂之内。

凡尘没有纠纷，凡间没有争讼。

凡间清吉，凡尘平安。


尼昧吉标出甲几没汝甲，

Nid wieb jid bioud chub jiad jis miex rub jiad，

出尼几没汝尼。

Chub niex jid mieb rub niex.

出甲告奶几没到见，

Chub jiad gaox niet jid miex daob jianb，

出尼告牛几没到嘎。

Chub niex gaox niub jid miex daob gab.

要汉见银吉比，

Yaob haib jianb ghongx jid bioud，

要汉嘎格吉竹。

Yaob haib gad giex jid zhux.

首狗拿几见狗，

Shoud gous lab jid jianb gous,

首爬几没汝爬。

Shoud pab jid miex rub pab.

首狗拿照狗连，

Shoud gous lab zhaob gous lianb,

首爬拿照爬最。

Shoud pab lad zhaob pab zuib.

首狗狗拿几林，

Shoud gous gous lab jid liongx,

首爬爬拿久壮。

Shoud pab pab lab jid zhangb.

尼古几没白中，

Nid gut jid miex biad zhongb,

油忙几没白吹。

Yud mangb jid miex biad cuis.

尼古几没见忙，

Nid gut jid miex jiand mangb,

油忙几没见强。

Yud mangb jid miex jiand qiangb.

剖楼洽拿几见，

Poub loun qiab lab jid jianb,

吧弄洽拿几章。

Biab nongb qiab lab jid zhangs.

吉比几没汝汉归楼归弄，

Jid bioud jid miex rub haib guid loub guod nongb,

几竹几没汝汉归楼归咱。

Jid zhub jid miex rub haib guod loub guid zab.

归楼几没白纵白热，

Guid loub jid miex biad zongb biad red,

归弄几没白突白桶。

Guid nongb jid miex biad put biad tongx.

够就洽拿要够，

Gout jub qiab lad yaob gout,

吧就洽拿要吧。

Biat jub qiab lad yaob biat.

够就要汉窝胎，

Gout jub yaob haib aod tues,

吧就要汉麻龙。

Biat jub yaob haib mad nongx.


只为家中产业不兴，家道不旺。

创家之日财运不佳，立业之时财气不旺。

缺钱少谷少米，缺财少金少银。

养狗狗也不大，养猪猪也不肥。

养狗只是瘦狗，养猪只是骨架。

养狗狗也不大，养猪猪也不长。

水牯没有满栏，牛群没有满圈。

水牯没有成帮，黄牛没有成群。

播谷恐也不生，播米怕也不长。

家中没有谷神米神，家内没有糯神粘神。

存谷没有满仓，存米没有满库。

年头缺粮少米，年尾缺穿少食。

年头少这吃喝，年尾缺这衣粮。


阿比林休，

Ad bioud liongx xiut,

阿柱共让。

Ad zhub gongx rangx.

列扛出甲见甲，

Lieb gangb chub giat jianb giat,

出尼见尼。

Chub niex jianb niex.

吾见腊拢，

Eud jianb lad longd,

吾嘎拿到。

Wud gad lad daob.

得银陇笔陇包，

Dex ghongx longs bid longs bhed，

嘎格陇楼陇归。

Gad giex longs loub longs guib.

首尼扛林，

Shoud nid gangb liongx，

首油扛状。

Shoud yud gangb zhangb.

首狗扛见，

Shoud goud gangb jianb，

首爬扛章。

Shoud pab gangb zhangb.

归楼列扛白纵白热，

Guid loub lieb gangb biad zhongb biad reb，

归弄列扛白突白桶。

Guid nongb lieb gangb biad tub biad tongb.

冬豆几出林闪，

Dongt dout jid chub liongx shant，

冬腊几出林写。

dongt lad jid chub liongx xied.


　　一家大小，
　　要送创家成家，立业成业。
　　白财进家，百宝进户。
　　银儿来生来养，金孙来养来育。
　　水牯自大，黄牯自长。
　　养猪自肥，养狗自壮。
　　五谷要送满仓，米粮要送满库。


冬豆几出林闪，

Dongt dout jid chub liongx shant，

冬腊几出林写。

Dongt lad jid chub liongx xied.

内叉充到先松，

Niex ca chong daob xianb songd，

奈到外郎。

Nand daob waib langb.

卡数卡打，

Kab sut kab dad，

盘奶寿牛。

Paib niex shoud niub.

盘到打绒长比郎奶，

Paib daob dad rongx changs bioud nangb niet，

寿到达潮长斗郎牛。

Shoub daob dad ceb changes doub nengb niub.

陀罗告写，

Tob loub gaox xies，

告走猛热。

Gaox zhoub mengb reb.

　　户主不做长心大胆，信士不做三心二意。
　　这才请得先生，请得师傅。
　　择得吉日，选得良辰。
　　择得龙神归宫之期，算得福神归殿之日。
　　日吉时良，天地开昌。

奈到纵那纵勾，

Nanb daob zhongb nat zhongb goud，

寿到纵骂纵得。

Shoub daob zhongb mab zhongb det.

堵到告陇，

Dud daob gaox longd，

怕见告桥。

Pat jianb gaox qiaob.

浓到头果头乖，

Niongb daob toud gout toud guet，

浓到头岭头穷。

Niongb daob toud liongd toud qiongb.

扎见比绒，

Zhab jianb bioud rongx,

就汝比潮。

Jiub rub bioud ceb.

江你虫崩，

Jiangb nid chongb pengb,

将照虫兄。

Jiangb zhaob chongb xiongd.

喂斗得寿，

Wed doud dex shout,

剖弄告得。

Pout nongb gaox dex.

再紧出见急岭白吾白补，

Zaid ghongd chub jianb gix liongd biad wud biad bub,

急穷白补白洞。

Gix qiongb biad bub biad dongb.

勾陇几如标绒，

Goud longd jis rub bioud rongx,

吉柔标潮。

Jid roub bioud ceb.

再斗吧秋见乖头奶，

Zaid doud biat qieb jianb guet toud lied,

吧秋牙洋头浪。

Biat qieb yad yangx toud langd.

洽你吧方，

Qiab nid biat fangd,

休照照告。

Xied zhaob zhaob gaox.

再斗白绒发见容，

Zaid doud biad rongx jianb rongx,

白潮见干。

Biad ceb jianb giat.

绒剖绒娘，

Rongx pout rongx niax，

绒内绒骂。

Rongx niex rongx mab.

绒得绒嘎，

Rongx det rongx gad，

白录白然。

Biad nux biad rab.


喊得房族人等，叫得哥兄老弟。

砍得竹子，破成篾条。

买得白纸黑纸，买得红纸黄纸。

扎成龙宫，建成龙堂。

摆在堂屋，放在中宫。

我等师父，吾等师郎。

又再剪成绿旗满天，红族龙旗满地。

拿来插在两边，竖在五面。

还有五提长钱龙纸，五串长钱财帛。

插在五方，立在五位。

还有龙粑五路，街粑五方。

龙公龙母，龙娘龙爷。

龙子龙孙，龙粑糯食。


查打斗标，

Chab dad dous bioud，

丧偷柔从

Sangd tous rongx congb.

内拿没到高银高补，

Niex lad miet daob aod ghongx aod bub，

告公靠报。

Aos ghongd aos baob.

浓仇花代，

Niongb choub huad danb,

呕先呕西。

Oud xianb oud xid.

秋岁麻汝告召，

Quid suit mab rub gaox zhaob,

秋莎麻汝告雷。

Quid sead mab rub gaox lid.

阿半向头向奶，

Ad banb xiangb toud xiangb lied,

阿汉向牙向洋。

Ad haib xiangb yab xiangb yangb.

再斗崩洞崩良，

Zaib dous pengb dongb pengb liab,

吉高兄卡列先。

Jid gaox xiongt kab lieb xianb.

柔剖呕尼呕纵，

Roub pout oud nid oud zhongb,

柔乜单秋单汝。

Roub niab dans qiub dans rub,

出见酒豆酒江，

Chub jianb jiud dout jiud jiangb,

出汝酒江酒明。

Chub rub jiud jiangb jiud miongx.

没到苟缪公昂。

Miet daob goud mioud gongt ghax.

出见报先明抓，

Chub jianb biaob xiant miongx zhab,

阿半冬草明汝。

Ad banb dongt caot miongx rub.

冬豆莎腊追走，

Dongt dout sead lad zuib zous,

相蒙莎追莎走。

Xiangt mengb sead zuib sead zous.

冬腊莎腊仇楼，
Dongt lad sead lad choux loub,
相蒙莎走莎半。
Xiangt mengb sead zhous sead banb.

开了衣箱，打开衣柜。
主人拿得金链首饰，银圈胸挂。
金圈绸缎，新衣新裤。
绫罗鲜花大朵，绸缎艳花大丛。
长匹好匹，宽匹大匹。
满堂红光，满屋喜气。
古装祭装，古裙花带。
敬酒供酒，甜酒香酒。
盘鱼碗肉。
油灯照亮，灯草照明。
凡尘大礼，凡间大供。
凡尘大奉，凡间大敬。

就——                                         （祖师诀）
Jiux—
几长窝汝意记耸斗，
Jid changb aot rux yid jib songx doub,
得寿列充葵汝产娥棍空。
Deit shet lieb congd kiub rux chant eb gunt kongt.
几长窝汝依达穷炯，
Jid changb aot rux yit dat qiongx jiongb,
弄得列然傩汝吧图棍得。                         （祖师诀）
Niongx deit lieb rab nub rux bax tux gunt deib.
棍空斗你纵寿吉标，
Gunt kongt doub nit zongb shex jib bioud,
弄得斗炯秋得记竹。
Niongx deit doub jiongx qiux deib jid zhub.
列苟送斗猛充，

Lieb ged songt doub mengb congd,

列共穷炯猛然。　　　　　　　　　　　（香碗诀）

Lieb gongx qiongx jiongx mengb rab.

几长窝汝意记送斗，

Jid changb aot rux yid jib songx doub,

几长然鸟葵汝产鹅棍空。

Jid changb rab niaob kiub rux chant eb gunt kongt.

几长窝汝以打穷炯，

Jid changb aot rux yit dab qiongx jiongx,

几长弄奈录汝吧图棍得。

Jid changb niongx naib lub rux bax tux gunt deit.

窝汝意记松斗，

Aot rux yid jid songx doub,

柔汝依打穷炯。　　　　　　　　　　　（香碗诀）

Roub rux yit dat qiongx jiongb.

产棍几没然鸟，

Chanx gunt jid meib ranb niaob,

吧母几没弄奈。

Bax mud jid meib nongd naix.


神韵——
　　诚心焚烧蜂蜡糠香，弟了要请尊敬的千位宗师，
　　诚意焚燃纸团火烟，师郎要请尊贵的百位祖师。
　　宗师坐在家中祖坛，祖师坐在家内祖殿。
　　要烧宝香去请，要用香烟去迎。
　　虔诚焚烧纸团宝香，虔诚奉请弟子的千位祖师。
　　虔诚烧起蜂蜡宝烟，虔诚奉迎师郎的百位宗师。
　　焚烧蜂蜡糠火，纸团宝香。
　　焚烧蜂蜡糠火，纸团宝香。
　　千神没有来请，百祖没有来迎。

就——                                                    （祖师诀）

Jiux—

喂列然鸟便告斗补，

Weib lieb rab niaob biat gaod doub bub，

再列弄奈照告然冬。

Zaix lieb longb naix zhaox gaox rab dongt.

阿剖斗补告补，

Ad pout doub bub gaod bub，

阿乜斗冬告绒。

Ad nias doub dongt gaod rongb.

虐西拢立几苟总剖，

Nub xit liongb lib jid zongd pout，

虐夏拢立几让总乜。

Nub xiat liongb lib jid rangb zongb nias.

阿苟内浪剖绒，

Ad geb neib nangd pout rongb，

阿让总浪剖棍。

Ad rangb zongt nangb pout gunt.

总剖斗白阿苟，

Zongt pout deb beid ad geb，

总乜发白阿让。

Zongt nias fat beid ab rangb.

再斗吉标内浪向剖向乜，

Zaix doub jib bioud neib nangd xiangt pout xiangt nias，

吉高度内几竹向内向骂。

Jid gaod dub neib jid zhub xiangt neib xiangt max.

几纵棍缪得忙吉子，

Jid zongb gunt mioub deit mangbjib zid，

吉秋棍昂度忙吉录。

Jib qiux gunt angb dux mangb jib lub.

再斗得寿产俄棍空，

Zaix doub deit shet chant eb gunt kongt，

吉高录汝吧图棍得。

Jib gaod lub rux bax tux gunt deit.

喂浪补产葵莽告见，

Weib nangd but chant kiub mangx gaod jianb,

喂列抓葡几最吉走，

Weib lieb zhuab pux jid zuib jib zoub,

剖浪补吧傩忙送嘎，

Bout nangd but bax niub mangb songx gax,

莎列寿葡吉走吉板。

Shat lieb shet pux jid zoub jib banb.

就——                                                    （祖师诀）

Jiux—

油喂声然埋腊拢单几图，

Youb weib shongt rab maib lab liongb dand jid tub,

告剖弄奈埋莎炯单吉浪。

Gaob bout nangb naix maib sax jiongx dand jib nangb.

拢单拢斗得寿告见，

Liongb dand liongb dout deib shet gaot jianb,

拢送拢弄告得送嘎。

Liongb songx liongb nongb gaot deit songx giax.

告见几扛几白纠录乙苟，

Gaot jianb jid gangb jid beib jiub lub yib ged,

送嘎几扛热然谷叉图公。

Songx giax jid gangb reib rab guob chad tux gongt.

告见列扛莎单，

Gaot jianb lieb gangb sax dand,

送嘎列扛莎送。

Songx giax lieb gangb sax songx.

斗你得寿苟娄苟追，

Doub bit deib shet goud neb goud zhuix,

炯弄告得把抓把尼。

Jiongx nangb gaot deit bad zhuab bad nib.

剖扑列扛麻见，

Bout pud lieb gangb mab jianb,

喂岔列扛麻尼。

Weib chanx lieb gangb mab nib.

剖扑列扛莎中，

Bout pud lieb gangb sax zhongd,

喂岔列扛莎见。

Weib chax lieb gangb sax jianb.


神韵——

我要奉请五方土地，还要奉迎六路龙神，

管辖本地老祖公，管理本处老祖婆。

古代来立本村的开始祖，古时来立本寨的开始人。

一村人的总祖，一寨人的总婆。

总祖发满一村，总婆育满一寨。

还有主家人的祖公祖婆，和起主人一家的先母先父。

鱼神司鱼厨手郎子，肉神司肉办供郎君。

还有弟子的千位宗师，和起师郎的百位祖师。

弟子的三千交钱祖师，我也查名齐来齐到。

师郎的三百度纸宗师，我也点字齐到齐临。

神韵——

闻我奉请你们来到这里，应我奉迎你们来临此间。

来到要和弟子主持，来临要与师郎主祭。

主持不要主歪主偏，主祭不要主坏主乱。

主持要送得准，主祭要送得灵。

祖师你们随前随后，宗师你们随左随右。

我讲就要得应，我说就要灵验。

我讲就要成功，我说就要准数。


就——                                          （祖师诀）

Jiux—

几长窝汝意记耸斗，

Jid changb aot rux yid jib songx doub,

得寿列充葵汝产娥棍空。

Deit shet lieb congd kiub rux chant eb gunt kongt.

几长窝汝依达穷炯，

Jid changb aot rux yit dat qiongx jiongb，

弄得列拢然鸟傩汝吧图棍得。 （祖师诀）

Niongx deit lieb liongb rab niaob nub rux bax tux gunt deib.

然鸟补谷阿柔告寿，

Rab niaob but guot ad roub gaot shet，

补谷欧柔告德。

But guob out roub gaot deit.

补产葵忙告见，

Butchanx kiub mangb gaot jianb，

补吧录忙送嘎，

But bad lub mangb songx giax，

抓葡几最吉走。

Zhuad pux jid ziub jib zoub.

寿葡吉走吉板。

Shoux pux jid zoub jib banb.


神韵——

诚心焚烧蜂蜡糠香，弟子要请尊敬的千位宗师，

诚意焚燃纸团火烟，师郎要请尊贵的百位祖师。

三十一代祖师，三十二代弟子。

三千祖师爻钱，查名皆齐皆遍，

三百度纸宗师，点字皆遍皆全。


就—— （祖师诀）

Jiux—

然鸟绒魁龙贵洞庆，

Rab niaob rongb kiub longb guix dongd qinx，

弄奈成久长先补玛。

Longb naix chenb jiud changb xiand bub mual.

休鸟喂然埋浪，

Xut niaob weib maib nangb，

然弄喂奈埋洞。

Rab longb weib naix maib dongx.

得寿架格腊咱，

Deit shet jid giet lab zad，

弄得查梅腊干。

Nongd deit chab meib lab ganb.

棍空斗你喂浪打篓，

Gunt kongt doub nit weib nangb dat let，

棍得斗炯喂浪达比。

Gunt deit doub jiongx weib nangd dab.

斗你喂浪达起几图，

Doub nit weib nangb dab kid jid tub，

斗炯喂浪达写吉郎。

Doub jiongx weib nangd dab xie jib nangb.

埋自尼剖，

Maib zix nib bout，

剖自尼埋，

Bout zit nib maib，

埋尼喂浪打楼达起，

Maib nib weib nangb dat let dat qit，

喂尼埋浪吉久几得。

Weib nib maib nangd jib jud jid deib.

埋告穷向闹达，

Maib gaob qiongx xiangt laox dab，

埋油穷头拢单。

Maib youb qiongx teb liongb dand.

拢单号弄几图，

Liongb dand haox nongd jid tub，

拢送号炯吉浪。

liongb songx haox jiongx jib niangb.

几油喂浪声棍扛见，

Jid yub weib nangd shongt gunt gangb jianb，

吉候喂浪弄母扛拿。

Jib houx weib nangd niongx mux gangb nab.

喂拢告见莎单，
Weib liongb gaot jianb sax dand,
喂拢送嘎莎送。
Weib liongb songx giad sax songx.
喂扑产固莎见，
Weib pud chant gut sax jianb,
喂出吧汉莎尼。
Weib chux bax hanx sax nib.

烧起银钱冥纸，焚起冥币钱财。
烧起蜂蜡糠香，焚起纸团火烟。
千神没有乱请，百祖没有乱奉。
焚香要来奉请，烧纸要来奉迎。
奉请绒魁龙贵洞冲，奉迎成久长先洞寨。
我讲你们得听，我说你们得闻。
弟子闭眼观想，师郎抬眼观看。
祖师都在我的脑海，宗师坐在我的脑门。
祖师在我心念之中，宗师在我意念之内。
你们就是我们，我们就是你们。
你们就是我们的心脑神魂，我们就是你们的身体骨肉。
你们纵那香烟飘到，你们随那烟雾降临。
来到我们中间，来临我们之内。
帮助我的神腔娓娓，帮助我的神辞朗朗。
我今主持也准，我来主祭也灵。
我说千种也应，我做百样也验。

拢单喂列扑内，
Longd dans wed lieb pub niex,
拢送喂列扑扛。
Longd songb wed lieb pub gangb.
扑内酒豆酒江，
Pub niex jiud dout jiud jiangb,
苟缪公昂。

Goud mious gongx ghax.

标绒标潮，

Bioud rongx bioud ceb，

白录白然。

Biad nux biad rab.

爬林爬章，

Pab liongb pab zhangb，

书虐爬汝。

Sut rub pab rub.

格岭白吾白补，

Gied liongx biad eud biad bub，

格穷白补白冬。

Gied qiongb biad bub biad dongt.

意记送斗，

Yid jid shongb dous，

以达穷炯。

Yid dad qiongb jongb.

勇陇穷雄，

Yongd longs qiongb xiongd，

禾走抗闹，

Aod zoub kangb naox，

穷梅雄棍。

Qingd mieb xiongd ghunt.

扑内苟扛葵汝产鹅棍空——

Pub niex goud gangb ghuib rub chanx ed ghunt kongt—

几最奶江，

Jid zuib liet jiangb，

埋汉莎江。

Manb haib sead jiangb.

几最奶久，

Jid zuib liet jud，

埋汉莎久。

Manb haib sead jud.

汝江汝久，
Rub jiangb rub jud,
汝久汝板。
Rub jud rub biab.
江久吉相扛服，
Jiangb jud jid xiangt gangb hud,
江半吉相扛龙。
Jiangb biab jid xiangt gangb nongx.

　　到此我要说清，到这我要讲明。
　　讲这供酒甜酒，盘鱼碗肉。
　　龙堂龙殿，供粑糍粑。
　　绿旗满水满陆，红旗满坪满地。
　　纸团宝香，蜂蜡糠烟。
　　竹析神筒，问事骨卦，招请铜铃。
　　讲此来让尊贵的千位祖师，高贵的百位师尊。
　　齐皆欢喜，你们皆喜。
　　齐皆喜爱，你们皆爱。
　　好欢好喜，好喜好爱。
　　喜了还未给喝，爱了还未送吃。

江哟列候乖棍，
Jiangb yod lieb houx gweit gunt,
江板列候他力。
Jiangb band leib houx tax lib.
要先几没几乖内浪归先归得，
Yaox xiand jid meib jid guweit neib nangb giud xiand giud deit,
要木几没他汉内浪归木归嘎。
Yaox mub jid meib tax hanx neib nangb giut mub giut giad.
内浪先头转嘎虫兰，
Neib nangb xiand toub zhuanb giab chongb lan,
木汝奈拿虫兄。
Mub rux naib nab chongb xiongd.

窝汝送斗——

Aot rux songx doub—

列乖内绒拢单吉标,

Lieb gweit neib rongb liongb dand jib bioud,

骂棍闹送吉竹。　　　　　　　　　（反复驱遣诀）

Max gunt laox songx jib zhub.

出汉斩松猛豆,

Chub hanx zhaid songd mengb dout,

将汉吧难达那。

Jiangb hanx bad nanb dab nab.

加绒楼豆,

Jiad rongb loub dout,

加棍楼越。

Jiad gunt loub yueb.

得乖否你,

Deib gweit woub nit,

得则否炯。

Deib zeb woub jiongx.

得乖兵比兵缪,

Deib gweit biongb bid biongb mioub,

得则兵豆兵斗。

Deib zeb biongb doud biongb dout.

干然柔先,

Ganb ranb roub xiand,

兰棉柔甲。

Lan mianb roub jiab.

兵鸟兵先,

Biongt niaob biongt xiand,

干古干嘎。

Ganb gud ganb giax.

兵古兵穷,

Biongt gud biongt qiongb,

出格出怪。

Chud geib chub guaix.

斗绒当棍长兰，

Doub rongb dangd gunt changb lan，

斗棍吉追报长。

Doub gunt jib zhiux baox changb.

豆毛没比没兵，

Doux maob meib bid meib biongd，

度毛没涌没够。

Dux maob meib yongd meib goux.

打格几篓，

Dab gied jid loub，

打甲吉追。

Dab jiab jib zhiux.

禾抓比包，

Aot zhuab bix bet，

禾中比篓。

Aot zhongb bix loud.

几内出蒙出梅，

Jid neib chub mengb chub meib，

吉忙出皮出细。

Jib mangb chub bix chub xix.

几内否瓜内得，

Jid neit boub guad neid deit，

吉忙否边内呕。

Jib mangb boub biant neib oud.

水学乖告送斗，

Shiut xuob gweit gaob songx doub，

睡梦假通，

Shiut mengx jiad tongt，

度龙穷炯假量。 （镇压诀）

Dux longb qiongb jiongx jiad liax.

乖告送斗几白，

Gweit gaob songx doub jid baib，

度龙穷炯吉袍。　　　　　　　　　　　（反复诀）

Dux longb qiongb jiongx jib paox.

牙首牙林乙热内补，

Yab shout yab linb yib reb neib bub,

牙闹牙嘎以然内冬。　　　　　　　　　（押送诀）

Yab laox yab giad yit ranb neib dongt.

抓首抓猛乙热内补，

Zhuab shout zhuab mengb yib reb neib bud,

抓闹抓嘎以然内冬。　　　　　　　　　（叉送诀）

Zhuab laox zhuab giax yib ranb neib dongt.

乖久追拢查他吉标果齐，

Gweit jiud zhuix liongb chab tax jib bioud guot qit,

弟板记竹明汝。　　　　　　　　　　　（封锁诀）

Dix band jix zhub mingb rux.


　　喜了要把鬼驱，爱了要把煞隔。
　　少气没有驱赶信士的生气儿气，
　　少福没有驱赶户主的洪福孙福。
　　户主的长气收在身中，福禄藏在体内。
　　谨焚宝香——
　　要驱魑魅来到家中、魍魉进到宅内。
　　兴那灾星灾殃，降那灾难灾祸。
　　凶神来得日久，恶鬼坐得久长。
　　黑处来躲，暗处来藏。
　　黑处现头现耳，暗处现爪现脚。
　　现那大口咬牙，现那长舌切齿。
　　现嘴现齿，见抓见捉。
　　见红见血，作蛊作怪。
　　恶煞没有前胸，凶鬼没有后背。
　　腿脚有鬃有毛，头耳有段有节。①
　　忽而现前，忽而见后。
　　跨在床头，现在床尾。
　　白日现眼现目，夜晚现梦现幻。

白日它骗人子，夜晚它骗人妻。
诀咒驱赶隔去、斩煞消灭，再用蜡烟隔除。
遇这糠香驱散，见此蜡烟消灭。
铜隔隔去他方，铁隔隔去他处。
铜叉叉去他方，铁叉叉去他处。
驱赶以后家中便得清吉，屋宅内外平安。

[注]①有鬈有毛、有段有节：指凶鬼恶煞奇形怪状的样子。

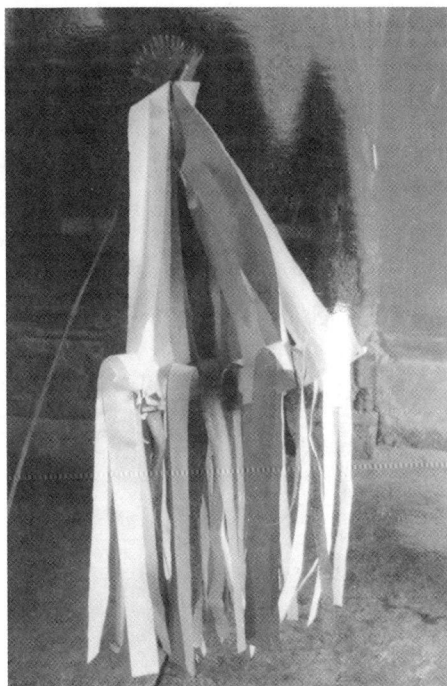

**许接龙愿的许愿标志物(愿标)**

乖久列乖，
Gweit jub lieb gweit,
度久列度。
Dux jub lieb dux.

列乖扛久，

Lieb gweit gangb jub,

列度扛半。

Lieb dux gangb banb.

列乖补豆加皮加细，

Leib gweit but dout jid bix jiad xix,

补就加格加怪。 （反复驱遣诀）

But jux jiad gieb jiad guaib.

加皮出扛内抄，

Jiad bix chud gangb neib caot,

加细出扛内棉。

Jid xix chud gangb neib miab.

加皮出扛内崩，

Jiad bix chud gangb neib bengb,

加细出扛内洽。

Jiad xix chud gangb neib qiax.

皮闹猛龙猛同，

Bix laox mengb longb mengb tongb,

皮豆猛庆猛炮。

bix dout mengb qix mengb paox.

皮菩冬绒几浪几吼，

Bix dongt rongb jib nangb jib hout,

皮挂便同几浪吉话。

Bix guax biat tongb jib nangb jib huax.

皮绒腊葡，

Bix rongb lab pud,

皮便腊挂。

Bix biat lab guax.

几关斗你格绒，

Jid guand dout nib gied rongb,

吉哈斗炯格便。

Jib had dout jiongx gied biax.

皮你周柔周金，

Bix nib zhoub rout giuongd,

皮炯周图周陇。

Bix jiongx zhoub tub zhoub liongd.

皮热先竹,

Bix reb xiand zhub,

皮弟先比。

Bix dix xiand bid.

皮干咱古,

Bix ganb zad gud,

皮咱加穷。

Bix zad jiad qiongd.

皮龙写尼,

Bix longb xied nieb,

皮架写油。

Bix jiax xied yub.

皮龙光中,

Bix longb guangd zhongd,

皮架光抓。

Bix zhub guand zhuab.

几篓皮不半斗,

Jid neb bix bub banx deb,

吉追皮扛半太。

Jib zhuix bix gangb banx tiex.

水学乖告送斗,

Shuit xuob gweit gaob songx doub,

睡梦假通,

Shuix mengx jiad tongd,

度龙穷炯假量。                                （镇压诀）

Dux longb qiongb jiongx jiad liangx.

乖告送斗几白,

Gweit gaob songx doub jid baib,

度龙穷炯吉袍。                                （反复诀）

Dux longb qiongb jiongx jid paox.

牙首牙林乙热内补，

Yab shout yab linb yib reb neib bub,

牙闹牙嘎以然内冬。 （押送诀）

Yab laox yab giad yit ranb neib dongt.

抓首抓猛乙热内补，

Zhuab shout zhuab mengb yib reb neib bud,

抓闹抓嘎以然内冬。 （叉送诀）

Zhuab laox zhuab giax yib ranb neib dongt.

乖久追拢查他吉标果齐，

Gweit jiud zhuix liongb chab tax jib bioud guot qit,

弟板记竹明汝。 （封锁诀）

Dix band jix zhub mingb rux.

乖久追拢皮腊长细，

Gweit jut zhuix liongb lab changb xix,

细拿长皮。

Xix nab changb bix.

皮下容吾，

Bix xiax rongb wut,

皮当容斗。

Bix dangb rongb deb.

皮下容青，

Bix xiax rongb qiongd,

皮当容见。

Bix dangb rongb jianb.

皮闹蒙苟，

Bix laox mengb goud,

求猛冬内。

Qiux mengb dongt neib.

皮会猛公，

Bix huix mengb gongt,

闹猛王记。

Laox mengb wangb jix.

长皮长单闹达猛昂猛洽，

Changb bix changb dand laox mengb angb mengb qiax,

比图猛故猛色。

Bid tub mengb gud mengb seid.

汝皮长单图然告苟,

Rux bix changb dand tux rab gaob geb,

汝细长送图绕比让。

Rux xix changb songx tux raob bid rangb.

汝皮长单几纵苟翁,

Rux bix changb dand jid zongb goud wengd,

汝细长送吉秋够求。

Rux xix changb songx jib quid goud qiux.

阿吉长拢汝国,

Ad jib changb liongb rux geib,

呕吉长拢汝包。

Out jib changb liongb rux bex.


赶了再赶,驱了再驱。

要赶送尽,要驱送完。

要驱三年噩梦恶幻,三载恶蛊恶怪。

噩梦做送人忧,恶幻做送人愁。

噩梦做送人惊,恶幻做送人怕。

梦倒大刀大刃,梦响大铳大炮。

梦垮山梁震动山,梦塌山崖震动岗。

梦山也崩,梦岭也塌。

挂在陡岭,飘在悬崖。

梦在岩牢土牢,梦坐竹牢木牢。

梦落门齿,梦断门牙。

梦见红血,梦见污血。

梦吃牯肠,梦嚼牛肚。

梦吃洋葱,梦嚼洋蒜。

身前梦背柴篓,身后梦负炭篓。[①]

诀咒驱赶隔去,斩煞消灭,再用蜡烟隔除。

遇这糠香消散,见此蜡烟消灭。

铜隔隔去他方，铁隔隔去他处。
铜叉叉去他方，铁叉叉去他处。
驱赶以后梦也来幻，幻也来梦。
梦挖水沟，梦开水渠。
梦挖水池，梦开水塘。
梦走大路，走去京城。
梦行大道，行到国都。
好梦转到脚踩大船大舱，头顶大罗大伞。
好梦回到梨树村头，好幻转到栗树寨尾。
好梦回到家中床边，好幻转到屋内枕头。
一觉转来好睡，二觉转来好卧。

[注]①梦倒大刀大刃……负炭篓：这些内容皆为本地人们传承观念中认为是不好的梦境。

身着华丽苗服的龙婆

乖久列乖，
Gweit jub lieb gweit,
度久列度。
Dux jub lieb dux.

列乖扛久，

Lieb gweit gangb jub,

列度扛半。

Lieb dux gangb banb.

列乖得章猛萨，

Lieb gweit deit zhuangb mengb sad,

得度得树。 　　　　　　　　　　　（反复驱遣诀）

Deib dux deib shux.

鸟拔鸟浓，

Niaob bab niaob niongx,

鸟让鸟共。

Niaob rangb niaob gongx.

麻乖扑见麻果，

Mab gweit pud jianb mab guet,

麻加扑见麻汝。

Mab jiad pud jianb mab rux.

吉白吉袍，

Jid beib jid baox,

几不吉数。

Jid bub jib sut.

萨空绒苟，

Sax kongt rongb geb,

章虐柔绒。

Zhuangb nub rout rongb.

够寿刀够，

Goud shoux diaot gout,

梅良刀肥。

Meib liangb diaod feib.

产内鸟茶，

Chant neib niaot chab,

吉奈拢服，

Jib naix liongb fub,

吧内弄然，

Bad neib nongb rab,

吉奈拢龙。

Jib naix liongb longb.

几服梅照打鸟，

Jid fub meit zhaob dad niaob,

几龙梅照达弄。

Jid longb meit zhaob dab nongd.

水学乖告送斗，

Shuit xuob gweit gaob songx doub,

睡梦假通，

Shuix mengx jiad tongt,

度龙穷炯假量。                                （镇压诀）

Dux longb qiongb jiongx jiad liangx.

乖告送斗几白，

Gweit gaob songx doub jid baib,

度龙穷炯吉袍。                                （反复诀）

Dux longb qiongb jiongx jid paox.

牙首牙林乙热内补，

Yab shout yab linb yib reb neib bub,

牙闹牙嘎以然内冬。                           （押送诀）

Yab laox yab giad yit ranb neib dongt.

抓首抓猛乙热内补，

Zhuab shout zhuab mengb yib reb neib bud,

乖久追拢查他吉标果齐，

Gweit jiud zhuix liongb chab tax jib bioud guot qit,

弟板记竹明汝。                                （封锁诀）

Dix band jix zhub mingb rux.

乖久追拢查他几没得事得录，

Gweit jub zhuix liongb chab tax jid meib deib shit deib lub,

度约弟然茶他几斗得章得萨。

Dux yod dix rab chab tax jid doub deib zhuangb deib sax.

赶了再赶，驱了再驱。

要驱送尽，要赶送完。

要驱官司官口，官非官讼。

女口男嘴，小口老嘴。

黑的讲成白的，坏的讲成好的。

结伙相欺，结伴相害。

是非口嘴，官非口舌。

教唆暗害，挑拨搬弄。

利口邀约来喝，刀舌邀众来吃。

不喝强灌口中，不吃强塞嘴内。<sup>①</sup>

诀咒驱赶隔去、斩煞消灭，再用蜡烟隔除。

遇这糠香消散，见此蜡烟消灭。

铜隔隔去他方，铁隔隔去他处。

铜叉叉去他方，铁叉叉去他处。

驱赶以后家中便得清吉，屋宅内外平安。

驱了之后清吉没有是非口嘴，赶了之后平安没有官非牢狱。

[注] ①不吃强塞嘴内：指强加的罪名，强迫接受的冤枉。

乖久列乖，

Gweit jub lieb gweit，

度久列度。

Dux jub lieb dux.

列乖扛久，

Lieb gweit gangb jub，

列度扛半。

Lieb dux gangb banb.

列乖棍梦吉标，

Lieb gweit gunt mengx jib bioub，

棍达几竹。                                （反复驱遣诀）

Gunt dab jid zhub.

棍梦棍斗，

Gunt mengx gunt doub，

棍抄棍达。

Gunt chaod gunt dab.

声昂几吼吉标，

Shongt angb jid houb jib bioud,

声研吉话吉竹。

Shont yuanb jib huax jid zhub.

提果牛内，

Tib guet niub neib,

呕楼牛麻。

Out loub niub mab.

牛内周滚，

Niub neib zhoud gund,

牛洞周乔。

Niub dongt zhoud qiaob.

纵梦告吹，

Zongb mengt gaob chuid,

纵达告绒。

Zongb dab gaob rongb.

纵篓纵白，

Zongb loub zongb baib,

纵达纵柔。

Zongb dab zongb roub.

水学乖告送斗，

Shiut xuob gweit gaob songx doub,

睡梦假通，

Shiut mengx jiad tongt,

度龙穷炯假量。 （镇压诀）

Dux longb qiongb jiongx jiad liax.

乖告送斗几白，

Gweit gaob songx doub jid baib,

度龙穷炯吉袍。 （反复诀）

Dux longb qiongb jiongx jid paox.

牙首牙林乙热内补，

Yab shout yab linb yib reb neib bub,

牙闹牙嘎以然内冬。                                    （押送诀）

Yab laox yab giad yit ranb neib dongt.

抓首抓猛乙热内补，

Zhuab shout zhuab mengb yib reb neib bud,

抓闹抓嘎以然内冬。                                    （又送诀）

Zhuab laox zhuab giax yib ranb neib dongt.

乖久追拢查他吉标果齐，

Gweit jiud zhiux liongb chab tax jib bioud guot qit,

弟板记竹明汝。                                        （封锁诀）

Dix band jix zhub mingb rux.

乖久追拢查他几没灾松，

Gweit jub zhuix liongb chab tax jid meib zaid songd,

度约弟然茶他几斗吧难。

Dux yod dix rab chab tax jid doub bad nanb.


赶了再赶，驱了再驱。

要赶送尽，要驱送完。

要驱家中病灾常作，宅内死神常犯。

病灾疾厄，悲哀死亡。

哭声常作家中，哀号常响家内。

二柱白布，麻衣孝服。

二柱篓黄，中柱篓篾。①

病床家中，尸床宅内。

病床崩床，尸床柳床。

诀咒驱赶隔去、斩煞消灭，再用蜡烟隔除。

遇这糠烟消散，见此蜡烟消灭。

铜隔隔去他方，铁隔隔去他处。

铜叉叉去他方，铁叉叉去他处。

驱赶以后家中便得清吉，屋宅内外平安。

驱了之后清吉没有灾星，赶了之后平安没有祸害。


[注] ①篓黄、篓篾：指出枢时唯恐家中福气随丧而去，故用篓篾将福气

留在家中之传统做法。在此段中统指丧事。

乖久列乖，
Gweit jub lieb gweit,
度久列度。
Dux jub lieb dux.
列乖扛久，
Lieb gweit gangb jub,
列度扛半。
Lieb dux gangb banb.
列乖家格吉标，
Lieb gweit jiab gib jib bioud,
加怪吉竹。
Jiad guaix jid zhub.
加格出扛内咱，
Jia gib chub gangb neib zad,
加怪喂扛内干。
Jiad guaix weib gangb neib ganb.
出格够寿扛容，
Chub gib ged shoux gangb yongb,
喂怪梅良扛棉。
Weib guaix meib liangb gangb miab.
弄偶报标，
Nongt oub baox bioud,
拢出那柔那金。
Liongb chub nat roub nat giuongd.
弄苟报竹，
Nongd goud baob zhub,
拢出巴良图共。
Liongb chu bad liab tub gongx.
故敏报标，
Gud miongt baob bioud,
故虐报竹。

（反复驱遣诀）

Gud nub baob zhub.

竹同不得，

Zhub tongb but deib,

竹纵不同。

Zhub zongb but tongb.

竹同拢出声猛，

Zhub tongb liongb chub shongt mengt,

不绕拢让昂走。

But raot liongb rangb angb zoub.

补产爬迷，

But chant pab mib,

几谋够豆，

Jid mueb gout dout,

拢出声梦，

Liongb chub shongt mengt,

补吧爬穷，

But bax pad qiongx,

吉麻比兵，

Jid mab bid biongb,

拢出声达。

Liongb chub shongt dab.

潮录告台打温，

Zaox lub gaox chub dat wengt,

潮弄告提达笑。

Zaox nongx gaox tib dab xiaox.

水学乖告送斗，

Shiut xuob gweit gaob songx doub,

睡梦假通，

Shiut mengx jiad tongt,

度龙穷炯假量。          （镇压诀）

Dux longb qiongb jiongx jiad liax.

乖告送斗几白，

Gweit gaob songx doub jid baib,

度龙穷炯吉袍。　　　　　　　　　　（反复诀）

Dux longb qiongb jiongx jid paox.

牙首牙林乙热内补，

Yab shout yab linb yib reb neib bub，

牙闹牙嘎以然内冬。　　　　　　　　（押送诀）

Yab laox yab giad yit ranb neib dongt.

抓首抓猛乙热内补，

Zhuab shout zhuab mengb yib reb neib bud，

抓闹抓嘎以然内冬。　　　　　　　　（叉送诀）

Zhuab laox zhuab giax yib ranb neib dongt.

乖久追拢查他吉标果齐，

Gweit jiud zhiux liongb chab tax jib bioud guot qit，

弟板记竹明汝。　　　　　　　　　　（封锁诀）

Dix band jix zhub mingb rux.

乖久追拢查他几没斗格，

Gweit jub zhuix liongb chab tax jid meib doub gieb，

度约弟然茶他几斗咱怪。

Dux yod dix rad chax tax jid doub zad guaid.


赶了再赶，驱了再驱。

要赶送尽，要驱送完。

要驱凶兆现在家中，怪异现在家内。

凶兆出让人知，怪异作送人见。

凶兆带来凶灾，怪异招至厄难。

恶蛇进家，绞搓成绳成索，[①]

怪蛇进户，来做抬丧木杠。

恶蛇进家，怪蛇进户。

家中出异，宅内现怪。

家中常有病哼，宅内常有病犯。

三千怪蚁进家来做病吟，三百红蚁进户来做哭丧。

大米跳在簸中，小米跳在筛内。

诀咒驱赶隔去、斩煞消灭，再用蜡烟隔除。

遇这糠香消散，见此蜡烟消灭。

铜隔隔去他方，铁隔隔去他处。
铜叉叉去他方，铁叉叉去他处。
驱赶以后家中便得清吉，屋宅内外平安。
驱了之后清吉没有凶兆，赶了之后平安没有怪异。

[注] ①绞搓成绳成索：指蛇交尾。

**代表龙神接受祭奉的龙婆**

乖久列乖，
Gweit jub lieb gweit，
度久列度。
Dux jub lieb dux.
列乖扛久，
lieb gweit gangb jub，
列度扛半。
Lieb dux gangb banb.
列乖加绒拢租，
Lieb gweit jiad rongb liongb cub，
加棍拢岔。　　　　　　　　　（反复驱遣诀）
Jiad gweit liongb chax.

加绒抱标拢租拢出，

Jiad rongb baob bioud liongb cub liongb chub,

加棍抱竹拢仇拢大。

Jiad gweit baob zhub liongb choub liongb dab.

棍忙足吾补土，

Gweit mangb zub wut but tud,

棍达共娘补痛。

Gunt dab gongx niangb but tongx.

补豆借酒加服，

Bud dout jiet jiud jiad fub,

补就出列加龙。

Bud jiut chub lieb jiab longb.

借酒酒孝，

Jiet jiud jiud xiaot,

出列列虐。

Chud liex liex nub.

得服几周，

Deib fub jib zhoud,

嘎龙几壮。

Giad longb jid zhuangb.

油首几见善缪，

Youb shout jid jianb shait mioub,

唐闹几加善昂。

Tangx laox jid jiad shait angb.

列乖呕温列香，

Lieb gweit out wengt liex xiangt,

冲苟达告竹鲁。

Chongx goud dab gaox zhub lud.

呕笑列昂，

Out xiaox lieb angb,

冲照达告竹嘴。

Chongx zhaob dab gaox zhub zuid.

雄忙阿涌，

Xiongt mangb ad yongd,

陇忙阿够。

Liongb mangb ad goud.

窝达香录,

Aot dab xiangt lub,

窝这香瓜。

Aob zhex xiangt guad.

水学乖告送斗,

Shiut xuob gweit gaob songx doub,

睡梦假通,

Shiut mengx jiad tongt,

度龙穷炯假量。                                        (镇压诀)

Dux longb qiongb jiongx jiad liax.

乖告送斗几白,

Gweit gaob songx doub jid baib,

度龙穷炯吉袍。                                        (反复诀)

Dux longb qiongb jiongx jid paox.

牙首牙林乙热内补,

Yab shout yab linb yib reb neib bub,

牙闹牙嘎以然内冬。                                    (押送诀)

Yab laox yab giad yit ranb neib dongt.

抓首抓猛乙热内补,

Zhuab shout zhuab mengb yib reb neib bud,

抓闹抓嘎以然内冬。                                    (叉送诀)

Zhuab laox zhuab giax yib ranb neib dongt.

乖久追拢查他吉标果齐,

Gweit jiud zhuix liongb chab tax jib bioud guot qit,

弟板记竹明汝。                                        (封锁诀)

Dix band jix zhub mingb rux.

乖久追拢查他阿标林休,

Gweit jut zhuix liongb chax tax ad bioub linb xut,

弟然查他阿竹共让。

Dix rad chax tax ad zhub gongx rangb.

借酒长拢汝服。

Jiet jiud changb liongb rux fud.

出列长拢汝龙。

Chub liex changb liongb rux longb.

得服长周,

Deit fud changb zhoud,

嘎龙长壮。

Giad longb changb zhuangb.

油首长见善缪,

Youb shoux changb jianb shait mioub,

唐闹长加善昂。

Tangx laox changb jiad shait angb.


赶了再赶,驱了再驱。

要赶送尽,要驱送完。

要驱凶鬼作祟,恶煞作乱。

凶鬼进屋来作来祟,恶煞进家来打来杀。

死神为殃作祸,死鬼兴灾作难。

三年煮酒不甜,三载煮饭不熟。

儿喝不长,孙吃不肥。

做事不得圆满,打铁不得锋利。

要驱两簸丧饭,摆在堂屋前方,

两筛丧供,摆在大门后面。

丧竹一节,响竹一筒。

菖蒲隔死,桃叶隔丧。<sup>①</sup>

诀咒驱赶隔去、斩煞消灭,再用蜡烟隔除。

遇这糠香消散,见此蜡烟消灭。

铜隔隔去天涯之处,铁隔隔去海角之地。

铜叉叉去天涯之处,铁叉叉去海角之地。

驱了以后一家大小,

煮酒也甜,煮饭也熟。

儿喝得长,孙吃得肥。

做事皆得圆满,打铁皆得锋利。

[注]①菖蒲隔死，桃叶隔丧：本地传统习俗有用菖蒲和桃叶来隔除死神的做法。以上几句泛指丧事。

乖久列乖，

Gweit jub lieb gweit，

度久列度。

Dux jub lieb dux.

列乖扛久，

Lieb gweit gangb jub，

列度扛半。

Lieb dux gangb banb.

列乖班乖班达，

Lieb gweit band gweit band dab，

班两班木。　　　　　　　　　　　　　（反复驱遣诀）

Band liangb band mub.

得标麻乖，

Deib bioud mab gweit，

得相麻共。

Deib xiangd mab gongx.

楼棒抓图够豆，

Loub bangb zhuab tux gout dout，

楼柔抓拢比兵。

Loub roub zhuab liongb bit biongt.

广将鲁班，

Guangd jiangd lut band，

首龙到然。

Shout longb daox rab.

报尖报借，

Baox jiand baox jiex，

达虾那图。

Dab xiad nab tux.

水学乖告送斗，

Shiut xuob gweit gaob songx doub，

睡梦假通，

Shiut mengx jiad tongt,

度龙穷炯假量。 （镇压诀）

Dux longb qiongb jiongx jiad liax.

乖告送斗几白，

Gweit gaob songx doub jid baib,

度龙穷炯吉袍。 （反复诀）

Dux longb qiongb jiongx jid paox.

牙首牙林乙热内补，

Yab shout yab linb yib reb neib bub,

牙闹牙嘎以然内冬。 （押送诀）

Yab laox yab giad yit ranb neib dongt.

抓首抓猛乙热内补，

Zhuab shout zhuab mengb yib reb neib bud,

抓闹抓嘎以然内冬。 （叉送诀）

Zhuab laox zhuab giax yib ranb neib dongt.

乖久追拢查他吉标果齐，

Gweit jiud zhiux liongb chab tax jib bioud guot qit,

弟板记竹明汝。 （封锁诀）

Dix band jix zhub mingb rux.

乖久追拢查他几没班楼班怕，

Gweit jut zhuix liongb chax tax jid meib lout band pax,

度约弟然茶他几斗班两班特。

Dux yod dix rad tax jid dout band liangb band teix.


赶了再赶，驱了再驱。

要赶送尽，要驱送完。

要驱棺材棺木，棺埋棺葬。

棺木黑屋，箱子棺椁。

木头木马丧板，丧板木马丧杠。

做棺木匠，利斧刀具。

推光推刨，墨签墨线。

诀咒驱赶隔去、斩然消灭，再用蜡烟隔除。

遇这糠香消散，见此蜡烟消灭。
铜隔隔去他方，铁隔隔去他处。
铜叉叉去他方，铁叉叉去他处。
驱赶以后家中便得清吉，屋宅内外平安。
驱了之后清吉没有板木棺材，赶了之后平安没有棺木板盖。


乖久列乖，
Gweit jub lieb gweit,
度久列度。
Dux jub lieb dux.
列乖扛久，
Lieb gweit gangb jub,
列度扛半。
Lieb dux gangb banb.
列乖嘎格斗标，
Lieb gweit giat gieb doub bioub,
傩棉柔纵。　　　　　　　　　　　　　　　（反复驱遣诀）
Nub miab roub zongx.
嘎苟录格，
Giat geib lub gieb,
嘎欺录麻。
Giat qid lub miax.
狗拢首得阿偶，
Goud liongb soud deit ad oud,
琶拔首得阿双。
Pax bax soud deit ad shuangt.
嘎陇包就服楼，
Giat liongb baod jud fud loub,
琶拢包陇龙得。
Pax liongb baod liongb longb deib.
就录爷古，
Jud lub yeb gub,
梅热爷穷。

Meib reb yeb qiongb,

禾内拢嘎拢奈，

Gob neit liongb giad liongb naib，

报告拢楼拢归。

Baob gaob liongb loub liongb guib.

水学乖告送斗，

Shiut xuob gweit gaob songx doub，

睡梦假通，

Shiut mengx jiad tongt，

度龙穷炯假量。 （镇压诀）

Dux longb qiongb jiongx jiad liax.

乖告送斗几白，

Gweit gaob songx doub jid baib，

度龙穷炯吉袍。 （反复诀）

Dux longb qiongb jiongx jid paox.

牙首牙林乙热内补，

Yab shout yab linb yib reb neib bub，

牙闹牙嘎以然内冬。 （押送诀）

Yab laox yab giad yit ranb neib dongt.

抓首抓猛乙热内补，

Zhuab shout zhuab mengb yib reb neib bud，

抓闹抓嘎以然内冬。 （叉送诀）

Zhuab laox zhuab giax yib ranb neib dongt.

乖久追拢查他吉标果齐，

Gweit jiud zhuix liongb chab tax jib bioud guot qit，

弟板记竹明汝。 （封锁诀）

Dix band jix zhub mingb rux.

乖久追拢查他几没达爬能得，

Gweit jud liongb chab tax jid meib dab bax nongb deib，

度约弟然茶他几斗打嘎服楼。

Dux yod dix rad chax tax jid doub dab giat fub loub.

赶了再赶，驱了再驱。

要赶送尽，要驱送完。

要驱怪鸡家中，怪鸭宅内。

怪鸡怪鸭，鸡兆鸭兆。

狗来下崽一只，猪来下儿一双。[①]

鸡来进窝啄蛋，猪来进窝吃儿。

鸡窝流汁，猪窝滴血。

母鸡来啼来叫，公鸡来窝来抱。

诀咒驱赶隔去、斩煞消灭，再用蜡烟隔除。

遇这糠香消散，见此蜡烟消灭。

铜隔隔去他方，铁隔隔去他处。

铜叉叉去他方，铁叉叉去他处。

驱赶以后家中便得清吉，屋宅内外平安。

驱了之后清吉没有母猪吃儿，赶了之后平安没有鸡来啄蛋。


[注]①狗来下崽一只，猪来下儿一双：本地传统观念认为，狗一胎只生一只的便是木棒犬，会伤及主人；猪一胎只生两头的便是抬丧猪，也会殃及主人。


乖久列乖，

Gweit jub lieb gweit,

度久列度。

Dux jub lieb dux.

列乖扛久，

Lieb gweit gangb jub,

列度扛半。

Lieb dux gangb banb.

列乖楼绒兵你腊吾，

Lieb gweit loub rongb biongb nit lab wut,

弄棍兵照路江。　　　　　　　　　　　（反复驱遣诀）

Nongx gunt biongb zhaob lub jiangb.

腊吾江楼几见，

Lab wut jiangd loub jid jianb,

路先标弄几单。

Lux xiand bioub nongx jib dand.

标楼见如，

Bioud loub jianb rub,

照弄见兄。

Zhaob nongx jianb xiongd.

豆剖腊蒙，

Dout bout lab mengb,

陇出哭中。

Liongb chub kux zhongb.

假怕腊乙，

Jiad pat lab yib,

陇出哭从。

Liongb chub kux congb.

楼兵那便，

Loub biongt nab biat,

陇出列尼，

Liongb chub liex nieb,

弄兵那照，

Nongx biongt nab zhaox,

陇出列爬。

Liongb chub lieb pax.

楼兵嘎豆嘎柔，

Loub biongt giab dout giab roub,

弄兵嘎公嘎扒。

Nongx biongt giab gongx giab pax.

楼兵加内，

Loub biongt jiad neit,

弄兵加虐。

Nongx biongt jiad nub.

水学乖告送斗，

Shiut xuob gweit gaob songx doub,

睡梦假通，

Shiut mengx jiad tongt,

度龙穷炯假量。 （镇压诀）

Dux longb qiongb jiongx jiad liax.

乖告送斗几白，

Gweit gaob songx doub jid baib,

度龙穷炯吉袍。 （反复诀）

Dux longb qiongb jiongx jid paox.

牙首牙林乙热内补，

Yab shout yab linb yib reb neib bub,

牙闹牙嘎以然内冬。 （押送诀）

Yab laox yab giad yit ranb neib dongt.

抓首抓猛乙热内补，

Zhuab shout zhuab mengb yib reb neib bud,

抓闹抓嘎以然内冬。 （叉送诀）

Zhuab laox zhuab giax yib ranb neib dongt.

乖久追拢查他吉标果齐，

Gweit jiud zhiux liongb chab tax jib bioud guot qit,

弟板记竹明汝。 （封锁诀）

Dix band jix zhub mingb rux.

乖久追拢茶他纠龙路剖，

Gweit jub zhuix liongb chab tax jiub longb lux bout,

弟然茶他谷江路先。

Dax rab chax tax gub jiangb lux xiand.

比楼长见，

Boud loub changb jianb,

便弄长单。

Biat nongx changb dand.

比猛打豆，

Boud mengx dad dout,

猛单产谷产够。

Mengb dand chant guob chant gout.

便猛浪路，

Biat mengb nangb lux,

猛单吧谷吧竹。

Mengb dand bad guob bad zhub.


　　　赶了再赶，驱了再驱。
　　　要赶送尽，要驱送完。
　　　要驱败谷出在田里，残米出在土内。
　　　水田栽谷不长，熟土种米不生。
　　　播谷不均，播米不散。
　　　田园垮孔，来做墓井。
　　　地头塌陷，来做坟场。
　　　谷出五月来送牛吃，米出六月来做饲料。
　　　谷穗霉粉土粉，米穗蚁屎烂粉。
　　　谷出凶日，米出凶辰。
　　　诀咒驱赶隔去、斩煞消灭，再用蜡烟隔除。
　　　遇这糠烟消散，见此蜡烟消灭。
　　　铜隔隔去官田官坝，铁隔隔去官土官地。
　　　铜叉叉去官田官坝，铁叉叉去官土官地。
　　　驱赶以后好这九块土耕，彻底好这十丘地种。
　　　播谷得生，播米得长。
　　　播去土中，发出千蔸千丛，
　　　种去地内，长出百蔸百穗。


乖久列乖，
Gweit jub lieb gweit,
度久列度。
Dux jub lieb dux.
列乖扛久，
Lieb gweit gangb jub,
列度扛半。
Lieb dux gangb banb.
列乖打便浪格，
Lieb gweit dat biat nangb gieb,
打绒浪怪。　　　　　　　　　　　　　（反复驱遣诀）

Dad rongb nangb guaix.

绒岭乖豆，

Rongb lingb gweit dout,

绒捕乖内。

Rongb pub gweit neib.

意苟召风，

Yib goud zhaob fengt,

度则召度。

Dux zeb zhaob dux.

度篓麻林，

Dux loub mab linb,

度则麻布。

Dux zeb mab bux.

将乔昂苟，

Jianb qiaob aongb goud,

将穷昂绒。

Jiang qiongx angb rongb.

几北摧岭，

Jid beib cuit lingb,

吉走摧穷。

Jib zoub cuit qiongb.

斗补浪力，

Dout bud nangb lib,

斗冬浪梅。

Dout dongt nangb meib.

兄休况闹况叫，

Xiongt xiut kangx jiaob,

兄柳况豆况斗。

Xiongt liud kangx dout kongx doub.

列乖昂格当苟，

Lieb gweit angb gieb dangb goud,

录达当公。

Lub dab dangb gongx.

到昂儿尼昂龙，

Daox angb jib nib angb longb，

到录儿尼录用。

Daox lub jib nib lub yongx.

水学乖告送斗，

Shiut xuob gweit gaob songx doub，

睡梦假通，

Shiut mengx jiad tongt，

度龙穷炯假量。 （镇压诀）

Dux longb qiongb jiongx jiad liax.

乖告送斗儿白，

Gweit gaob songx doub jid baib，

度龙穷炯吉袍。 （反复诀）

Dux longb qiongb jiongx jid paox.

牙首牙林乙热内补，

Yab shout yab linb yib reb neib bub，

牙闹牙嘎以然内冬。 （押送诀）

Yab laox yab giad yit ranb neib dongt.

抓首抓猛乙热内补，

Zhuab shout zhuab mengb yib reb neib bud，

抓闹抓嘎以然内冬。 （叉送诀）

Zhuab laox zhuab giax yib ranb neib dongt.

乖久追拢查他吉标果齐，

Gweit jiud zhuix liongb chab tax jib bioud guot qit，

弟板记竹明汝。 （封锁诀）

Dix band jix zhub mingb rux.

乖久追拢茶他纠录乙苟，

Gweit jub zhuix liongb chab tax jiut lub yib goud，

弟然茶他谷叉图公。

Dix rab chab tax guob chat tub gongx.

产豆儿斗昂格当苟，

Chant dout jid doub angb gieb dangd goud，

吧就久斗录达当公。

Bad jiux jub doub lub dab dangd gongt.

赶了再赶，驱了再驱。
要赶送尽，要驱送完。
要驱天上作蛊，天空作怪。
黑云满天，乌云满盖。
乌天黑地，乌地黑天。
大团云流，乌黑云盖。
土地的驴，当坊的马。①
红云漫天，绿雾漫地。②
红桌敬神，绿桌赶鬼。③
葛藤缠脚缠腿，绳索缠臂缠手。④
要驱怪肉当途，死鸟当道。
得肉不是肉吃，得鸟不是鸟飞。
诀咒驱赶隔去、斩煞消灭，再用蜡烟隔除。
遇这糠烟消散，见此蜡烟消灭。
铜隔隔去神祠之土，铁隔隔去神管之地。
铜叉叉去神祠之土，铁叉叉去神管之地。
驱赶以后好了九条路途，彻底好了十岔路道。
千年没有怪肉当路，百载没有死鸟当道。

[注] ①土地的驴，当坊的马：指虎狼。传说虎狼是当坊土地的坐骑，归土地神管。
②红云漫天，绿雾漫地：指会吞食人的恶龙。传说其会变成彩虹来害人。
③红桌敬神，绿桌赶鬼：指染患顽疾凶病后，人们用漆上颜色的桌子敬神赶鬼。
④葛藤缠脚缠腿，绳索缠臂缠手：喻被毒蛇咬伤。

乖久列乖，
Gweit jub lieb gweit,
度久列度。
Dux jub lieb dux.
列乖扛久，

Lieb gweit gangb jub,

列度扛半。

Lieb dux gangb banb.

列乖从篓几移，

Lieb gweit congb loub jid yib,

嘎加补皂。 （反复驱遣诀）

Giad jiad but zaod.

招从招打，

Zhaob congb zhaob dad，

招梦招共。

Zhaob mengt zhaob gongx.

谷合麻如如拿背柳，

Guob heb mab rub rub nab bid liud，

告号麻照林拿窝刀。

Gaod haox mab zhaob linb nab aot diaot.

几篓补首就才，

Jid loub but shoux jiux cait，

吉追补叫就夯。

Jib zhuix but jiaob jiux hangx.

锐咒就加，锐虐就夯。

Ruit zhoubjiux jiad，ruit niub jiux hangx.

水学乖告送斗，

Shiut xuob gweit gaob songx doub，

睡梦假通，

Shiut mengx jiad tongt，

度龙穷炯假量。 （镇压诀）

Dux longb qiongb jiongx jiad liax.

乖告送斗几白，

Gweit gaob songx doub jid baib，

度龙穷炯吉袍。 （反复诀）

Dux longb qiongb jiongx jid paox.

牙首牙林乙热内补，

Yab shout yab linb yib reb neib bub，

牙闹牙嘎以然内冬。　　　　　　　　　　　（押送诀）

Yab laox yab giad yit ranb neib dongt.

抓首抓猛乙热内补，

Zhuab shout zhuab mengb yib reb neib bud,

抓闹抓嘎以然内冬。　　　　　　　　　　　（叉送诀）

Zhuab laox zhuab giax yib ranb neib dongt.

乖久追拢查他吉标果齐，

Gweit jiud zhuix liongb chab tax jib bioud guot qit,

弟板记竹明汝。　　　　　　　　　　　　　（封锁诀）

Dix band jix zhub mingb rux.

乖久追拢茶他比奶锐那，

Gweit jub zhuix liongb chab tax bit liet ruit nab,

弟然查他便图锐苟。

Dix rab chab tax biat tub ruit goud.

吧就求补几扛吉咱。

Bat jiut qiux bub jid gangb jib zad.

内达苟吾，否达苟补。

Neib dab goud wut, boub dab goub bub.

内达苟补，

Neib dab goud bub,

否达苟吾。

Boub dab goub wut.

产豆几扛嘎秀然得，

Chant dout jid gangb giad xiux rab deib,

吧就几扛嘎先然木。

Bat jiut jid gangb giad xiand rab mub.


赶了再赶，驱了再驱。
要赶送尽，要驱送完。
要驱毒疮伤患，药鬼纠缠。
生疮生疱，肿臭肿烂。
发炎肿大大如水果，发病肿壮壮似大瓜。
身前三包臭药，身后三包臭草。

药灾发臭，药患秽污。

诀咒驱赶隔去、斩煞消灭，再用蜡烟隔除。

遇这糠香消散，见此蜡烟消灭。

铜隔隔去山林堂中，铁隔隔去百草堂内。

铜叉叉去山林堂中，铁叉叉去百草堂内。

隔了之后清吉四个药兄，彻底清吉五个药弟。

千年水路不许相见，百载陆路不许相逢。

人走水路，它走陆路。

人走陆路，它走水路。

千年不许患疾上体，百载不许染病上身。


乖久列乖，

Gweit jub lieb gweit,

度久列度。

Dux jub lieb dux.

列乖扛久，

Lieb gweit gangb jub,

列度扛半。

Lieb dux gangb banb.

列乖便松达巧，

Lieb gweit biat songt dab qiaod,

炯松达加。

（反复驱遣诀）

Jiongb songt dab jiad.

楼久楼得，

Loub jiut loub deib,

楼比楼缪。

Loub bid loub mioub.

猛巧猛加，

Mengb qiaot mengb jiad,

猛虐猛让。

Mengb niub mengb rangx.

狗嘎告豆，

Goud giad gaob doub,

琶然比兵。

Pax rad bid biongb.

纵补吾棍，

Zongb bub wut gunt，

纵潮吾猛。

Zongb zaox wut mengb.

纵补几没内刚，

Zongb bub jid meib neib gangt，

纵潮几没内土。

Zongb zaox jit meib neib tud.

水学乖告送斗，

Shiut xuob gweit gaob songx doub，

睡梦假通，

Shiut mengx jiad tongt，

度龙穷炯假量。 　　　　　　　　　　　（镇压诀）

Dux longb qiongb jiongx jiad liax.

乖告送斗几白，

Gweit gaob songx doub jid baib，

度龙穷炯吉袍。 　　　　　　　　　　　（反复诀）

Dux longb qiongb jiongx jid paox.

牙首牙林乙热内补，

Yab shout yab linb yib reb neib bub，

牙闹牙嘎以然内冬。 　　　　　　　　　（押送诀）

Yab laox yab giad yit ranb neib dongt.

抓首抓猛乙热内补，

Zhuab shout zhuab mengb yib reb neib bud，

抓闹抓嘎以然内冬。 　　　　　　　　　（叉送诀）

Zhuab laox zhuab giax yib ranb neib dongt.

乖久追拢查他吉标果齐，

Gweit jiud zhuix liongb chab tax jib bioud guot qit，

弟板记竹明汝。 　　　　　　　　　　　（封锁诀）

Dix band jix zhub mingb rux.

乖久追陇——

Gweit jub zhuix liongb—

瓜苟几崩纵补吾棍，

Guab geb jid bengb zongb bub wut gunt，

瓜纵吉太纵潮吾猛。　　　　　　　　　　（压山诀）

Guab zongx jib tiex zongb zaox wut mengb.

阿标林休——

Ad bioud linb xut—

刚棍长虫，

Gangt gunt changb chongx，

学猛长拿。

Xuob mengb changb nab.

周昂长单，

Zhou angb changb danb，

照拿长中。

Zhaob nab changb zhongd.

阿谷呕周，

Ad guob out zhoud，

斗欺斗标，

Doub qit doub bioud，

喂乖几久，

Weib gweit jib jub，

葵汝产娥棍空吉候喂乖莎久，

Kuib rux chant eb gunt kongt jib houx weib gweit sax jub，

阿谷补公，

Ad guob but gongt，

弄力吉竹，

Nongx lib jid zhub，

喂度几板，

Weib dux jib banb，

录汝吧图棍得吉候喂度莎板。

Lub rux bad tub gunt deib jib houx weib dux sax banb.

喂乖阿斗，

Weib gweit ad doub,

葵汝产娥棍空吉候喂乖产谷产斗,

Kuib rux chant eb gunt kongt jib houx weib chant guob chant dout,

喂度阿雷,

Weib dux ad leib,

录汝吧图棍得吉候喂度吧谷吧雷。

Lub rux bad tub gunt deib jib houx weib dux bax guob bax leib.


     赶了再赶, 驱了再驱。

     要赶送尽, 要驱送完。

     要驱五音猖鬼, 七姓伤亡。①

     烂身烂体, 烂头烂耳。

     死丑死坏, 死短死幼。

     狗来拉屎门前, 猪来撒尿门边。

     猖鬼恶耀, 伤亡恶煞。

     猖鬼没有人理, 伤亡没有人敬。

     诀咒驱赶隔去、斩煞消灭, 再用蜡烟隔除。

     遇此糠烟消散, 见此蜡烟消灭。

     铜隔隔去阳州以西, 铁隔隔去阴州一县。

     铜叉叉去阳州以西, 铁叉叉去阴州一县。

     驱赶以后垮山盖死猖鬼恶耀, 塌岭盖严伤亡恶煞。

     一家大小,

     祭祖得吉, 敬神得安。

     卜事得准, 占事得灵。

     一十二路、凶煞恶耀,

     我没驱尽, 尊贵的千位祖师帮我驱赶尽了,

     一十三道、凶灾厄难,

     我未赶完, 高贵的百位师尊帮我赶隔完了。

     我驱一手, 尊贵的千位祖师帮我驱去千打千手,

     我隔一道, 高贵的百位师尊帮我隔去百打百道。


  [注] ①猖鬼、伤亡: 因伤而亡的人被称为非正常死亡, 死后不能入祖籍。

几切列拢然秀，

Jid qiex leib liongb rad xiut,

吉炯列拢见得。 （祖师诀）

Jib jiongx leib liongb jianb deib.

葵汝斗抓埋你，

Kiub rux doub zhuab maib nit,

傩汝斗尼埋炯。

Nub rux doub nit maib jiongx.

龙斗得寿鸟扑莎见，

Longb dout deib shout niaob pud sax jianb,

龙弄告得斗出莎尼。

longb nongt gaod deib dout chub sax nib.

扑苟列扛见苟，

Pub geb leib gangb jiab geb,

扑绒列扛见绒。

Pud rongb leib gangb jianb rongb.

扑吾列扛见吾，

Pud wut leib gangb jinb wut,

扑斗列扛见斗。

Pud deb leib gangb jianb deb.

喂扑窝求莎见，

Weib pux aot qiub sax jianb,

剖出全见莎汝。

Bout chub quanb jianx sax rux.

得寿没到碰秀秀虫，

Deib shout meit daox pengx xiux xiux chongb,

弄得没到太得得拿。 （宝盖诀）

Nongd deib meit daox teix deit deit nab.

几篓喂窝补记孺明，

Jid loub weib aot bud jid rux miongt,

求单雷绒，

Qiux dand leib rongb,

交比穷雄，

Jiaod bid qiongb xiongt,

几瓦几达当岁加绒， （左手上方诀）

Jid wab jib dab dangd suit jiad rongb,

吉追喂窝补乔孺虐，

Jib zhiux weib aot but qiaob rub niub,

求单雷苟，

Qiux dand leid geb,

交比穷兄，

Jiaod bid qiongb xiongt,

几瓦几达当岁加棍。 （右手上方诀）

Jid wab jib dab dangd suit jiad gunt.

接着要来藏身，下来就要护命。
宗师要保右边，祖师要护右边。
与我弟子口讲成法，和吾师郎动手成诀。
化山就要成山，化岭就要成岭。
化水就要成水，化地就要成地。
我讲就要得灵，我做就要得顺。
弟子取得华堂华盖，师郎拿得盖殿宝伞。
前方我烧三堆大火，烧达云山（云头），
烈火猛烧，神火专门挡隔恶龙（魑魅）。
后方我烧三炉大焰，烧达云岭（云端），
烈焰猛燃，神焰专门挡隔恶鬼（魍魉）。

几篓喂封补产千缪，

Jid neb weib fengt bul cant qiand mioub,

就内没林打休。 （前封诀）

Jud neid meil liongs dat xiut.

吉追喂封补吧千昂，

Jib zhuix weib fengt bulb ax qiand angb,

就那没照打得。 （后封诀）

Jud liax meit zhaob dat deib.

加绒几扛长苟，

Jiad rongs jid gangb changb goud，

加棍儿扛长竹。

Jis gunt jid gangb changb zhus.

你茶你猛产豆，

Nit cant nil mengb cant dout，

炯汝炯猛吧就。

Jiongx rux jiongx mengb bax jux.


门前我封三千鱼刺（围猎的利叉），整日专护家堂，

门后我封三百肉刺（围猎的利签），整夜专护家殿。

凶神不许进家，恶鬼不准进户。

清吉坐得千年，安康坐过百载。


几篓喂窝补记孺明，

Jid neb weib aot bul jid rux miongs，

求单雷绒，

Quix dand lis rongs，

交比穷雄，

Jiaod bid qiongx xiongt，

几瓦几达当岁加绒，　　　　　　　　　　　　　　　（左手上方诀）

Jid wab jid dab dangd suit jiad rongs，

吉追喂窝补乔孺虐，

Jib zhuixweib aot but qiaob rux nub，

求单雷苟，

Quix dand lis rongs，

交比穷兄，

Jiaod bid qiongx xiongt，

几瓦几达当岁加棍。　　　　　　　　　　　　　　　（右手上方诀）

Jid wab jid dab dangd suit jid gunt.

加绒几扛长苟长公，

Jiad rongs jid gangb goud changb gongt，

加棍几扛长竹长吹。

Jid gunt jis gangb changb zhus changb chuid.

扣竹你茶你猛产豆，

Ket zhus nil cat nil mengs cant dout，

扣吹炯汝炯猛吧就。

Ket chuid jiongx rux jiongx mengb bax jux.


     前方我烧三堆大火，

     烧达云山（云头），烈火猛烧，

     神火专门挡隔恶龙（魑魅）。

     后方我烧三炉大焰，

     烧达云岭（云端），烈焰猛燃，

     神焰专门挡隔恶鬼（魍魉）。

     凶神不许回来转家，恶鬼不准回来进户。

     关门清吉坐得千年，闭户安康坐过百载。


几长窝汝意记送斗，

Jid changb aot rux yis jid songx doub，

告讨呕偶绒内，

Ghaod taol out ub rongb neit，

立为召苟康吾，               （护祖师诀）

Lis wes zhaob goud kangd wut，

几长窝汝以达穷炯，

Jid changb aot ux yil dal qiongx jiongb，

告讨呕偶绒那，

Ghaod taot out ub rongs liax，

良王召公康斗。              （护祖师诀）

Liangs wangb zhaob gongt kangd deb.

内格内莎几咱，

Neib kied neib sax jid zad，

棍梦莎腊几干。               （封锁诀）

Gunt mengx sax las jid gans.

内格腊咱补则召风，

Nieb kied las zad bul zies zhaod fengt，

棍梦腊咱补乔召度。           （云盖诀）

Gunt mengx las zad bul qiaos zhaod dux.

加绒几扛长标长斗，

Jid rongs jid gangb changb bioud changb deb,

加棍几扛长纵长秋。

Jid gunt jid gangb changb zongb changb quix.

吉标你茶你猛产豆，

Jib bioud nit cat nit mengs cant dout,

几竹炯汝炯猛吧就。

Jid zhus jiongx rux jiongx mengs bax jux.


再来烧起纸团糠香，卷曲两条阳龙，
围成界线挡水，
再来烧起蜂蜡糠烟，卷曲两条阴龙，
围起界线挡火。
人看不见，鬼视不明。
人看只见三团大云，鬼看只见三重大雾。
凶神不许进家入宅，恶鬼不准进门入户。
家中清吉坐得千年，屋内安康坐过百载。


几长窝汝意记送斗，

Jid changb aot rux yis jib songx doub,

炯那棍柔，　　　　　　　　　　　（左上控诀）

Jiongx liax gunt roub,

抽力阿谷呕周嘎首，

Choud lis ad guob out zhoud giad sout,

摧力喂不纵豆，　　　　　　　　　　（左扣指甲诀）

Cuid lis weib bus zongb deb,

摧力喂不纵斗，

Cuid lis weib bus zongb doub,

莎见嘎底，

Sax jianb giad did,

几长窝汝以打穷炯，

Jid changb aot rux yit dat qiongx jiongb,

炯苟不穷，　　　　　　　　　　　　　　　　（右上控诀）

Jiongb goud bus qiongx,

抽力阿谷呕周嘎闹，

Choud lis ad guob out zhoud giad laox,

攉力喂不纵豆，　　　　　　　　　　　　　　（右扣指甲诀）

Cuid lis weib bus zongb deb,

攉力喂不纵斗，

Cuid lis weib bus zongb doub,

莎见嘎然。

Sax jianb giad rab.

加绒几扛出悄几图，

Jiad rongs jid gangb chud qiaot jid tus,

加棍几扛出加吉浪。

Jiad gunt jid gangb chud iad jib nangs.

总在你茶你猛产豆，

Zongl zaid nil cant nil mengb cant dout,

头板炯汝炯猛吧就。

Toub banb jiongx rux jiongx mengb bax jux.


再来烧起纸团糠香，祖师坐坛，

竖起一十二面铜墙，隔邪远去他处，

隔邪远去他方，已成堡垒。

再来烧起蜂蜡糠烟，宗师坐殿，

竖起一十二道铁壁，隔邪远去他处，

隔邪远去他方，已成金汤。

凶神不许兴风捣乱，恶鬼不准作浪惹灾。

自在清吉坐得千年，如意安康坐过百载。

摆在龙堂前方的男女衣服和首饰

葵汝埋腊候勾,

Ghuib rub manb lad houb goud,

录汝埋腊候共。

Nux rub manb lad houb gongx.

候苟酒豆酒江,

Houb goud jiud dout jiud jiangb,

达缪这昂。

Dad mious zheb ghax.

标绒标潮,

Bioud rongx bioud ceb,

白录白然。

Biad nux biad rab.

爬林爬章,

Pab liongb pab zhangb,

书虐爬汝。

Sut rub pab rub.

格岭白吾白补,

Gied liongx biad eud biad bub,

格穷白补白冬。

Gied qiongb biad bub biad dongt.

意记送斗,

Yid jid shongb dous,

以达穷炯。

Yid dad qiongb jongb.

勇陇穷雄,

Yongd longs qiongb xiongd,

禾走抗闹,

Aod zoub kangb naox,

穷梅雄棍。

Qingd mieb xiongd ghunt.


祖师你们帮拿,宗师你们帮抬。
帮拿甜酒香酒,盘鱼碗肉。
龙堂龙殿,糯粑糍粑。
绿旗满山满水,红旗满坪满地。
纸团宝香,蜂蜡糠烟。
竹枒神筒,问事骨卦,招请铜铃。


列够得寿浪萨,

Lieb ged deib shet nangb sad,

列扑弄代浪度。

Lieb bud niongx deit nangb dux.

列理巴代浪公,

Lieb lid bad deit nangb gongt,

列岔巴寿浪几。

Lieb chax bad shet nangb jid.

照然浪萨,

Zhaox rab nangb sad,

列够求绒猛然,

Lieb goub qiux rongb mengb rab,

照龙浪度，

Zhaox longb nangb dux，

列扑求棍猛充。

Lieb pud qiux gunt mengb congd.

葵汝勾最勾走，

Kuib rux ged zuib ged zed，

录汝勾走勾板。

Lub rux goud zed goud banb.


　　神韵——

　　要唱六首的歌，要讲六轮的话。

　　要理六层的根，要寻六道的基。

　　六首的歌，要唱上边去迎，

　　六轮的话，要说上堂去请。

　　祖师拿齐拿全，宗师拿全拿遍。


吉哟——亚——夫——夫窝——夫窝——夫窝。

Jib yod—yad—fud—fud od—fud od—fud od.

阿热声棍，

Ad reib shongt gunt，

求单几纵棍缪。　　　　　　　　　　　　　　（上肉神堂诀）

Qiux dand jid zongb gunt mioub.

阿然弄猛，

Ad rab niongx mengb，

求送吉秋棍昂。

Qiux songx jib qiux gunt angb.

棍缪埋腊候勾，

Gunt mioub maib lab hex ged，

棍昂埋腊候共。

Gunt angb maib lab hex gongx.

葵汝勾最勾走，

Kuib rux ged zuib ged zed，

录汝勾走勾板。

Lub rux goud zed goud banb.

吉哟——亚——夫——夫窝——夫窝——夫窝。

Jib yod—yad—fud—fud od—fud od—fud od.

呕热声棍，

Out reib shongt gunt，

求单似留西向。                           （上家祖堂诀）

Qiux dand xid liub xid xiangt.

呕然弄猛，

Out rab niongx mengb，

求送意苟格补。

Qiux songx yib ged gieb bub.

向剖向娘埋拿候勾，

Xiangt pout xiangt niangb maib liab hex ged，

向内向玛埋拿候共。

Xiangt neid xiangt amx maib liab hex giuongx.

吉哟——亚——夫——夫窝——夫窝——夫窝。

Jib yod—yad—fud—fud od—fud od—fud od.

补热声棍，

But reib shongt gunt，

求单萨够斗标。

Qiux dand sax ged doub bioud.

补然弄猛，

But ranb niongx mengb，

求送萨肥柔纵。

Qiux songx sax feib rout zongb.

汝斗嘎庆喂斗得寿，

Rux doub giad qiongd weib doub deib shet，

汝弄嘎大剖弄告得。

Rux niongx giad dax pout longb gaod deit.

得寿没松叉腊求单，

Deib shet meib songd chad lab qiux dand，

弄得没萨叉腊求送。

Niongx deit meib sax chad lab qiux songx.

没吾先绍，

Meit wut xiand shaot,

没林喂斗得寿周娥，

Meit liuongb weib doub deib shet zhoud eb,

让吾先拢，

Rangb wut xiant longb,

让林剖弄告得况公。

Rangb liuongb pout niongd gaod deib kuangx gongd.

扛喂声棍汝见吾达吾篓，

Gangb weib shongt gunt rux jianb wut dab wut loub,

弄猛汝加吾充吾汝。

Niongx mengb rux jid wut congt wut rux.

声棍汝见背求，

Shongt gunt ruxjianb beid qiut,

弄猛汝加背柳。

Niongx mengb rux jiab beid liud.

就目当洞喂走蒙浪乙热汝松，

Jub mub dangb dongd weib zed mengb nangb yid reib rux songt,

喳梅当洞喂走蒙浪乙然汝萨。

Chad meib dangd dongb weib zed mengb nangb yid rab rux sad.


祖师拿齐拿全，宗师拿全拿遍。

腔韵——

一轮神腔，上达鱼神堂中，

一番神韵，上到肉神堂内。

鱼神你们帮拿，肉神你们帮抬。

祖师拿齐拿全，宗师拿全拿遍。

腔韵——

二轮神腔，上达先祖堂中，

二番神韵，上到先宗堂内。

家亡先祖你们帮拿，家先等众你们帮抬。

祖师拿齐拿全，宗师拿全拿遍。

腔韵——

三轮神腔，上达住屋神堂，
三番神韵，上到坐宅神殿。
好手莫推吾本弟子，好口莫骂我这师郎。
弟子有事这才上达，师郎有话这才上到。
取那润油，润湿吾本弟子喉管，
取那香油，润湿我这师郎喉头。
让我的神韵清澈如同水流水咏，
使我的腔韵清脆好似水清水吟。
神韵如同琴响，腔韵好似琴声。
侧耳请听我吟你的八篇好诗，
注意倾听我唱你的八首好歌。


阿比林休，
Ad bioud liongx xiut，
产豆几没窝汝意记送斗，
Chant dout jid mieb aod rub yid jid songb dout，
陇林虫崩。
Longd liongx chongb pengd.
吧就几没窝汝以打穷炯，
Bab jiub jid mieb aod rub yid dad qiongb jiongb，
陇送虫兄。
Longd songb chongb xiongd.
冬豆几休勾莎，
Dongt dout jid xiex goud sead，
冬腊几休勾章。
Dongt lad jid xiex goud zhangd.
冬豆你虫，
Dongt dout nid chongb，
冬腊炯拿。
Dongt lad jongb lad.


一家大小，
千年没烧蜂蜡糠香，在这堂屋之中。

百年没烧纸团糠烟，在这中堂之内。

凡尘没有纠纷，凡间没有争讼。

凡间清吉，凡尘平安。

（重述接龙的原因及设坛过程后，巴代再接诵下段神辞。）

**接龙祭坛设置场景**

江久葵汝求猛扑内，

Jiangb jud ghuib rub qiub mengb pub niex，

江板录汝求猛扑扛。

Jiangb biab nux rub qiub mengb pub gangb.

扑内酒豆酒江，

Pub niex jiud dout jiud jiangb，

达缪这昂。

Dad mious zheb ghax.

标绒标潮，

Bioud rongx bioud ceb，

白录白然。

Biad nux biad rab.

格岭白吾白补，

Gied liongx biad eud biad bub,

格穷白补白冬。

Gied qiongb biad bub biad dongt.

意记送斗，

Yid jid shongb dous,

以达穷炯。

Yid dad qiongb jongb.

勇陇穷雄，

Yongd longs qiongb xiongd,

禾走抗闹，

Aod zoub kangb naox,

穷梅雄棍。

Qingd mieb xiongd ghunt.

扑内苟扛绒剖绒娘，

Pub niex goud gangb rongx pout rongx niax,

绒内绒骂，

Rongx miex rongx mab,

绒得绒嘎。

Rongx det rongx gad.

几最奶久，

Jid zuib liet jud,

埋汉莎久。

Manb haib sead jud.

汝江汝久，

Rub jiangb rub jud,

汝久汝板。

Rub jud rub biab.

江久吉相扛服，

Jiangb jud jid xiangt gangb hud,

江半吉相扛龙。

Jiangb biab jid xiangt gangb nongx.

讲这甜酒香酒，盘鱼碗肉。

龙堂龙殿，糯粑糍粑。

绿旗满山满水，红旗满坪满地。

纸团宝香，蜂蜡糠烟。

竹析神筒，问事骨卦，招请铜铃。

讲此来让龙公龙母、龙娘龙爷、龙子龙孙，

齐皆欢喜，你们皆喜。

齐皆喜爱，你们皆爱。

好欢好喜，好喜好爱。

喜了还未给喝，爱了还未送吃。

炯先阿标林休——

Jongb xiand ad bioud liuongb xut—

比就你茶，

Bit jux nit cat,

便就炯汝。

Biat jux jiongx rux.

比就你茶到汝先头，

Bit jux nit cat daox rux xiand toub,

便就炯汝到头木汝。

Biat jux jiongx rux daox toub mub rux.

虐内龙锐阿晚，

Nub neib longb ruit ab wanb,

几扛奶冬奶良，

Jid gangb leit dongt leit liangb,

虐弄龙列阿借，

Nub nongd longb lieb ab jiex,

几扛奶差奶抱。

Jid gangb leit chat leit baox.

得拔汝见然拿然为，

Deit bab rux jianb rad nab rad weib,

得浓汝加然达然这。

Deib niongx rux jiad rab dab rab zhex.

抄昂列扛够苟，

Chat angb lieb gangb goud geb,

将狗列扛够绒。

Jiangx guoud lieb gangb goud rongb.

你拢几扛斩莎斗标，

Nit liongb jid gangb zait sad doub bioud,

炯拢几扛斩肥柔纵。

Jiongx liongb jid gangb zait feib rout zongb.

你拢几吼吉标汝见声陇，

Nit liongb jib houb jib bioud rux jianb shongt longl,

炯拢吉话几竹汝加陇朋。

Jiongx liongb jib huax jid zhub rux jiad longl bengx.

炯先阿标林休——

Jiongx xiand ad bioud liuongb xut—

你气葡剖葡娘，

Nit qix pux boub pub niangb,

炯气葡内葡玛。

Jiongx qix pux neib pub max.

你气禾柔斗补，

Nit qix aot roub doub bub,

炯气禾图然冬。

Jiongx qix aot tub rad dongt.

你气冬林夯公，

Nit qix dongt liuongb hangb gongt,

炯气绒善夯踏。

Jiongx qix rongb shait hangb tax.

炯先阿标林休，

Jongb xiand ad bioud liuongb xut,

几最莎到先头。

Jid zuib sad daox xiand toub.

良木阿竹共让，

Liangb mux ad zhub gongx rangx,

几最莎到木汝。

Jid zuix sad daox mub rux.

烔先烔汉先头，

Jongb xiand Jongb hanx xiand toub,

烔木烔汉木汝。

Jongb mub Jongb hanx mub rux.

先头烔猛产豆，

Xiand toub Jongb mengb chant dout,

木汝烔猛吧就。

Mub rux mengb bax jux.

烔先产豆，

Jongb xiand chant dout,

先头你猛产豆，

Xiand toub nit mengb chant dout,

烔木吧就，

Jongd mub bad jux,

木汝烔猛吧就。

Mux rux jiongx mengb bax jux.

久抓久头，久稍久热。

Jub zhuab jiub toub, jub xiaod jub reb.


留气一家大小，

年头清吉，年尾平安。

年头清吉居得生气，年尾平安坐得长命。

热天吃菜一锅，不许有病有疾，

冷天吃饭一甑，不许有病有患。

女儿多如塘内莲藕，男儿多似柜内碗堆。

撵肉要送登坡，放狗要送登岭。

居来不送冷屋冷房，坐来不送冷房冷宅。

居来热闹家中如同鼓响，坐来响动宅内好似鼓鸣。

留气一家大小，

居来光宗耀祖，坐来荣母耀父。

居如古老大岩，坐如古老大树。

居如大川大坝，坐如高山大地。

保得一家大小，完全皆得长寿，
佑得一屋老幼，完全皆得洪福。
留气要留长命富贵，赐福要赐齐天洪福。
长命居得千年，洪福坐过百岁。
留气千年，长命居得千年，
赐福百岁，洪福坐过百岁。
不落不脱，不松不掉。

（下接留福气神辞。）

炯先洞久，
Jongb xiand dongt jub,
炯木洞板。
Jongb mub dongt band.
闹达列拢修力，
Laox dab lieb liongb xuit lib,
闹送列拢油章。
Laox songx lieb liongb youb zhuangb.
窝汝送斗，
Aot rux songx doub,
几修阿标林休归先归得，
Jid xuit ad bioud liuongb xut guid xiand guid deib,
窝汝穷炯，
Aot rux qiongb jiongx,
几修阿竹共让归木归嘎。
Jid xuit ad zhub gongx rangx guid mub guid giax.
内浪先头转嘎虫兰，
Neib nangb xiand toub zhuanb giax chongb lanb,
木汝奈拿虫兄。
Mub rux naib nal chongb xiongd.
窝汝送斗，
Aot rux songx doub,
列修补就内绒吉标，

Lieb xuit but jux neib rongb jib bioud，

加皮几纵苟翁，

Jiad pix jid zongb goud wengd，

穷斗吉翁吉标见风，

Qiongb de jib wengd jib bioud jiangb fengt，

弄偶报标，

Nongt oub baob bioud，

棍忙足吾补土，

Gunt mangb zub wut but tud，

嘎苟录格，

Giat goud lub gied，

楼帮够斗，

Noub bangx goub dout，

豆剖腊蒙，

Dout bout lab mengb，

意苟招风，

Yib goub zhaob fengt，

从篓几乙，

Congb loud jid yib，

狗嘎告豆。

Guoud giat gaob dout.

修嘎篓滚浪补，

Xuit giab loub gunb nangb bub，

油嘎篓穷浪冬。

Yob giab loud qiongx nangb dongt.

补路列修楼绒，

But lux lieb xuit loud rongb，

比路列修弄棍。

Bid lux lieb xuit nongb gunt.

列修爬迷报能，

Lieb xuit pax miongb baob nongb，

爬穷报热。

Pax qiongx baob reib.

出格斗标，

Chud gieb doub bioud，

喂怪柔纵。

Weix guaib roub zongx.

修嘎得忙禾交便告斗补，

Xuit giab deib mangb aob jiaot gaob doub bub.

油嘎度忙禾茶照告然冬。

Youb giad dux mangb aob cad gaob rab dongt.


留气已了，佑福已完。
上达要来收煞，上到要来解祸。
烧好糠香，不收一家大小生气儿气，
烧好蜡烟，不收一屋老幼洪福孙福。
信士的生气收在身中，洪福系在体内。
烧好蜂蜡宝香，
要收三年恶煞家中、噩梦做在床头、
是非口舌、浓烟乱起家中、
恶蛇进家、死鬼作祟、
亡神丧木、鸡怪鸭兆、
田中坟井、乌云黑雾、
毒疮伤患、狗屎门前。
收去阳州以西，解去阴州一县。
土中要收稻瘟，地头要收米疫。
要收毒蚁进家，红蚁进库，
凶兆家中，怪异家内。
收去冤家仇人，五方山地。
解送仇人冤尊，六方山脉。


修力洞久，

Xiud lis dongb jiud，

油章洞板。

Yud zhangs dongb biab.

喂扑久洽埋难当，

Wed pub jut qiab manb nanb dangs,

扑要洽埋难留。

Pub yaob qiab manb nanb liux.

内沙儿单腊扑儿单。

Niax sat jid dans lad pub jid dans.

内包儿哭，

Niex baod jid kub,

腊扑儿哭。

Lad pub jid kub.

打久打炯嘎秋喂斗得寿告见，

Dad jud dad jongb gad qied wed doub dex shout gaox jiand,

打要打逃嘎怪剖弄告得送嘎。

Dad yaob dad taob gad guanb poud nongb gaox dex songb gax.

声棍喂扑儿久腊召，

Shongt ghunt wed pub jid jus lad zhaob,

弄猛喂寿儿报腊将。

Nongb mengs wed shoub jid baob lad jiangb.

喂列儿瓦长猛冬豆，

Wed lieb jid wab changb mengd dongt dout,

吉嘎长闹冬腊。

Jid gad changb laob dongtt lad.


收煞已了，解祸已完。

我讲恐怕你难等，讲少怕你难着。

人教直的也讲直的，人教曲的也讲曲的。

若多几句莫怪吾本弟子交钱，

若少几句莫怪我这师郎度纸。

神辞我讲不了也罢，神韵我吟不完也放。

我要调头回转凡间，转面回去凡尘。


几瓦酒豆酒江，

Jid wax jiud dout jiud jiangb,

达缪这昂。

Dad mious zheb ghax.

标绒标潮，

Bioud rongx bioud ceb，

白录白然。

Biad nux biad rab.

格岭白吾白补，

Gied liongx biad eud biad bub，

格穷白补白冬。

Gied qiongb biad bub biad dongt.

意记送斗，

Yid jid shongb dous，

以达穷炯。

Yid dad qiongb jongb.

勇陇穷雄，

Yongd longs qiongb xiongd，

禾走抗闹，

Aod zoub kangb naox，

穷梅雄棍。

Qingd mieb xiongd ghunt.

几瓦长猛冬豆，

Jid wax changd mengd dongt dout，

吉嘎长闹冬腊

Jid gax changd laob dongt lad.


　　搬回供酒甜酒，盘鱼碗肉。
　　龙堂龙殿，糍粑供粑。
　　绿旗满山满水，红旗满坪满地。
　　纸团糠香，蜂蜡糠烟。
　　竹析竹筒，神卜骨卦，招请铜铃。
　　调头搬回凡间，转面搬回凡尘。


产棍几没然鸟，

Chant ghunt jib miex rax niaox，

吧猛儿没拢奈。

Bab mengd jib miex longd nanb.

列拢然鸟——

Lieb longd rax niaox—

绒剖绒娘，

Rongx pout rongx niax，

绒内绒骂，

Rongx niex rongx mab，

绒得绒嘎。

Rongx det rongx gad.

召休猛格，

Zhaob xiub mengd gies，

召兵猛昂。

Zhaob biongd mengd ghax.

召休洞内，

Zhaob xiub dongb niex，

召兵王记。

Zhaob biongd wangb jib.

召休猛补，

Zahob xiub mengd bud，

召闹猛冬。

Zahob laob mengd dongt.

召休内乖浪标，

Zhaob xiub niex guat nangs bioud，

召兵内令浪秋。

Zhaob biongd niex liongbnangd qieb.

然鸟埋闹冬豆，

Rab niaob maib laox dongt dout，

弄奈埋闹冬腊。

Niongx naix maib laox dongt lab.

拔达嘎苟吾鸟，

Piad dab giad goud wut niaob，

浓闹嘎苟嘎缪。

Niongx laox giad giad mioub.

拔达嘎苟提果，

Piad dab giad goud tib guet,

浓闹嘎苟呕雷。

Niongx laox giad goud oud leib.

拔达嘎苟声够声除，

Piad dab giad goud shongt gout shongt chub,

浓闹嘎苟声商比良。

Niongx laox giad goud shongt shangd bid liab.

吾鸟嘎缪，

Wut niaob giad mioub,

提果呕雷，

Tib guet oud leid,

声够声除，

Shongt gout shongt chub,

声商比良，

Shongt shangd bid liab,

怕猛纠录乙苟，

Pat mengb jiub lub yib goud,

怕猛谷叉图公。

Pat mengb guob chad tub gongt.

拔达拔苟先头麻林，

Piad dab piad goud xiand toub mab liuongb,

浓闹浓苟木汝麻头。

Niangx laox niangx goud mub rux mab toub.

拔达拔苟吾见扛拢，

Pad dab pad goud wut jianb gangb liongb,

浓闹浓苟吾嘎扛到。

Niongx laox niongx goud wut giad gangb daox.

苟扛得忙西吾笑斗，

Goud gangb deib mangb xid wut xiaox doub,

苟扛度忙西补笑冬。

Goud gangb dux mangb xid bub xiaox dongt.

苟扛得忙出话出求，

Goud gangb dex mangb chub huat chub qiub,

苟扛度忙出乖出令。

Goud gangb dub mangb chub guet chub liongb.


千神没有来请，百神没有来奉。

奉请龙公龙母、龙娘龙爷、龙子龙孙。

从大海来，从大洋来。

从大城市来，从大京城来。

从名山来，从大川来。

从大官贵家来，从大富翁家来。

奉请你们下界，迎请你们下凡。

女来莫带口水，男下莫戴鼻涕。

女来莫带白布，男下莫戴孝服。

女来莫带唱声哼声，男下莫带悲伤哀号。

口水鼻涕，白布孝服，

唱声哼声，悲伤哀号，

隔去九条路途，收去十岔路道。

女来女带生气长寿，男下男带洪福好气。

女来女带财源送来，男下男带财运送到。

女来女带白财送来，男下男带横财送到。

拿送信士光宗耀祖，好让户主祭祖敬神。

要送户主做发做旺，要让东家做富做贵。


喂列吧奈便告斗补，

Weib lieb bax naix biat gaox doub bub,

照告然冬，

Zhaob gaox rab dongt,

棍缪棍昂，

Gunt mioub gunt angb,

得寿产娥棍空，

Deib shet cant eb gunt kongt,

录汝吧图棍得。

Lub rux bax tub gunt deit.

浪喂声然几最布告送斗，

Nangb weib shongt rab jid zuib bub gaod songx doub,

洞剖弄奈吉麻布龙穷炯。

Dongt pout nongd naix jib miab bub longb qiongx jiongb.

得寿巴为归先归得，

Deib shet bad weib guib xiand guib deit,

弄得巴牙归木归嘎。

Nongx deit bad yab guib mub guib giax.

吉哟——亚——夫——夫窝——夫窝——夫窝。

Jib yod—yad—fud—fud od—fud od—fud od.

阿热声棍，

Ad reib shongt gunt,

长单以留西向，

Changb dandy id liub xid xiangt,

阿然弄猛，

Ad rab nongd mengb,

长送意苟格补。

Changb songx yib goud gib bub.

向剖向娘，

Xiangt pout xiangt niangb,

埋拿召修以留西向，

Maib lab zhaob xiut yid liub xid xiangt,

向内向玛，

Xiangt neid xiangt max,

埋列召闹意苟格补。

Maib lieb zhaob laox yib goud gib bub.

吉哟——亚——夫——夫窝——夫窝——夫窝。

Jib yod—yad—fud—fud od—fud od—fud od.

呕热声棍，

Out reib shongt gunt,

长单几纵棍缪，

Changb dand jid zongb gunt mioub,

呕然弄猛，

Out rab nongd mengb,

长送吉秋棍昂。

Changb songx jib qiux gunt angb.

棍缪召修达纵，

Gunt mioub zhaob xiut dab zongb,

棍昂召闹这胜。

Gunt angb zhaob laox zhex shongx.

吉哟——亚——夫——夫窝——夫窝——夫窝。

Jib yod—yad—fud—fud od—fud od—fud od.

补热声棍，

But reib shongt gunt,

莎腊纵豆拢久，

Sax lab zongb dout liongb jub,

补然弄猛，

But rab nongd mengb,

全见纵腊拢板。

Quanx jianb zongb lab liongb banb.

纵豆归先归得喂不白久，

Zongb dout guib xiand guib deit weib bub beid jiud,

纵腊归木归嘎，

Zongb lab guib mub guib giad,

喂先喂研，

Weib xiand wib yuanb,

喂不白得。

Weib bub beid deb.


我要奉请五方土地，六面龙神（寨祖），

鱼神肉神，弟子的千位祖师，尊贵的百位宗师。

听我声请齐齐驾赴糠香，闻我声奉齐聚驾赴蜡烟。

弟子紧收生气儿气，师郎藏好长寿洪福。

神韵——

一番神腔，回到家祖大堂，

一次神韵，转到家宗大殿。
祖公祖婆，暂离家祖大堂下来，
祖母祖父，出离家宗大殿下来。
神韵——
二番神腔，回到鱼神堂中，
二次神韵，转到肉神殿内。
鱼神暂离鱼神堂中下来，
肉神出离肉神堂内下来。
神韵——
三番神腔，也都来到凡间，
三次神韵，全部下到凡尘。
回到凡间长寿生气我负满体，
转临凡尘儿孙洪福我得我载、我带满身。

酒豆酒江，
Jiud dout jiud jiangb,
达缪这昂。
Dad mious zheb ghax.
标绒标潮，
Bioud rongx bioud ceb,
白录白然。
Biad nux biad rab.
爬林爬章，
Pab liongb pab zhangb,
书虐爬汝。
Sut rub pab rub.
格岭白吾白补，
Gied liongx biad eud biad bub,
格穷白补白冬。
Gied qiongb biad bub biad dongt.
意记送斗，
Yid jid shongb dous,
以达穷炯。

Yid dad qiongb jongb.

勇陇穷雄，

Yongd longs qiongb xiongd,

禾走抗闹，

Aod zoub kangb naox,

穷梅雄棍。

Qingd mieb xiongd ghunt.

长拢江林虫兵，

Changd longd jiangb liongx chongb biongd,

江照虫兄。

Jiangb zhaob chongb xiongd.


供酒甜酒，盘鱼碗肉。

龙堂龙殿，供粑糍粑。

绿旗满山满水，红旗满坪满地。

纸团糠香，蜂蜡糠烟，

竹析竹筒，问卜骨卦，招请铜铃。

回来摆在堂屋之中，转来放在中堂之内。


几长窝汝意记送斗，

Jid changs aod rub yid jib shongb dout,

几长然鸟——

Jid changes rax niaox—

绒剖绒娘，

Rongx pout rongx niax,

绒内绒骂，

Rongx niex rongx mab,

绒得绒嘎。

Rongx dex rongx gad.

补热声棍纵豆拢久，

Bub rex shongt ghunt zongb dout longd jud,

补然弄猛纵腊拢板。

Bub rax nongb mengd zongb lad longd baib.

纵豆你瓦虫兵标绒，

Zongb dout nid wab chongb biongb bioud rongx，

炯龙虫兄标潮。

Jongb nhong chongb xiongd bioud ceb.

几达然鸟嘎修，

Jid dab rax niaox gad xiut，

吉炯达奈嘎闹。

Jid jongb dab nanb gad laob.

你当喂斗得寿，

Nid dangd wed doud dex shout，

然鸟纵豆列袍扛服，

Rax niaox zongb dout lieb paob gangb hub，

炯当剖弄告得，

Jongb dangd poud nongb gaox det，

弄奈纵腊列奈扛龙。

Nongb nanb zongb lad lieb nanb gangb nongx.

埋你埋当，

Manb nid manb dangd，

埋炯埋留。

Manb jongb manb liub.


又来烧好纸蜡糠烟，又来奉请——

龙公龙母、龙娘龙爷、龙子龙孙。

三声神腔，下到凡间，

三次神韵，光临凡尘。

来到请坐堂屋中的龙堂，来临请坐中堂内的龙殿。

同日有请莫起，同时有敬莫去。

稍等吾本弟子，奉请到齐要供给喝，

稍待我这师郎，奉迎到全要敬送吃。

你们稍等，敬请稍候。


然鸟向剖向娘，

Rab niaob xiangt pout xiangt niangb，

向内向骂。 （返请诀）

Xiangt neid xiangt max.

便告斗补，

Biat gaox doub bub，

照告然冬，

Zhaox gaox rab dongt，

棍缪棍昂，

Gunt mioub gunt angb，

得寿产娥棍空，

Deib shet cant eb gunt kongt，

录汝吧图棍得。 （临坛诀）

Lub rux bax tux gunt deit.

补热声棍，

But reib shongt gunt，

纵豆拢久，

Zongb dout longs jub，

补然弄猛，

But rab nongd mengb，

纵腊拢板。

Zongb lab longb banb.

纵豆你瓦意记送斗，

Zongb dout nit wab yib jib songx doub，

炯龙以打穷炯。 （安位诀）

Qiongx longb yit dt qiongx jiongb.

你瓦喂斗得寿，

Nit wab weib doub deib shet，

炯龙剖弄告得。

Qiongx longb pout nongd gaot deit.

几达然鸟嘎修，

Jid dab rab niaob giat xiut，

吉炯达奈嘎闹。

Jib jiongx dab naix giat laox.

葵汝葵将声棍，

Kiub rux kiub jiangx shongt gunt，

几将归先归得，

Jid jiangb guib xiand guib deib，

录汝录将弄猛，

Lub rux lub jiangb nongd mengb，

几将归木归嘎。

Jid jiangb guib mub guib giad.

吉哟——亚——夫——夫窝——夫窝—夫窝。　　（收魂诀）

Jib yod—yad—fud—fud od—fud od—fud od.


　　奉请祖公祖婆，祖母祖父，

　　五方土地，六面龙神，

　　鱼神肉神，弟子的千位祖师，尊贵的百位宗师。

　　三番神腔，来到凡间，

　　三次神韵，光临凡尘。

　　来到坐享纸团糠香，光临坐受蜂蜡糠烟。

　　坐拥吾本弟子，守护我这师郎。

　　同日有请莫起，同时有敬莫去。

　　祖师放下神腔，不放长寿生气，

　　宗师放下神韵，不放儿孙洪福。

　　神韵——


然鸟埋莎纵豆拢久，

Rab niaob maib sax zongb dout liongb jub，

弄难埋莎纵腊拢板。

Nongx nanb maib sax zongb lab liongb banb.

喂斗得寿，

Weib doub deib shet，

喂拢告见喂到先头。

Weib liongb gaot jianb weib daox xiand toub.

剖弄告得，

Pout nongd gaot deit，

剖弄送嘎剖到木汝。

Pout nongd songx giax pout daox mub rux.

你娘产谷产豆，

Nit niangb cant guob cant dout,

炯挂吧谷吧就。

Jiongx guax bax guob bax jux.

度标度竹莎你莎汝，

Dub bioud dud zhub sax nit sax rux,

纵那纵苟莎总莎在。

Zongb nat zongb goud sax zongx sax zaib.

吉哟——亚——夫——夫窝——夫窝——夫窝。　　（收魂诀）

Jib yod—yad—fud—fud od—fud od—fud od.


奉请你们也都来了，奉迎大家全都来临。

吾本弟子，我来主持我得长寿。

我这师郎，我来主祭我得洪福。

坐得千余年去，活过百余岁去。

信士全家都得清吉，在场大众都获平安。

神韵——

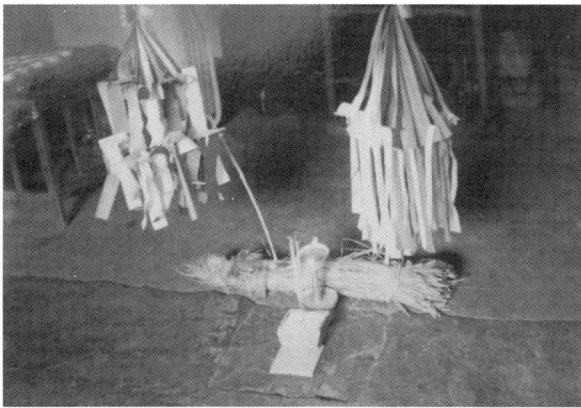

在堂屋中龙穴岩上许接龙愿时的摆设

# 第四堂
# 扛服扛能 · Gangb hut gangb nongx · 敬吃供喝

**【简述】**

　　龙神受到奉请，从那大海大洋、名山大川、京城都市、官贵富翁家堂等处来到祭主家中。为了表示虔诚与好客，主家当即便要敬吃供喝"扛服扛能"了。

　　龙神初来乍到，原先准备供奉龙神的牲猪要等到第二天大请、中请龙神的时候才宰杀，因而头天的酒席很简单：五碗酒、五碗肉、五柱糍粑，这是供奉给五方五位龙神的。巴代当面的三碗酒、一碗肉、三柱糍粑是供奉给信士家祖先、本村宗寨祖先和巴代祖师的。供品基本上就是这些。

　　巴代左手摇蚩尤铃，右手拿骨卦，坐于龙屋前摇铃打卦吟诵神辞。

**【神辞】**

　　然鸟——

　　Rax niaox—

　　绒剖绒娘，

　　Rongx pout rongx niax，

　　绒内绒骂，

　　Rongx niex rongx mab，

　　绒得绒嘎。

　　Rongx dex rongx gad.

　　补热声棍纵豆拢久，

　　Bub rex shongt ghunt zongb dout longd jud，

　　补然弄猛纵腊拢板。

Bub rax nongb mengd zongb lad longd baib.

纵豆你瓦虫兵标绒，

Zongb dout nid wab chongb biongb bioud rongx，

炯龙虫兄标潮。

Jongb nhong chongb xiongd bioud ceb.

几达然鸟嘎修，

Jid dab rax niaox gad xiut，

吉炯达奈嘎闹。

Jid jongb dab nanb gad laob.

你当喂斗得寿，

Nid dangd wed doud dex shout，

然鸟纵豆列袍扛服，

Rax niaox zongb dout lieb paob gangb hub，

炯当剖弄告得，

Jongb dangd poud nongb gaox det，

弄奈纵腊列奈扛龙。

Nongb nanb zongb lad lieb nanb gangb nongx.

埋你埋当，

Manb nid manb dangd，

埋炯埋留。

Manb jongb manb liub.


奉请——

龙公龙母、龙娘龙爷、龙子龙孙。

三声神腔，下到凡间，

三次神韵，光临凡尘。

来到请坐堂屋中的龙堂，来临请坐中堂内的龙殿。

同日有请莫起，同时有敬莫去。

稍等吾本弟子，奉请到齐要供给喝，

稍待我这师郎，奉迎到全要敬送吃。

你们稍等，敬请稍候。

然鸟向剖向娘，

Rab niaob xiangt pout xiangt niangb,

向内向骂。 （返请诀）

Xiangt neid xiangt max.

便告斗补，

Biat gaox doub bub,

照告然冬，

Zhaox gaox rab dongt,

棍缪棍昂，

Gunt mioub gunt angb,

得寿产娥棍空，

Deib shet cant eb gunt kongt,

录汝吧图棍得。 （临坛诀）

Lub rux bax tux gunt deit.

补热声棍，

But reib shongt gunt,

纵豆拢久，

Zongb dout longs jub,

补然弄猛，

But rab nongd mengb,

纵腊拢板。

Zongb lab longb banb.

纵豆你瓦意记送斗，

Zongb dout nit wab yib jib songx doub,

炯龙以打穷炯。 （安位诀）

Qiongx longb yit dt qiongx jiongb.

你瓦喂斗得寿，

Nit wab weib doub deib shet,

炯龙剖弄告得。

Qiongx longb pout nongd gaot deit.

几达然鸟嘎修，

Jid dab rab niaob giat xiut,

吉炯达奈嘎闹。

Jib jiongx dab naix giat laox.

葵汝葵将声棍，

Kiub rux kiub jiangx shongt gunt，

几将归先归得，

Jid jiangb guib xiand guib deib，

录汝录将弄猛，

Lub rux lub jiangb nongd mengb，

几将归木归嘎。

Jid jiangb guib mub guib giad.

吉哟——亚——夫——夫窝——夫窝—夫窝。　　　（收魂诀）

Jib yod—yad—fud—fud od—fud od—fud od.


　　　奉请祖公祖婆，祖母祖父，

　　　五方土地，六面龙神，

　　　鱼神肉神，弟子的千位祖师，尊贵的百位宗师。

　　　三番神腔，来到凡间，

　　　三次神韵，光临凡尘。

　　　来到坐享纸团糠香，光临坐受蜂蜡糠烟。

　　　坐拥吾本弟子，守护我这师郎。

　　　同日有请莫起，同时有敬莫去。

　　　祖师放下神腔，不放长寿生气，

　　　宗师放下神韵，不放儿孙洪福。

　　　神韵——


然鸟埋莎纵豆拢久，

Rab niaob maib sax zongb dout liongb jub，

弄难埋莎纵腊拢板。

Nongx nanb maib sax zongb lab liongb banb.

喂斗得寿，

Weib doub deib shet，

喂拢告见喂到先头。

Weib liongb gaot jianb weib daox xiand toub.

剖弄告得，

Pout nongd gaot deit,

剖弄送嘎剖到木汝。

Pout nongd songx giax pout daox mub rux.

你娘产谷产豆，

Nit niangb cant guob cant dout,

炯挂吧谷吧就。

Jiongx guax bax guob bax jux.

度标度竹莎你莎汝，

Dub bioud dud zhub sax nit sax rux,

纵那纵苟莎总莎在。

Zongb nat zongb goud sax zongx sax zaib.

吉哟——亚——夫——夫窝——夫窝——夫窝。　　（收魂诀）

Jib yod—yad—fud—fud od—fud od—fud od.

　　奉请你们也都来了，奉迎大家全都来临。
　　吾本弟子，我来主持我得长寿。
　　我这师郎，我来主祭我得洪福。
　　坐得千余年去，活过百余岁去。
　　信士全家都得清吉，在场大众都获平安。
　　神韵——

拢单喂列扑内，

Longd dand wed lieb pub niex,

拢送喂列扑扛。

Longd songb wed lieb pub gangb.

扑内酒豆酒江，

Pub niex jiud dout jiud jiangs,

酒江酒明。

Jiud jiangs jiud miongb.

达缪这昂，

Dad mioud zheb ghax,

白糯白然。

Biad nux biad rad.

标绒标潮。

Bioud rongx bioud cheb.

格岭白吾白补，

Gied lingb biad eud biad bud，

格穷白补白冬。

Gied qiongb biad bud biad dongt.

昂斩缪米。

Ghax zhans mioud mid.

意记送斗，

Yid jid songb dout，

以达穷炯。

Yid dad qingb jongb.

勇陇穷雄，

Yongd longx qingb xiongd，

禾走抗闹，

Aod zhoux kangb naox，

穷梅雄棍。

Qiongd mies xiongs ghunt.

扑内苟扛绒剖绒娘，

Pub niex goud gangb rongt pout rongt niax，

绒内绒骂，

Rongt niex rongt max，

绒得绒嘎。

Rongt det rongt gad.

几最奶江，

Jid zuib liet jiangb，

埋汉莎江。

Manb haib sead jiangb.

几最奶久，

Jid zuib liet jud，

埋汉莎久。

Manb haib sead jud.

汝江汝久，

Rub jiangb rub jud,

汝久汝板。

Rub jud rub biab.

江久吉相扛服，

Jiangb jud jid xiangt gangb hud,

江半吉相扛龙。

Jiangb biab jid xiangt gangb nongx.


到此我要说清，到这我要讲明。

讲这供酒甜酒，甜酒香酒。

盘鱼碗肉，糍粑糯供。

龙堂龙殿。纸团宝香，蜂蜡糠烟。

竹桥神筒，问事骨卦，招请铜铃。

讲此来让龙公龙母，

龙娘龙爷，龙子龙孙，

齐皆欢喜，你们皆喜，

齐皆喜爱，你们皆爱。

好欢好喜，好喜好爱。

喜了还未给喝，爱了还未送吃。


江约周先麻头几初，

Jiangb yox zhoub xianb max tout jid chub,

江板周木麻汝吉仰。

Jiangb biab zhoub mux max rub jid angd.

周先阿半麻休，

Zhoub xiand ad band mab xut,

良木阿高麻让。

Lial mub ad gaod mab rangx.

能锐章久，

Nongb ruit zhuangb jiut,

能列章得。

Nongb liex zhuangb deib.

上林上章，

Shangx liuongb shangb zhuangb,

上周上壮。

Shangb zhoub shangb zhuangx.

长久林林，

Changb jiud liuongb liuongb,

长得如汝。

Changb deib rub rux.

昂内几没嘎休然得，

Angb neit jid meib giad xut rabb deib,

昂弄几没嘎先然木。

Angb nongx jid meib giad xiand ranb mub.

读头到茶，

Dub teb daox cat,

读抗到然。

Dub kangx daox rab.

到头麻冬，

Daox teb mab dongt,

到抗麻汝。

Daox kangx mab rux.

汝汝沙头，

Rux rux shat teb,

内内求弄。

Neit neit qiux niongx.

到茶你内苟篓，

Daox cat nib neib goud noub,

到然你内吉弄。

Daox rab nib neib jib niongx.

考到麻善，

Kaod daox mab shait,

出到麻汝。

Chud daox mab rux.

出乖出度，

Chud gweit chud dux,

出话出求。
Chud huat chud qiux.

喜了要来保佑，爱了要来赐福。
祝福那些小儿，祈福那些小孩。
吃菜育身，吃饭长体。
快大快长，快健快壮。
身长大大，体健好好。
热天没有瘟疫时气，冷天没有灾星祸害。
读书得大智慧，学习得高知识。
智慧得大，知识得高。
努力学文，天天上进。
智商在人之前，智慧居众之上。
考试得优，高位得就。
得富得贵，得发得旺。

周先见空见岭，
Zhoub xiand jianb kongt jianb liuongb，
良木见乖见汝。
Lial mub jianb gweit jianb rux.
苟达到汝见空，
Goud dab daox rux jianb kongt，
苟炯到汝嘎岭
Goud jiongx daox rux giad liuongb.
苟篓到汝见乖，
Goud noub daox rux jianb gweit，
苟追到久见汝。
Goud zhuix daox jub jianb rux.
空豆兵竹，
Kongt dout biongb zhub，
到见长标。
Daox jianb changb bioud.
几忙猛岔拿走，

Jib mangb mengb chax nab zoub，

久想猛嘎拿到。

Jux xiangx mengb giax nab daox.

从猛岔见，

Congb mengb chax jianb，

长忙到嘎。

Changb mangx daox giax.

到见白豆白斗，

Daox jiab beid dout beid deb，

到嘎白休白虫。

Daox giax beid xut beid chongb.

见拢几焖见苟，

Jianb liongb jid jiongx jianb goud，

嘎拢吉麻见公。

Giax liongb jib mab jianb gongx.

打气想出腊见，

Dat qit xiangd chub lab jianb，

达写想岔腊到。

Dab xied xiangd chax lab daox.

汝恩汝格，

Rux engb rux gieb，

汝见汝嘎。

Rux jianb rux giax.

汝恩汝格白标白斗，

Rux engb rux gieb beid bioud beid deb，

汝见汝嘎白纵白秋。

Rux jianb rux giax beid zongb beid qiud.

秋岁麻汝禾召，

Qiud suit mab rux aot zhaob，

秋萨麻汝禾雷。

Qiud sad mab rux aot leib.

向头向奶，

Xiangx toub xiangx leid，

向牙向羊。

Xiangx yab xiangx yangb.

崩冬崩量，

Bengb dongt bengb liax，

兄卡列先。

Xiongt kax lieb xiand.

见拢几苗补公比吹报标，

Jianb liongb jid mueb but gongt bit chuid baob bioud，

嘎拢吉麻补公比吹便然报竹。

Giax liongb jib miab but gongt bit chuid biat rab baob zhub.

见拢拿尼见空，

Jianb liongb nab nib jianb kongt，

嘎拢拿尼嘎岭。

Giax liongb nab nib giad liuongx.

苟达送见几初，

Gout dab songx jianb jit chut，

苟炯送嘎吉仰。

Gout jiongx songx giax jib yangb.

齐夫阿标林休，

Qid fut ad bioud liuongb xut，

吉标热恩，

Jib bioud reb engh，

几最莎到白标。

Jid zuib sax daox beid bioud.

吉卡阿竹共让，

Jib kax ad zhub gongx rangx，

嘎格几竹，

Giad gieb jid zhub，

几最莎到白斗。

Jid zuib sax daox beid deb.


祝福白财横财，祈福旺财洪财。

东边得好白财，西边得好富财。

前方得好旺财，后方得多横财。
空手出门，抱财归家。
不求去找也得，不想去求也获。
早出求财，夜归满载。
得钱满手满拿，得财满装满袋。
钱来涌入成路，财来涌进成道。
心中所谋如意，理想追求如愿。
好金好银，好钱好财。
好金好银满仓满库，好钱好财满家满户。
饰首美好大块，银饰美好大套。
长的短的，美的华的。
发光发亮，珍贵弥足。
白财涌来三路四道进家，
大宝涌来三路四道五方进门。
财来也是白财，宝来也是富价。
左路大钱来加，右道横财来添。
保佑一家大小，
家中银仓，完全皆得装满，
祈福一屋老少，
户内金库完全皆得装登。

周先阿高麻抓，
Zhoub xiand ad gaod mab zhuab,
良木阿半麻让。
Lial mub ad banb mab rangx.
得拔到汝窝得让服，
Deib bab daox rux aot deib rangb fud,
得义到汝窝秋让能。
Deib niongx daox rux aot qiud rangb nongb.
想嘎腊单，
Xiangb giax lab dand,
想单腊见。
Xiangd dand lab jianb.

打起想单猛出莎见，

Dax qix xiangd dand mengb chub sax jianb,

达写想送猛岔莎到。

Dab xied xiangd songx mengb chax sax daox.

阿闹会求闹闹会求得善，

Ab liaot huix qiux liaot liaot huix qiux deib shait,

阿冬会求冬冬会求得汝。

Ab dongt huix qiux dongt dongt huix qiux deib rux.

内内腊岔猛见，

Neit neit lab chax mengb jianb,

虐虐腊到猛嘎。

Niub niub lab daox mengb giax.

到见白豆白斗，

Daox jianb beid dout beid deb,

到嘎白休白虫。

Daox giax beid xiut beib chongb.

窝拔岔秋腊到汝秋，

Aod bab chax qiud lab daox rux qiud,

窝浓出兰腊见汝兰。

Aob niongx chud lanb lab jianb rux lanb.

汝拔汝浓，

Rux bab rux niongx,

汝崩汝欧。

Rux bengd rux oud.

几酷吉汝，

Jid kux jib rux,

几沙吉龙。

Jib shax jib longb.

出话出求，

Chud huat chud qiux,

出楼出归。

Chud loub chud guib.

出笔出包，

Chud bib chud baob,

出乖出岭。

Chud gweit chud liuongx.

同陇发拢白走白仁，

Tongb liongl fat liongb beid zoub beid rongb,

同图发拢白夯白共。

Tongb tux fat liongb beid hangb beid gongx.

你拢白加白竹，

Nit liongb beid jiad beid zhub,

炯拢白苟白让。

Jiongx liongb beid geb beid rangb.

笔拿打声，

Bib nab dat shongt,

包拿打缪。

Baob nab dab mioub.


祝福那些年青，祈福那些年壮。

女人得好地方找喝，男人得好地处找吃。

谋事如意，心想事成。

心中想的事业就好，意中所谋盘算就成。

一脚高升脚脚高升，一步高就步步高就。

天天也得大钱，日日也进大财。

大钱满抓满手，大财满仓满库。

女人得到意中男子，男子得到心中女人。

郎才女貌，恩爱夫妻。

互敬互爱，互尊互重。

发达兴旺，子添孙发。

大发大旺，大兴大盛。

如竹发来满山满岭，似木发来满地满坪。

居来满村满地，坐来满坪满寨。

发如群虾，多似群鱼。

周先麻服麻能，

Zhoub xiand mab fud mab nongb，

良木麻江麻照。

Lial mub mab jiangb mab zhaox.

几得苟散纠龙路剖，

Jid deib goud sant jiub longb lux bet，

吉秋苟茶谷江路先。

Jib qiux goud chab gub jiangb lux xiand.

那阿麻剖麻熟，

Bab ad mab bet mab shud，

那欧麻刨麻内。

Nab out mab pet mab neit.

几哨嘎豆见西见莎，

Jid saot giad dout jianb xid jianb sax，

吉当腊板见格见昂。

Jib dangx lab band jianb gied jianb angx.

那补麻标麻照，

Nab but mab biout mab zhaox，

那比麻者麻江。

Nab bit mab zheb mab jiangb.

标猛打豆猛单产谷产够，

Biout mengb dat dout mengb dand chant guob chant gout，

照猛浪路猛单吧谷吧竹。

Zhaox mengb liangb lux mengb dand bax gub bax zhub.

者秧白干白见，

Zhet yangt beid ganb beid jianb，

江秧白夯白共。

Jiangb yangt beid hangb beid gongx.

那便麻哈，

Nab biat mab hat，

那照麻同。

Nab zhaox mab tongx.

哈猛板苟板绒，

Hat mengb banb geb banb rongb,

同猛板夯板共。

Tongx mengb banb hangb banb gongt.

包柔敏良儒拢，

Bed roud miongt liangb rud liongl,

腊楼从良儒图。

Lab noub congx liangb rut tux.

敏从才才够苟，

Miongt congt caib caib goub geb,

明汝让让够绒。

Miongb rux rangb rangb goub rongb.

那阿起剖，

Nab ad qid pet,

那欧起熟。

Nab out qid shud.

那补起秧，

Nab but jiangb yangt,

那比起照。

Nab bit qid zhaox.

那便起哈，

Nab biat qid hat,

那照起同。

Nab zhaox qid tongx.

那炯先单，

Nab jiongb xiand dand,

那乙先送。

Nab yib xiand songx.

汝搂几良，

Rux noub jid liab,

汝弄几斗。

Rux niongx jib doub.

几滚吉昂板苟板绒，

Jib gunb jib angb banb geb banb rongb,

几召几穷板夯板共。

Jib zhaob jib qiongx banb hangb banb gongx.

抱楼长苟，

Beb noub changb goud，

修弄长公。

Xiut niongx changb gongt.

奶楼汝见奶沙，

Leit noub rux jianb leit shad，

奶弄汝加奶白。

Leit niongx rux jiab leit beid.

修拢白标白斗，

Xiut liongb beid bioud beid deb，

板拢白纵白秋。

Band liongb beid zongx beid qiud.

列且扛齐，

Lieb quet gangb qit，

列受扛扛。

Lieb shoud gangb gangx.

照白热楼热弄，

Zhaox beid reib noub reib niongx，

休白热录热炸。

Xiut beid reib lub reib zax.

头久几良，

Toub jut jid liab，

头令几斗。

Toub liongx jib doub.

产豆腊服几久，

Chant dout lab fud jid jub，

吧就腊能几娘。

Bax jux lab nongb jid niangb.


祝福喝的吃的，赐福栽的种的。

在那山野九块地头，在那山坡十丘田内。

正月挖土犁田，二月铲土耕地。

松那土块成末成粉，连那田水成泊成湖。

三月抛谷下种，四月扯秧栽插。

播去土中生出千株千丛，种子下地长出百株百对。

扯秧满田满丘，插秧满坪满坝。

五月中耕，六月除草。

中耕遍山遍岭，除草遍坪遍坝。

包谷绿似竹园，稻禾密如森林。

绿色悠悠遍山，青色油油遍野。

正月开挖，二月开耕。

三月下种，四月下秧。

五月中耕，六月除草。

七月熟登，八月熟透。

粮食丰产，谷米丰收。

金黄色的稻穗遍野，熟透了的秋粮遍山。

打谷回家，收米回屋。

谷粒如那冰颗，米粒似那雪白。

收得满家满屋，摆来满屋满宅。

要车送净，要晒送干。

装满谷仓米仓，装满糯库粘库。

粮食丰产，富裕丰足。

千年也喝不尽，百载也吃不完。


周先打书达收，

Zhoub xiand dat shut dab shoud，

良木麻首麻卡。

Lial mub mab shoud mab kax.

首狗腊林，

Shoud guoud lb liuongb，

首爬腊章。

Shoud pax lab zhuangbb.

首尼腊林，

Shoud nieb lab liuongb，

首油腊壮。

Shoud yub lab zhuangx.

首嘎见邦，

Shoud giat jianb bangt,

首录见强。

Shoud lub jianb jiangx.

首业白中白吹，

Shoud nieb beid zhongb beid chuid,

首油白忙白祥。

Shoud yub beid mangb beid yangb.

吾见腊拢，

Wut jianb lab liongb,

吾嘎腊到。

Wut giat lab daox.

出乖出岭，

Chud gweit chud liuongx,

出楼出归。

Chud noub chud guib.

出见出到，

Chud jianb chud daox,

出斗出他。

Chud dout chud tax.

茶他猛久，

Chab tax mengb jub,

弟然猛半。

Dix rab mengb banb.

周先阿标林休，

Zhoub xiand ad bioud liuongb xut,

你茶炯汝。

Nib chax jiongx rux.

良木阿竹共让，

Lial mub ad zhub gongx rangx,

发财求谢！

Fab caib qiux xiex!

祝福家中六畜，祈福家内养牲。
养狗也大，养猪也肥。
水牯也大，黄牛也肥。
养鸡成帮，养鸭成群。
水牯满栏满圈，黄牛满帮满群。
大钱广得，横财广进。
大富大贵，大繁大荣。
大成大就，大通大顺。
平安健康，大吉大利！
祝福一家大小，清吉平安。
祈福一屋老幼，发财兴旺！

周先麻陇麻放，
Zhoub xiand mab liongl mab fangx，
良木商提炮斗。
Lial mub shangt tib paox dex.
首汉得公得牙，
Shoud hanx deit gongt deit yab，
汝汉公周公松。
Rux hanx zhoub gongt zhoub songd.
首你猛温猛笑，
Shoud nit mengb wengt mengb xiaox，
包照猛纵猛秋。
Baot zhaob mengb zongx mengb qiud.
能锐林久，
Nongb ruit liuongb jub，
能录章得。
Nongb lub zhuangb deib.
果通果明，
Guet tongt guet miongb，
果配果汝。

Guet peit guet rux.

就标白豆白内，

Jiub bioud beid dout beid neib，

标公白图白拢。

Bioud gongb beid tux beid liongb.

汝公汝松，

Rux gongt rux songd，

汝提汝豆。

Rux tib rux deb.

提单照白猛打猛贵，

Tib dand zhaox beid mengb dab mengb guix，

提明照白猛突猛痛。

Tib miongt zhaox beid mengb tub mengb tongx.

昂内腊拢几久欧明欧周，

Angb neit lab liongb jid jub out miongt out zhoub，

昂弄腊拢几娘迷花几录。

Angb niongx lab liongb jid niangb mib huat jid lub.


　　祝福穿的披的，赐福丝绸布匹。
　　养好蚕丝蚕虫，养好丝绸蚕儿。
　　养在大筛大簸，卧满大床大铺。
　　吃桑长身，吃叶壮体。
　　又白又胖，又大又好。
　　结茧满天满地，结颗满枝满丫。
　　好蚕好丝，好绸好缎。
　　绫罗装满大箱大柜，绸缎装满大仓大库。
　　夏天穿不尽绫罗绸缎，冬天穿不完棉衣棉套。


周先洞久，

Zhoub xiand dongt jub，

良木洞板。

Lial mub dongt band.

闹达列拢修力，

Laox dab lieb liongb xuit lib,

闹送列拢油章。

Laox songx lieb liongb youb zhuangb.

窝汝送斗,

Aot rux songx doub,

几修阿标林休归先归得,

Jid xuit ad bioud liuongb xut guid xiand guid deib,

窝汝穷炯,

Aot rux qiongb jiongx,

几修阿竹共让归木归嘎。

Jid xuit ad zhub gongx rangx guid mub guid giax.

内浪先头转嘎虫兰,

Neib nangb xiand toub zhuanb giax chongb lanb,

木汝奈拿虫兄。

Mub rux naib nal chongb xiongd.

窝汝送斗,

Aot rux songx doub,

列修补就内绒吉标,

Lieb xuit but jux neib rongb jib bioud,

加皮几纵苟翁,

Jiad pix jid zongb goud wengd,

穷斗吉翁吉标见风,

Qiongb de jib wengd jib bioud jiangb fengt,

弄偶报标,

Nongt oub baob bioud,

棍忙足吾补土,

Gunt mangb zub wut but tud,

嘎苟录格,

Giat goud lub gied,

楼帮够斗,

Noub bangx goub dout,

豆剖腊蒙,

Dout bout lab mengb,

意苟招凤，

Yib goub zhaob fengt,

从篓几乙，

Congb loud jid yib,

狗嘎告豆。

Guoud giat gaob dout.

修嘎篓滚浪补，

Xuit giab loub gunb nangb bub,

油嘎篓穷浪冬。

Yob giab loud qiongx nangb dongt.

补路列修楼绒，

But lux lieb xuit loud rongb,

比路列修弄棍。

Bid lux lieb xuit nongb gunt.

列修爬迷报能，

Lieb xuit pax miongb baob nongb,

爬穷报热。

Pax qiongx baob reib.

出格斗标，

Chud gieb doub bioud,

喂怪柔纵。

Weix guaib roub zongx.

修嘎得忙禾交便告斗补，

Xuit giab deib mangb aob jiaot gaob doub bub,

油嘎度忙禾茶照告然冬。

Youb giad dux mangb aob cad gaob rab dongt.

阿酒——阿酒。　　　　　　　　　　　　　　（摇铃放筶）

Ab jiux—ab jiux.


　　留气已了，佑福已完。
　　上达要来收煞，上到要来解祸。
　　烧好糠香，不收一家大小生气儿气，
　　烧好蜡烟，不收一屋老幼洪福孙福。

信士的生气收在身中，洪福系在体内。
烧好糠蜡宝香，
要收三年恶煞家中、噩梦做在床头、
是非口舌、浓烟乱起家中、
恶蛇进家、死鬼作祟、
亡神丧木、鸡怪鸭兆、
田中坟井、乌云黑雾、
毒疮伤患、狗屎门前。
收去阳州以西，解去阴州一县。
土中要收稻瘟，地头要收米疫。
要收毒蚁进家，红蚁进库，
凶兆家中，怪异家内。
收去冤家仇人，五方山地，
解送仇人冤孽，六方山脉。
神韵——


阿酒——阿酒！
Ad jiux—ad jiux！
修力洞久，
Xiud lid dongx jius，
油章洞板。
Yub zhangd dongx biab.
扑久洽埋难当，
Pub jut qiab manb nanx dangd，
扑要洽埋难留。
Pub yaob qiab manb nanx liux.
内沙几单腊扑几单，
Niex sat jid dand lad pub jid dand，
内包几哭腊扑几哭。
Niex baod jid kux lad pub jid kux.
打久打炯嘎怪喂斗得寿告见，
Dad jiud dad jongb gad guaib wed doub dex shout gaox jianb，
打要打逃嘎怪剖弄告得送嘎。

Dad yaob dad taob gad guaib poud nongs gaox dex shongb gab.

声棍喂扑几久腊召，

Shongt ghunt wed pub jid jud lad zhaob，

弄猛喂寿几板腊将。

Nongs mengb wed shoub jid biab lad jiangb.

列拢读约扛服，

Lieb longb dux yox gangb hus，

窝秋扛龙。

Aox qieb gangb nongx.

阿酒——阿酒！

Ad jiux—ad jiux！

神韵——

收煞已了，解祸已完。

我讲恐怕你们难等，讲少又怕你们难着。

人教直的也讲直的，人教曲的也讲曲的。

若多几句莫怪吾本弟子交钱，

若少几句莫怪我这师郎度纸。

神辞我讲不了也罢，神韵我吟不完也放。

我要供来给喝，敬来送吃。

神韵——

列拢读约阿散这酒，

Lieb longs dux yox ad saix zheb jiud，

阿然龙弄。

Ad rax longd nongd.

酒豆酒江，

Jiud dout jiud jiangb，

酒江酒明。

Jiud jiangb jiud miongb.

阿达浪缪，

Ad dad nangb mioud，

阿这浪昂。

Ad zheb nangb ghax.

再斗供色糯然。

Zaib doud gongd sed nux rab.

读约苟扛——

Dux yox goud gangb—

绒剖绒娘，

Rongx pout rongx niax，

绒内绒骂，

Rongx nieb rongx mab，

绒得绒嘎。

Rongx det rongx gad.

服约列扛度标出话出求，

Hub yox lieb gangb dub bioud chub huat chub qiux，

龙约列扛度内出乖出令。

Longd yox lieb gangb dub niex chub guat chub liongb.

阿散这酒，

Ad saib zheb jiud，

阿然龙弄。

Ad rax longb nongs.

酒豆酒江，

Jiud dout jiud jiangb，

酒江酒明。

Jiud jiangb jiud miongb.

阿达浪缪，

Ad dad nangb mioud，

阿这浪昂。

Ad zheb nangb ghax.

再斗供色糯然。

Zaib doud gongd sed nux rab.

读约苟扛——

Dux yox goud gangb—

绒剖绒娘，

Rongx pout rongx niax，

绒内绒骂,

Rongx nieb rongx mab,

绒得绒嘎。

Rongx det rongx gad.

喂服埋服,

Wed hub manb hud,

喂能埋能。

Wed nongx manb nongx.

拼散埋腊几最没服,

Piongd sait manb lad jid zuib miet hud,

拼卡埋莎几最没龙。

Piongd kab manb seat jid zuib miet nongx.

拼散苟照打鸟,

Piongd sait goud zhaob dad niaox,

拼卡苟照达弄。

Piongd kab goud zhaob dad nongb.

阿酒——阿酒!

Ad jiux—ad jiux!


（敬第一碗酒）

要来敬上一呈供酒,一献敬酒。

香酒甜酒,甜酒蜜酒。

一盘供鱼,一碗供肉。

还有糍粑糯供。

要来敬上龙公龙母、龙娘龙爷、龙子龙孙。

喝了要让户主发财发善,吃了要送东家发兴发旺。

一呈供酒,一献敬酒。

香酒甜酒,甜酒蜜酒。

一盘供鱼,一碗供肉。

还有糍粑糯供。

虔诚敬送龙公龙母、龙娘龙爷、龙子龙孙。

我喝你们得喝,我吃你们得吃。

吹气齐皆来喝,吹味齐皆来吃。

吹气喝在口中，吹味吃在嘴内。

神韵——

服术列候其夫，

Hub shut lieb houb qid hud,

能抽列候吉卡。

Nongx choub lieb houb jid kad.

其夫度内阿标林休，

Qib hub dub niex ad bioud liongx xiut,

吉卡度标阿竹共让。

Jid kab dub bioud ad zhub gongb rangb.

吾恩章拢拿包标包斗，

Wud ghongx zhangd longb lad baob bioud baob doud,

吾格章拢包纵包秋。

Wud giex zhangd longb baob zongb baob qieb.

吾见腊拢白标白斗，

Wud jianb lad longd biad bioud biad doud,

吾嘎腊包白纵白秋。

Wud gad lad baob biad zongb biad qieb.

告矮照白恩果，

Gaox aix zhaob bias ghongx gout,

告纵照白格滚。

Gaox zhongx zhaob bias giex guongx.

告中白力白梅，

Gaox zhongb biad lis biad mieb,

告痛白恩白格。

Gaox tongb biad ghongx biad giex.

见拢几描补公比吹包标，

Jianb longd jid mioux bub gongd bid cuis baob bioud,

嘎拢吉麻补公比吹便染包竹。

Gad longd jid mab bub gongb bid cuis biat rax baob zhub.

见拢腊尼见空，

Jianb longd lad nid jianb kongt,

嘎拢腊尼嘎令。

Gad longd lad nid gad liongx.

内内腊到见空几初，

Niet niet lad daob jianb kongt jid chub,

虐虐腊到嘎令吉仰。

Niub niub lad daob gad liongx jid angb.

令猛冬千，

Liongx mengd dongt qiant,

发猛冬汝。

Fab mengd dongt rub.

     喝醉要来庇荫，吃饱要来保佑。

     庇荫主人家一家大小，保佑主家一屋老少。

     财喜涌来进家进户，财源涌入进堂进仓进库。

     财喜涌进满家满宅，财源涌入满堂满殿。

     金仓装满黄金，银库装满白银。

     栏中满驴满马，库中满金满银。

     财喜涌入三方四面进家，财源涌进三方四面五路进户。

     财来都是白财，财到都是横财。

     日日也得白财来加，天天也获横财来添。

     富裕登天，富足登地。

服约欧散这酒，

Fub yod out sant zhex jiud,

服约欧然龙弄。

Fub yod out rab longb nongb.

欧达酒豆酒江，

Out dab jiud dout jiud jiangb,

欧这酒江酒明。

Out zhex jiud jiangb jiud miuongb.

得忙汝苟你茶，

Deit mangb rux goud nit cat,

度忙汝公炯汝。

Dux mangb rux gongt jiongx rux.

龙锐长江长纵大气，

Nongb ruit changb jiangb changb zongb dab qit，

龙列长江长你达写。

Nongb liex changb jiangb changb nit dab xied.

能锐首久长到先头，

Nongb ruit soud jiud changb daox xiand toub，

龙锐长江长纵木汝，

Nongb ruit changb jiangb changb zongb mub rux，

西约腊到先头麻林，

Xit yod lab daox xiand toub mab liuongb，

笑约腊到木汝麻头。

Xiaox yod lab daox mub rux mab toub.

产豆儿没出格斗标，

Cant dout jid meib chud gib doub bioud，

吧就儿没喂怪柔纵。

Bax jux jid meib weib guaix roub zongb.

你茶你猛产豆，

Nit cat nit mengb cant dout，

炯汝炯猛吧就。

Jiongx rux jiongx mengb bax jux.

你气葡剖葡乜，

Nit qix pub pout pub nas，

炯气葡内葡骂。

Jiongx qix pub neid pub max.

你气窝柔斗补，

Nit qit aot roub doub bub，

炯气窝图然冬。

Jiongx qit aot tub rab dongt.

你气冬林夯公，

Nit qit dongt liuongb hangb gongt，

炯气绒善夯他。

Jiongx qit rongb shait hangb tax.

阿——酒——阿——酒——　　　　　　　　（摇铃放笤）
Ab—jiux—ab—jiux—

喝了二呈的酒，二献的供。
二呈敬酒甜酒，二献甜酒供酒。
病者病好痊愈，病人脱病安康。
吃菜甜嘴甜在肚中，吃饭香口甜在肚内。
吃菜甜嘴得到延年，吃饭香口得到益寿。
千年没有凶兆家中，百岁没有怪异家内。
清吉居得千年，平安坐过百岁。
居来承根接祖，坐来添子发孙。
居来寿同古木，坐来寿同古树。
居来寿如南岭，坐来寿比南山。
神韵——

列拢读约欧散这酒，
Lieb longd dux yox out sait zheb jiud,
欧然龙弄。
Out rax longb nongb.
酒豆酒江，
Jiud dout jiud jiangb,
酒江酒明。
Jiud jiangb jiud miongb.
欧达浪缪，
Out dad nangb mioud,
欧这浪昂。
Out zheb nangb ghax.
再斗供色糯然。
Zaib doud gongd sed nux rab.
读约苟扛——
Dux yox goud gangb—
绒剖绒娘，
Rongx pout rongx niax,

绒内绒骂,

Rongx nieb rongx mab,

绒得绒嘎。

Rongx det rongx gad.

服约列扛度标出话出求,

Hub yox lieb gangb dub bioud chub huat chub qiux,

龙约列扛度内出乖出令。

Longd yox lieb gangb dub niex chub guat chub liongb.

欧散这酒,

Out saib zheb jiud,

欧然龙弄。

Out rax longb nongs.

酒豆酒江,

Jiud dout jiud jiangb,

酒江酒明。

Jiud jiangb jiud miongb.

欧达浪缪,

Out dad nangb mioud,

欧这浪昂。

Out zheb nangb ghax.

再斗供色糯然。

Zaib doud gongd sed nux rab.

读约苟扛——

Dux yox goud gangb—

绒剖绒娘,

Rongx pout rongx niax,

绒内绒骂,

Rongx nieb rongx mab,

绒得绒嘎"。

Rongx det rongx gad.

喂服埋服,

Wed hub manb hud,

喂能埋能。

Wed nongx manb nongx.

拼散埋腊儿最没服，

Piongd sait manb lad jid zuib miet hud,

拼卡埋莎儿最没龙。

Piongd kab manb seat jid zuib miet nongx.

拼散苟照打鸟，

Piongd sait goud zhaob dad niaox,

拼卡苟照达弄。

Piongd kab goud zhaob dad nongb.

阿酒——阿酒！

Ad jiux—ad jiux！


（敬第二碗酒）

要来敬上二呈供酒，二献敬酒。

香酒甜酒，甜酒蜜酒。

二盘供鱼，二碗供肉。

还有糍粑糯供。

要来敬上龙公龙母、龙娘龙爷、龙子龙孙。

喝了要让户主发财发喜，吃了要送东家发兴发旺。

二呈供酒，二献敬酒。

香酒甜酒，甜酒蜜酒。

二盘供鱼，二碗供肉。

还有糍粑糯供。

虔诚敬送龙公龙母、龙娘龙爷、龙子龙孙。

我喝你们得喝，我吃你们得吃。

吹气齐皆来喝，吹味齐皆来吃。

吹气喝在口中，吹味吃在嘴内。

神韵——


服术列候其夫，

Hub shut lieb houb qid hud,

能抽列候吉卡。

Nongx choub lieb houb jid kad.

其夫度内阿标林休，

Qib hub dub niex ad bioud liongx xiut,

吉卡度标阿竹共让。

Jid kab dub bioud ad zhub gongb rangb.

得恩拢毕拢包，

Dex ghongx longd bid longd paob,

嘎格拢楼拢归。

Gad giex longd loub longd guib.

得恩首拢腊尼得乖，

Dex ghongx shoub longd lad nid ded guet,

嘎格笔拢腊尼嘎令。

Gad giex bid longd lad nid gad liongb.

出乖炯闹猛标猛斗，

Chub guet jongb laob mengd bioud mengd boud,

出令炯闹猛干猛无。

Chub liongb jongb laob mengd giat mengd wub.

你猛几竹冬内，

Nid mengd jid zhub dongt niet,

炯闹吉标王记。

Jongb laob jid bioud wangb jib.

汝格内扑板补板冬，

Rub giex niex pub biab pub biab dongt,

汝葡扑猛板加板追。

Rub pub pub mengd biab jiad biab zuix.

得恩笔拿打声，

Dex ghongx bid lad dad shongt,

嘎格发拿打缪。

Gad giex fab nab dad mioud.

出笔出包，

Chib bid chub bhes,

出发出求。

Chub huat chub qiub.

出乖出令，

Chub guet chub liongb,

出楼出归。

Chub loub chub guib.


喝醉要来庇荫，吃饱要来保佑。

庇荫主人家一家大小，保佑主家一屋老少。

银儿来生来养，金孙来养来育。

银儿生来也是大官，金孙养来也是大富。

大官坐去大堂大殿，大富坐去大城大市。

坐去京城之中，居住殿堂之内。

好名传去遍布四方，美誉传去遍布四处。

银儿发如群虾，金孙发似群鱼。

做繁做荣，做发做旺。

做富做贵，做大做强。


列拢读约补散这酒，

Lieb longd dux yox bub sait zheb jiud,

补然龙弄。

Bub rax longb nongb.

酒豆酒江，

Jiud dout jiud jiangb,

酒江酒明。

Jiud jiangb jiud miongb.

补达浪缪，

Bub dad nangb mioud,

补这浪昂。

Bub zheb nangb ghax.

再斗供色糯然。

Zaib doud gongd sed nux rab.

读约苟扛——

Dux yox goud gangb—

绒剖绒娘，

Rongx pout rongx niax,

绒内绒骂，

Rongx nieb rongx mab,

绒得绒嘎。

Rongx det rongx gad.

服约列扛度标出话出求，

Hub yox lieb gangb dub bioud chub huat chub qiux,

龙约列扛度内出乖出令。

Longd yox lieb gangb dub niex chub guat chub liongb.

补散这酒，

Bub saib zheb jiud,

补然龙弄。

Bub rax longb nongs.

酒豆酒江，

Jiud dout jiud jiangb,

酒江酒明。

Jiud jiangb jiud miongb.

补达浪缪，

Bub dad nangb mioud,

补这浪昂。

Bub zheb nangb ghax.

再斗供色糯然。

Zaib doud gongd sed nux rab.

读约苟扛——

Dux yox goud gangb—

绒剖绒娘，

Rongx pout rongx niax,

绒内绒骂，

Rongx nieb rongx mab,

绒得绒嘎。

Rongx det rongx gad.

喂服埋服，

Wed hub manb hud,

喂能埋能。

Wed nongx manb nongx.

拼散埋腊几最没服，

Piongd sait manb lad jid zuib miet hud,

拼卡埋莎几最没龙。

Piongd kab manb seat jid zuib miet nongx.

拼散苟照打鸟，

Piongd sait goud zhaob dad niaox,

拼卡苟照达弄。

Piongd kab goud zhaob dad nongb.

阿酒——阿酒！

Ad jiux—ad jiux！

（敬第三碗酒）

要来敬上三呈供酒，三献敬酒。

香酒甜酒，甜酒蜜酒。

三盘供鱼，三碗供肉。

还有糍粑糯供。

要来敬上龙公龙母、龙娘龙爷、龙子龙孙。

喝了要让户主发财发喜，吃了要送东家发兴发旺。

三呈供酒，三献敬酒。

香酒甜酒，甜酒蜜酒。

三盘供鱼，三碗供肉。

还有糍粑糯供。

虔诚敬送龙公龙母、龙娘龙爷、龙子龙孙。

我喝你们得喝，我吃你们得吃。

吹气齐皆来喝，吹味齐皆来吃。

吹气喝在口中，吹味吃在嘴内。

神韵——

服术列候其夫，

Hub shut lieb houb qid hud,

能抽列候吉卡。

Nongx choub lieb houb jid kad.

其夫度内阿标林休，

Qib hub dub niex ad bioud liongx xiut,

吉卡度标阿竹共让。

Jid kab dub bioud ad zhub gongb rangb.

汝散汝猛产豆，

Rub sait rub mengd chanx dout,

汝茶汝猛吧就。

Rub cad rub mengd bab jiub.

匡得汝路汝腊，

Kuangt deb rub lub rub lad,

匡秋汝散汝茶。

Kuangt qieb rub sait rub cab.

帮苟汝图汝拢，

Bangb goud rub tub rub longd,

路腊汝楼汝弄。

Lub lad rub loub rub nongb.

累包到久白热，

Lit bheb daob jut biad red,

包尔林拿格尼。

Bhed red liongb nab giet nieb.

窝背白板白儿，

Aod bid biad biab biad jid,

窝够白儿白照。

Aod goud biad jid biad zhaob.

棍楼其夫产豆，

Ghunt loux qid hud chans dout,

棍弄吉卡吧就。

Ghunt nongb jid kab bab jiub.

麻服首林首章，

Mab hub shoud liongx shoud zhangb,

麻能首久首得。

Mab nongb shoud jius shoud des.

产柔腊服几久，

Chans roux lad hun jid jud,

吧柔腊能几娘。

Bab roux lad nongx jid niangb.

> 喝醉要来庇荫，吃饱要来保佑。
> 庇荫主人家一家大小，保佑主家一屋老少。
> 稼苗好去千年，粮食丰收百载。
> 宽广好田好地，宽阔好米好粮。
> 山坡好树好林，田地好米好粮。
> 稻谷装满大仓，玉米大似牛角。
> 果子满笼满篓，水果满篓满裟。
> 谷祖庇荫千年，粟神保佑百载。
> 千年也喝不尽，百载也吃不完。

服约补散这酒，

Fub yod but sant zhex jiud,

补然龙弄。

But rab longb nongb.

补达酒豆酒江，

But dab jiud dout jiud jiangb,

补这酒江酒明。

But zhex jiud jiangb jiud miuongb.

得忙汝别长拢锐锐，

Deit mangb rux boub changb liongb ruit ruit,

度忙汝归长单让让。

Dux mangb rux guit changb dand rangx rangx.

别归长拢转嘎虫兰，

Boub guit changb liongb zhuanb giax chongb lanb,

且越长拢奈拿报长。

Quex yueb changb liongb naib nab baox changb.

别归长拢汝久汝得，

Boub guit changb liongb rux jiud rux deib,

且越长拢抓卡汝绒。

Quex yueb changb liongb zhuab kax rux rongb.

你茶你猛产豆,

Nit cat nit mengb cant dout,

炯汝炯猛吧就。

Jiongx rux jiongx daox bax jux.

阿——酒——阿——酒——　　　　　　　　　（摇铃放筶）

Ab—jiux—ab—jiux—


　　喝了三呈的酒,三献的供。

　　三呈敬酒甜酒,三献甜酒供酒。

　　信士良魂转来急急,良人好魄回来忙忙。

　　好魂附体健康身体,气魄附身好气好力。

　　清吉居得千年,平安坐过百岁。

　　神韵——


周先大书达收,

Zhoub xiand dat shut dab shoud,

炯木打首达嘎。

Jiongb mub dab shoud dat giat.

达书达收白重白扣,

Dab shud dat shout beid chongb beid ket,

打首达嘎白忙白强。

Dat shout dat giat beib mangb beid jiangx.

几不吉数,

Jid bub jib sud,

出忙出强。

Chub mangb chub qiangx.

龙尼忙油,

Longb nieb mangb yub,

良木龙狗忙爬,

Liax mub longb guoud mangb pax,

龙力忙梅,

Longb lib mangb meib,

龙容忙麻。

Longb rongb mangb mab.

尼抱吉标，

Nieb baob jib bioud,

汝见如柔如金，

Rux jiant rub rout rub giuongd,

油抱几竹，

Yub baob jid zhub,

汝加孺图孺陇。

Rux jiad rut tux rud liongl.

几照扛锐腊林腊章，

Jid zhaob gang bruit lab liuongb lab zhuangb,

几照扛列腊周腊壮。

Jid zhaob gangb lieb lab zhoub lab zhuangx.

尼共挂猛打豆，

Nieb gongt guax mengb dat dout,

油先求送吉仰。

Yub xiand qiux songx jib yangb.

阿中扣力，

Ad zhongb ket lib,

纠中谷中扣力，

Jiub zhongb guob zhongb ket lib,

阿吹扣报，

Ad chuid ket baob,

纠吹谷吹扣报。

Jiub chuid guob chuid ket baob.

斗偶列扛毕包，

Doub wub lieb gangb bib baot,

斗洽列扛楼归。

Doub qiad lieb gangb loud guid.

周先龙尼忙油——

Zhoub xiand longb nieb mangb yub—

苟照补中，

Goud zhaob but zhongb，

几最莎到先头，

Jid zuix sax daox xiand toub，

良木龙狗忙爬——

Lial mub longb guoud mangb pax—

苟照补嘴，

Ged zhaob but zuid，

几最莎到先头。

Jid zuib sad daox xiand toub.

良木阿竹共让，

Liangb mux ad zhub gongx rangx，

几最莎到木汝。

Jid zuix sad daox mub rux.

周先周汉先头，

Zhoub xiand zhoub hanx xiand toub，

周木周汉木汝。

Zhoub mub zhoub hanx mub rux.

先头周猛产豆，

Xiand toub zhoub mengb chant dout，

木汝周猛吧就。

Mub rux mengb bax jux.

周先产豆，

Zhoub xiand chant dout，

先头你猛产豆，

Xiand toub nit mengb chant dout，

周木吧就，

Zhoud mub bad jux，

木汝炯猛吧就。

Mux rux jiongx mengb bax jux.

久抓久头，久稍久热。

Jub zhuab jiub toub, jub xiaod jub reb.

阿酒——阿酒。　　　　　　　　　　　　（摇铃放箸）

Ab jiux—ab jiux.

留气六畜牛马，佑福养牲群畜。

六畜牛马满栏满圈，养牲群畜满群满邦。

成群结队，成帮成坨。

水牯牛群，狗群猪群。

驴群马群，羊群畜群。

水牯卧在栏中，如同大岩大石。

黄牛卧在栏内，好似林木竹园。

不要喂食自大自长，不要喂料自肥自壮。

老牛老了过去，新牛马上替换。

一栏关驴，九栏十栏关驴，

一栏关进，九栏十栏关进。

牛只要送发旺，畜群要送发登。

保得水牯牛群，保在栏中，完全皆得满栏，

佑得狗群猪群，佑在圈内，完全皆得满圈。

留气要留长命富贵，赐福要赐齐天洪福。

长命居得千年，洪福坐过百岁。

留气千年，长命居得千年，

赐福百岁，洪福坐过百岁。

不落不脱，不松不掉。

神韵——


列拢读约比散这酒，

Lieb longd dux yox bit sait zheb jiud,

比然龙弄。

Bit rax longb nongb.

酒豆酒江，

Jiud dout jiud jiangb,

酒江酒明。

Jiud jiangb jiud miongb.

比达浪缪，

Bit dad nangb mioud,

比这浪昂。

Bit zheb nangb ghax.

再斗供色糯然。

Zaib doud gongd sed nux rab.

读约苟扛——

Dux yox goud gangb—

绒剖绒娘，

Rongx pout rongx niax,

绒内绒骂，

Rongx nieb rongx mab,

绒得绒嘎。

Rongx det rongx gad.

服约列扛度标出话出求，

Hub yox lieb gangb dub bioud chub huat chub qiux,

龙约列扛度内出乖出令。

Longd yox lieb gangb dub niex chub guat chub liongb.

比散这酒，

Bit saib zheb jiud,

比然龙弄。

Bit rax longb nongs.

酒豆酒江，

Jiud dout jiud jiangb,

酒江酒明。

Jiud jiangb jiud miongb.

比达浪缪，

Bit dad nangb mioud,

比这浪昂。

Bit zheb nangb ghax.

再斗供色糯然。

Zaib doud gongd sed nux rab.

读约苟扛——

Dux yox goud gangb—

绒剖绒娘，

Rongx pout rongx niax,

绒内绒骂，

Rongx nieb rongx mab,

绒得绒嘎。

Rongx det rongx gad.

喂服埋服,

Wed hub manb hud,

喂能埋能。

Wed nongx manb nongx.

拼散埋腊几最没服,

Piongd sait manb lad jid zuib miet hud,

拼卡埋莎几最没龙。

Piongd kab manb seat jid zuib miet nongx.

拼散苟照打鸟,

Piongd sait goud zhaob dad niaox,

拼卡苟照达弄。

Piongd kab goud zhaob dad nongb.

阿酒——阿酒!

Ad jiux—ad jiux!


（敬第四碗酒）

要来敬上四呈供酒，四献敬酒。

香酒甜酒，甜酒蜜酒。

四盘供鱼，四碗供肉。

还有糍粑糯供。

要来敬上龙公龙母、龙娘龙爷、龙子龙孙。

喝了要让户主发财发喜，吃了要送东家发兴发旺。

四呈供酒，四献敬酒。

香酒甜酒，甜酒蜜酒。

四盘供鱼，四碗供肉。

还有糍粑糯供。

虔诚敬送龙公龙母、龙娘龙爷、龙子龙孙。

我喝你们得喝，我吃你们得吃。

吹气齐皆来喝，吹味齐皆来吃。

吹气喝在口中，吹味吃在嘴内。

神韵——

服术列候其夫，
Hub shut lieb houb qid hud,
能抽列候吉卡。
Nongx choub lieb houb jid kad.
其夫度内阿标林休，
Qib hub dub niex ad bioud liongx xiut,
吉卡度标阿竹共让。
Jid kab dub bioud ad zhub gongb rangb.
首尼白中白吹，
Shoud nieb biad zhongb biad cuid,
首油白忙白强。
Shoud yud biad mangb biad qingb.
首尼尼林拿苟，
Shoud nieb nieb liongb nab goud,
首油油杖拿绒。
Shoud yud yud zhangb nab rongx.
首琶琶林摧膘，
Shoud mab mab liongb cuit biaos,
首狗狗章摧汝。
Shoud goud goud zhangb cuit rub.
大嘎出帮出忙，
Dad gad chub bangt chub mangb,
达录出忙出强。
Dad nub chub mangb chub qiangb.
就就汝汉达书达收，
Jiud jiub rub haib dad shut dad shoud,
强强汝汉大嘎达录。
Qiangb qiangb rub haib dad gad dad nub.
良见腊到猛见，
Liab jianb lad daob mengd jianb,
良嘎腊到猛嘎。

Liab gad lad daob mengd gad.
产豆腊用几久，
Chand dout lad yongb jid jud,
吧就腊用几娘。
Bab jub lad yongb jid niangb.

喝醉要来庇荫，吃饱要来保佑。
庇荫主人家一家大小，保佑主家一屋老少。
水牯满栏满圈，黄牛满帮满群。
水牯高大如山，黄牛肥胖如岭。
养猪猪肥满膘，养狗狗大满群。
养鸡成帮成群，养鸭成群成帮。
年年六畜兴盛成群，岁岁家禽兴旺成帮。
去卖也得大钱，去售也得大价。
千年也享不尽，百载也用不完。

服约比散这酒，
Fub yod bit sant zhex jiud,
比然龙弄。
Bit rab longb nongb.
比达酒豆酒江，
Bit dab jiud dout jiud jiangb,
比这酒江酒明。
Bit zhex jiud jiangb jiud miuongb.
向剖向乜他数抓数，
Xiangt pout xiangt nias tad su zhuax sud,
向内向骂将那抓那。
Xiangt neid xiangt max jiangx liax zhuax liax.
阿标林休他数抓数，
Ab bioud liuongb xut tad sud zhuax sud,
阿竹共让将那抓那。
Ab zhub gongx rangx jiangx liax zhuax liax.
再斗阿产欧谷标，

Zaix doub ad cant out guob bioud，

内浪阿吧欧谷竹。

Neib nangb ab bax out guob zhub.

产谷产标他数抓数，

Cant guob cant bioud tad sud zhuax sud,

吧谷吧竹将那抓那。

Bax guob bax zhub jiangx liax zhuax liax.

产内久斗数洞数恩，

Cant neib jud doub sud dongb sud engb,

吧内久斗数首数闹。

Bax neib jud doub sud sout soud liuaot.

西约腊到先头，

Xid yod lab daox xiand toub,

笑约腊到木汝。

Xiaox yod lab daox mub rux.

产豆几没出格斗标，

Cant dout jid meib chud gib chub bioud,

吧就几没喂怪柔纵。

Bax jux jid meib weib guaix roub zongb.

你茶你猛产豆，

Nit cat nit mengb cant dout,

炯汝炯猛吧就。

Jiongx rux jiongx mengb bax jux.

出见吾见腊拢，

Chud jianb wub jianb lab liongb,

出汝吾嘎腊到。

Chud rux wub giad lab daox.

出话岭娘产豆，

Chud huat liuongt niangb cant dout,

出岭汝猛吧就。

Chud liuongt rux mengb bax jux.

阿——酒——阿——酒——。 （摇铃放筶）

Ab—jiux—ab—jiux—.

喝了四呈的酒，四献的供。

四呈敬酒甜酒，四献甜酒供酒。

祖公祖婆脱锁已了，先母先父解索已完。

一家大小脱锁已了，一屋老幼解索已完。

再有一千二百家，房族一百二十户。

房族人等脱锁已了，叔伯弟兄解索已完。

千人解了铜锁铁锁，百众脱了铜链铁链。

敬了便得长气，祭了也得长寿。

千年没有凶兆家中，百岁没有怪异家内。

清吉居得千年，平安坐过百岁。

做成大钱也来，做好横财也到。

做大富得千年，做强好过百岁。

神韵——


周先麻服麻能，

Zhoub xiand mab fud mab nongb,

良木麻口麻抽。

Lial mub mab koud mab chex.

够就能元能包，

Goub jux nongb yuanb nongb beb,

便就能疏能仗。

Biat jux nongb sut nongb zhuangb.

归楼归弄，

Guit noub guit nongx,

良木归录归炸。

Lial mub guit lub guit zax.

归楼服江，

Guit noub fub jiangb,

归弄服迷。

Guit nongx fub mib.

当内内苟猛标猛求，

Dangd neib neib ged mengb bioub mengb qiub,

当就内苟猛便猛照。

Dangd jux neib ged mengb biab mengb zhaob.

标猛打豆，

Bioub mengb dat dout,

猛单产谷产够，

Mengb dand chant guob chant gout,

便猛浪路，

Biab mengb liangb lux,

猛单吧谷吧竹。

Mengb dand bax guob bax zhub.

那便收沙，

Nab biat shout shat,

锐哈冬久，

Ruit had dongt jub,

那照吉内，

Nab zhaox jib neib,

锐同莎板。

Ruit tongb sax banb.

补路久斗鲁锐鲁够，

But lux jub doub lux ruit lux gout,

比路久斗鲁猛鲁浓。

Bit lux jub doub lux mengb lux niongx.

敏从才才够苟，

Miongt congb caix caix gout ged,

明汝襄让够绒。

Miongb rux rangx rangx gout rongb.

得忙候散内西猛克，

Deib mangb houx said neib xid mengb kied,

汝见帮录，

Rux jianb bangx lub,

度忙喂茶告忙猛梦，

Dux mangb weib chab gaob mangb mengb mengx,

汝加帮染。

Rux jiad bangx ras.

要奶照奶几初，

Yaox leib zhao leib jid chub,

要旧照旧吉仰。

Yaox jiub zhaob jiub jib yangb.

那炯先单，

Nat jiongb xiand dand,

那乙先送。

Nat yib xiand songx.

奶楼汝见奶沙，

Leit noub rux jianb leit shad,

奶弄汝加奶白。

Leit nongx rux jiad leit beid.

归楼咱半嘎崩，

Guit noux zad band giad bengb,

归弄咱几嘎洽。

Guit nongx zad jid giad qiax.

咱半寿报半你，

Zad banb shout baob banb nit,

咱几寿报几炯。

Zad jid shout baob jit jiongx.

扛内江楼锐锐长苟，

Gangb neib jiangb loub ruit ruit changb goud,

江乔让让长公。

Jiangb nongx rangx rangx changb gongt.

江楼拢粗，

Jiangb loub liongb cud,

呕奶补奶热杂够豆，

Out leit but leit reb zab goub dout,

江楼拢粗，

Jiangb loub liongb cul,

呕图补图热板比兵。

Out tub but tub reb bnb bid biongb.

打豆他崩他中，

Dat dout tax bengb tax zhongb,

打便他高他太。

Dat biat tax gaod tax teix.

产内腊龙几娘到见，

Chant neib lab liongb jid niangb daox jianb,

吧内腊龙几娘到嘎。

Bad neib lab liongb jid niangb daox giax.

周先归楼归弄——

Zhoub xiand guit noub guit nongx—

苟照热杂够豆，

Ged zhaob red zab goub dout,

几最莎到先头，

Jid zuib sax daox xiand toub,

良木归录归炸——

Lial mub guit lux guit zax—

苟照热板比兵，

Ged zhaob reb banb bid biongb,

几最莎到先头。

Jid zuib sad daox xiand toub.

良木阿竹共让，

Liangb mux ad zhub gongx rangx,

几最莎到木汝。

Jid zuix sad daox mub rux.

周先周汉先头，

Zhoub xiand zhoub hanx xiand toub,

周木周汉木汝。

Zhoub mub zhoub hanx mub rux.

先头周猛产豆，

Xiand toub zhoub mengb chant dout,

木汝周猛吧就。

Mub rux mengb bax jux.

周先产豆，

Zhoub xiand chant dout,

先头你猛产豆，
Xiand toub nit mengb chant dout,
周木吧就，
Zhoud mub bad jux,
木汝炯猛吧就。
Mux rux jiongx mengb bax jux.
久抓久头，
Jub zhuab jiub toub,
久稍久热。
Jub xiaod jub reb.
阿酒——阿酒。　　　　　　　　　　　　　（摇铃放筶）
Ab jiux—ab jiux.

> 保气喝的吃的，佑福食的饱的。
> 年头吃剩吃发，年尾吃饱吃肥。
> 谷财米财，糯财粘财。
> 谷财吃甜，米财喝蜜。
> 开春人拿去播去撒，开年人拿去播去种。
> 播去土中，去生千苑千丛，
> 种去土内，去育百株百对。
> 五月锄禾锄得完好，六月中耕耕得满遍。
> 土中没有异物杂草，地内没有异类杂物。
> 色青油油满坡，色亮油油遍岭。
> 主家耕者上午去看如同森林，
> 田地主人下午去望好似竹园。
> 缺了要补来加，少了要栽来添。
> 七月熟了，八月熟透。
> 谷粒壮如冰雹，米粒白似冰雪。
> 谷财见筐莫惊，米财见篓莫怕。
> 见筐跑进筐居，见篓跑进篓坐。
> 见筐涌进筐中，见篓涌进篓内。
> 送人抬谷急急回转，背米忙忙回程。
> 抬谷来装两个三个屋前谷仓，

背米来装两重三重屋边米库。

仓底装实装满，仓盖装满装盈。

千人也吃不完存谷，百众也吃不尽存米。

保得家中谷财，

保在家中前仓，完全皆得装满。

佑得家内米财，

佑在家内后库，完全皆得装盈。

留气要留长命富贵，赐福要赐齐天洪福。

长命居得千年，洪福坐过百岁。

留气千年，长命居得千年，

赐福百岁，洪福坐过百岁。

不落不脱，不松不掉。

神韵——

列拢读约便散这酒，

Lieb longd dux yox biat sait zheb jiud,

便然龙弄。

Biat rax longb nongb.

酒豆酒江，

Jiud dout jiud jiangb,

酒江酒明。

Jiud jiangb jiud miongb.

便达浪缪，

Biat dad nangb mioud,

便这浪昂。

Biat zheb nangb ghax.

再斗供色糯然。

Zaib doud gongd sed nux rab.

读约苟扛——

Dux yox goud gangb—

绒剖绒娘，

Rongx pout rongx niax,

绒内绒骂，

Rongx nieb rongx mab,

绒得绒嘎。

Rongx det rongx gad.

服约列扛度标出话出求,

Hub yox lieb gangb dub bioud chub huat chub qiux,

龙约列扛度内出乖出令。

Longd yox lieb gangb dub niex chub guat chub liongb.

便散这酒,

Biat saib zheb jiud,

便然龙弄。

Biat rax longb nongs.

酒豆酒江,

Jiud dout jiud jiangb,

酒江酒明。

Jiud jiangb jiud miongb.

便达浪缪,

Biat dad nangb mioud,

便这浪昂。

Biat zheb nangb ghax.

再斗供色糯然。

Zaib doud gongd sed nux rab.

读约苟扛——

Dux yox goud gangb——

绒剖绒娘,

Rongx pout rongx niax,

绒内绒骂,

Rongx nieb rongx mab,

绒得绒嘎。

Rongx det rongx gad.

喂服埋服,

Wed hub manb hud,

喂能埋能。

Wed nongx manb nongx.

拼散埋腊儿最没服，

Piongd sait manb lad jid zuib miet hud，

拼卡埋莎儿最没龙。

Piongd kab manb seat jid zuib miet nongx.

拼散苟照打鸟，

Piongd sait goud zhaob dad niaox，

拼卡苟照达弄。

Piongd kab goud zhaob dad nongb.

阿酒——阿酒！

Ad jiux—ad jiux！

（敬第五碗酒）

要来敬上五呈供酒，五献敬酒。

香酒甜酒，甜酒蜜酒。

五盘供鱼，五碗供肉。

还有糍粑糯供。

要来敬上龙公龙母、龙娘龙爷、龙子龙孙。

喝了要让户主发财发喜，吃了要送东家发兴发旺。

五呈供酒，五献敬酒。

香酒甜酒，甜酒蜜酒。

五盘供鱼，五碗供肉。

还有糍粑糯供。

虔诚敬送龙公龙母、龙娘龙爷、龙子龙孙。

我喝你们得喝，我吃你们得吃。

吹气齐皆来喝，吹味齐皆来吃。

吹气喝在口中，吹味吃在嘴内。

神韵——

服术列候其夫，

Hub shut lieb houb qid hud，

能抽列候吉卡。

Nongx choub lieb houb jid kad.

其夫度内阿标林休，

Qib hub dub niex ad bioud liongx xiut,

吉卡度标阿竹共让。

Jid kab dub bioud ad zhub gongb rangb.

麻能腊元，

Mab nongx lad yuanb,

麻拢腊汝。

Mab nongx lad rub.

汝汉得公得牙，

Rub haib dex gongt dex yab.

汝汉提周提放。

Rub haib tib zhoud tib fangb.

迷话汝最汝松，

Mib huat rub zuib rub songd,

出见汝提汝豆。

Chub jianb rub tib rub dout.

得拔拢欧配良得绒，

Dex pab longd out pib liangb dex rongx,

得浓拢向配良得潮。

Dex niongb longd xiangt pid liangb dex ceb.

配良绒崩麻先，

Pid liangb rongx bengb mad xianb,

配汝绒背麻西。

Pid rub rongx bid mab xid.

同内叉单明苟，

Tongb niet cab dand miongb goud,

同那叉通明绒。

Tongb lab cab tongd miongb rongx.

昂内腊汝欧果欧漂，

Ganx niet lad rub out gout out piaob,

昂弄腊汝迷话儿录。

Ghax nongb lad rub mib huat jid nub.

产内克咱莎秋，

Chand niex ked zab sead qieb,

吧内孟干莎江。

Bab niex mengd giab sead jiangb.

汝猛产谷产豆,

Rub mengd chanb goux chanb dout,

汝挂吧谷吧就。

Rub guab bab guox bab jub.

　　喝醉要来庇荫,吃饱要来保佑。
　　庇荫主人家一家大小,保佑主家一屋老少。
　　吃的也剩,穿的也好。
　　养好蚕儿蚕娘,织好绫罗绸缎。
　　棉花纺成好线,好线织成好布。
　　女人穿戴似那龙女,男儿穿衣如那龙王。
　　美如花朵才开,好似花儿才放。
　　比如日头出山之美,好似月亮穿云之秀。
　　夏天好那白衣退凉,冬天好那棉袍御寒。
　　千人看了也美,百众见了也赞。
　　好去千年千岁,好过百岁百载。

服约便散这酒,

Fub yod biat sant zhex jiud,

便然龙弄。

Biat rab longb nongb.

便达酒豆酒江,

Biat dab jiud dout jiud jiangb,

便这酒江酒明。

Biat zhex jiud jiangb jiud miuongb.

得忙儿洞先头腊到先头,

Deit mangb jid dongb xiand toub lab daox xiand toub,

度忙吉良木汝莎到木汝。

Dux mangb jib liab mub rux sax daox mub rux.

西约腊到先头麻林,

Xiud yod lab daox xiand toub mab liuongb,

照弄求猛你娘产豆，

Zhaob nongd quix mengb nit niangb cant dout，

笑约腊到木汝麻头。

Xiaox yod lab daox mub rux mab toub.

照弄求猛炯挂吧就。

Zhaob nongd quix mengb jiongx guax bax jux.

阿标林休，

Ab bioud liuongb，

你气葡剖葡乜，

Nit qix pub pout pubnis，

阿竹共让，

Ad zhub gongx rangx，

炯气葡内葡骂。

Jiongx qix pub neid pub max.

你气窝柔斗补，

Nit qit aot roub doub bub，

炯气窝图然冬。

Jiongx qit aot tub rab dongt.

你气冬林夯公，

Nit qit dongt liuongb hangb gongt，

炯气绒善夯他。

Jiongx qit rongb shait hangb tax.

产豆几没出格斗标，

Cant dout jid meib chud gib doub bioud，

吧就几没喂怪柔纵。

Bax jux jid meib weib guaib roub zongb.

你茶你猛产豆，

Nit cat nit mengb cant dout，

炯汝炯猛吧就。

Jiongx rux jiongx mengb bax jux.

阿——酒——阿——酒——                （摇铃放筶）

Ab—jiux—ab—jiux—

喝了五呈的酒，五献的供。

五呈敬酒甜酒，五献甜酒供酒。

主家祈福也得增福延寿，主人祈祷也获长命洪福。

敬了便得长气长命，从今以后坐得千年。

祭了也得洪福长寿，从此以后坐过百岁。

一家大小，居来承根接祖。

一屋老幼，坐来添子发孙。

居来寿同古木，坐来寿同古树。

居来寿如南岭，坐来寿比南山。

千年没有凶兆家中，百岁没有怪异家内。

清吉居得千年，平安坐过百岁。

神韵——

周先麻拢麻放，

Zhoub xiand mab liongb mab fangx,

良木窝提窝豆。

Lial mub aob tib aob doux.

提周炮节，

Tib zhoub paox jieb,

提尖炮抓。

Tib jiand paox zhuab.

拢没麻元，

Liongb meib mab yuanb,

照没麻养。

Zhaod meib mab yangb.

周先公周公节，

Zhoub xiand gongt zhoub gongt jieb,

炯木公数公然。

Jiongx mub gongt sut gongt rab.

补温果良禾超潮录，

But wengt gueb lial aob chaod zaox lub,

补笑明拿禾超潮弄。

But xiaox miongb nab aob chaob zaox nongx.

龙锐见内穷沙，

Longb ruit jianb neib qiongb shad,

龙列加内穷白。

Longb lieb jid neib qiongb beid.

求八猛单，

Qiux bab mengb dand,

求处猛送。

Qiux chux mengb songx.

出标如见背柳，

chud bioud rub jianb beid liut,

出处如加背干。

Chud chux rub jiad beid ganb.

内腊得碗拢油，

Neib lab deib wanb liongb yub,

猛碗拢号。

Mengb wanb liongb haox.

到公到见，

Daox gongt daox jianb,

到忙到嘎。

Daox mangb daox giax.

周先公周公节——

Zhoub xiand gongt zhoub gongt jieb—

茍照几头，

Ged zhaob jid toub,

几最莎到先头。

Jid zuib sax daox xiand toub.

良木公数公然——

Lial mub gongt sut gongt rab—

茍照几提，

Ged zhaob jid tib,

几最莎到先头。

Jid zuib sad daox xiand toub.

良木阿竹共让，

Liangb mux ad zhub gongx rangx,

几最莎到木汝。

Jid zuix sad daox mub rux.

周先周汉先头，

zhoub xiand zhoub hanx xiand toub,

周木周汉木汝。

Zhoub mub zhoub hanx mub rux.

先头周猛产豆，

Xiand toub zhoub mengb chant dout,

木汝周猛吧就。

Mub rux mengb bax jux.

周先产豆，

Zhoub xiand chant dout,

先头你猛产豆，

Xiand toub nit mengb chant dout,

周木吧就，

Zhoud mub bad jux,

木汝炯猛吧就。

Mux rux jiongx mengb bax jux.

久抓久头，

Jub zhuab jiub toub,

久稍久热。

Jub xiaod jub reb.

阿酒——阿酒。 （摇铃放管）

Ab jiux—ab jiux.


保气穿的暖体，佑福布匹布缎。

绫罗绸缎，绸缎细布。

穿有剩的，戴有余的。

保气蚕儿蚕虫，佑福蚕丝蚕绸。

三簸白如大颗糯米，三筛亮似大颗米粒。

吃桑如同撒冰，吃叶好以下雪。

爬遍枝丫上面，坐遍枝丫上头。

结茧如同大果，结球密似葡萄。

让人小锅来煮，大锅来热。

得丝得钱，得绸得财。

保得蚕儿蚕虫，

保在纸片，完全皆得丰果，

佑得蚕丝蚕绸，

佑在布帛，完全皆得丰足。

留气要留长命富贵，赐福要赐齐天洪福。

长命居得千年，洪福坐过百岁。

留气千年，长命居得千年，

赐福百岁，洪福坐过百岁。

不落不脱，不松不掉。

神韵——


周先打便扛拢，

Zhoub xiand dat biat gangb liongb,

打豆白到。

Dat dou beit daox.

扛拢几江几明，

Gangb liongb jid jiangb jiad miongb,

白到几不吉强。

Beid daox jid bub jib jiangx.

拢汉苟得公同，

Liongb hanx goud deib gongt tongb,

你拢没吾没炯，

Nit liongb meib wut meib jiongx,

到汉公数公然，

Daox hanx gongt sut gongt rab,

炯拢没卡没绒。

Jiongx liongb meib kax meib rongb.

你粗帮突够豆，

Bit ud bangx tud goud dout,

炯他帮痛比兵。

Jiongx tax bangx tongb bid biongb.

内西高围见内穷沙，

Neit xit gaob weib jianb neib qiongx shad，

禾忙告瓦加内穷白。

Aot mangb gaob wab jid neib qiongx beid.

内西猛刚崩瓦告苟，

Neit xit mengb gangb bengb wab gaob goud，

禾忙猛刚崩刚比让。

Aot mangb mengb gangb bengb gangb bid rangb.

那纠拢单，

Nab jiub liongb dand，

那谷拢送。

Nab guob liongb songx.

扛内算内没同，

Gangb neib suand neib meib tongb，

寿牛没得。

Shoux niub meit deib.

德碗拢油，

Deb wanb liongb youb，

猛碗拢号。

Mengb wanb liongb haox.

溶同见内溶干，

Rongl tongb jianb neib rongl gand，

溶得加内溶白。

Rongl deib jiad neib rongl beix.

照棉白棉，

Zhaox mianb beid mianb，

照痛白痛。

Zhaox tongx beid tongx.

产内拿服儿娘到见，

Chant neib nal fud jid niangb daox jianb，

吧内拿龙儿娘到嘎。

Bax neib nal longb jid niangb daox giax.

周先苟得公同——

Zhoub xiand ged deib gongt tongb—

苟照帮突够豆，

Ged zhaob bangx tud gout dout,

几最莎到先头，

Jid zuix sax daox xiand toub,

良木公数公然——

Liab mub gongt sut gongt rab—

苟照帮痛比兵，

Ged zhaob bangx tongx bid biongb,

几最莎到先头。

Jid zuib sad daox xiand toub.

良木阿竹共让，

Liangb mux ad zhub gongx rangx,

几最莎到木汝。

Jid zuix sad daox mub rux.

周先周汉先头，

zhoub xiand zhoub hanx xiand toub,

周木周汉木汝。

Zhoub mub zhoub hanx mub rux.

先头周猛产豆，

Xiand toub zhoub mengb chant dout,

木汝周猛吧就。

Mub rux mengb bax jux.

周先产豆，

Zhoub xiand chant dout,

先头你猛产豆，

Xiand toub nit mengb chant dout,

周木吧就，

Zhoud mub bad jux,

木汝炯猛吧就。

Mux rux jiongx mengb bax jux.

久抓久头，

Jub zhuab jiub toub,

久稍久热。

Juxb iaod jub reb.

阿酒——阿酒。 （摇铃放筶）

Ab jiux—ab jiux.


　　留气天降百宝，佑福地生百财。

　　送来甜甜蜜蜜，赐来成堆成帮。

　　来那蜂蜜白财，居来有蜜有蜡，

　　得那蜜财糖财，坐来有浆有力。

　　居在木桶之中，坐在蜂桶之内。

　　白天飞出如同下冰，黄昏归巢好似下雪。

　　整日去采村头花汁，整天去采野外花糖。

　　九月来到，十月来临。

　　人们择日取蜜，选时取糖。

　　小锅来煮，大锅来熬。

　　溶汁如同融冰，溶糖好似融雪。

　　装盆满盆，装桶满桶。

　　千人也喝不完的蜜糖，百众也吃不尽的白财。

　　保得蜂蜜白财，

　　保在木桶之中，完全皆得装满，

　　佑得蜜蜂糖财，

　　佑在蜂桶之内，完全皆得装登。

　　留气要留长命富贵，赐福要赐齐天洪福。

　　长命居得千年，洪福坐过百岁。

　　留气千年，长命居得千年，

　　赐福百岁，洪福坐过百岁。

　　不落不脱，不松不掉。

　　神韵——


列拢读约欧达欧盘，

Lieb longb dux yox out dad out piax,

欧泻欧告。

Out xiex out gaox.

酒豆酒江，

Jiud dout jiud jiangb，

酒江酒明。

Jiud jiangb jiud miongb.

欧达浪酒，

Out dad nangs jiud，

欧泻浪昂。

Out xiex nangs ghax.

读约苟扛便告斗补，

Dux yox goud gangb biat gaox doud pub，

照告然冬。

Zhaob gaox rax dongt.

棍缪棍昂，

Ghunt mioud ghunt ghax，

得寿产俄棍空，

Dex shout chant ed ghunt kongt，

录汝吧图棍得。

Nux rub bad tub ghunt dex.

读约苟扛太棍共米、

Dub yod geud gangb tait gunt gongx mit、

公加、首关、四贵，　　　　　　（巳宫、辰宫、酉宫、寅宫诀）

Gongd jiad、shoud guand、six giux，

太棍米章、巴高、国峰、明鸿、　（午宫、戌宫、巳宫、卯宫诀）

Taix gunt mit zhuangd、bad gaod、guob fengd、mingb hongx、

太棍仕贵、后保。　　　　　　　　（巳宫、申宫诀）

tait gunt shid giux houx baod.

苟太光珍、勇贤、　　　　　　　　（申宫、戌宫诀）

Goud taix guangd zhengd、yongd xianb，

光三、老七、跃恩。　　　　　　　（卯宫、巳宫、申宫诀）

Guangd sand、laod qib、yiex engd.

苟太席乙、江远、林花、老苟、　（未宫、卯宫、子宫、午宫诀）

Goud taib xib yix、jiangd yand、linb huad、laod goud、

共四、老弄、 （辰宫、寅宫诀）

Gongx six、laod nongt、

千由、天才、炯容、同兰。 （丑宫、巳宫、酉宫、亥宫诀）

Qiand youb、tianb caib、jiongx rongb、tongb lan.

苟太强贵、龙贵、 （亥宫、丑宫诀）

Goud taib qiangb giux、longb giux、

光合、冬顺、得水。 （卯宫、申宫、未宫诀）

Guangd hob、dongd shunx、deib shiut.

苟剖双全、苟剖长先。 （未宫、午宫诀）

Goud bout shuangd quanb、goud bout changb xiand.

苟打二哥、那那…… （酉宫、辰宫诀）

Goud dad erx ged、nat nat...

补谷阿柔告寿，

But guot ad roub gaot shout，

补谷欧柔告德。

But guob out roub gaot deit.

补产葵忙告见，

Butchanx kiub mangb gaot jianb，

补吧录忙送嘎，

But bad lub mangb songx giax，

抓葡儿最吉走。

Zhuad pux jid ziub jib zoub.

寿葡吉走吉板。

Shoux pux jid zoub jib banb.

服约埋列告见，

Fud yod maib leb ghaod jianb，

龙约埋列送嘎。

Nongb yod maib leb songx gieax.

告见儿扛儿白纠录乙苟，

Ghaod jianb jid gangb bed jiud lus yib goud，

送嘎儿扛热然谷叉图公。

Songx gieax jid gangb reb rab guob chad tux gongx.

告见扛单，

Ghaod jianb gangb dand,

送嘎扛送。

Songx gieax gangb songx.

便散这酒，

Bieat sant zheux jiud,

便然龙弄。

Bieat rab longs nongx.

酒豆酒江，

Jiud dout jiud jiangb,

酒江酒明。

Jiud jiangb jiud miongb.

拼散埋腊几最没服，

Piongt sant maib leas jid zuib met fud,

拼卡埋莎几最没龙。

Piongt keax maib seax jid zuib met nongb.

拼散苟照打鸟，

Piongt sant geud zhaob dad niaob,

拼卡苟照达弄。

Piongt keax geud zhaob dab nongx.

喂服埋服，

Web fub maib fub,

喂能埋能。

Web nongb maib nongb.

阿酒——阿酒。　　　　　　　　　　　　　（摇铃放箸）

Ab jiux—ab jiux.


要来敬送两边两碗，两旁两片。

香酒甜酒，甜酒蜜酒。

两碗供酒，两片供肉。

要来敬上五方土地，六面龙神，鱼神肉神，

弟子的千位祖师，尊敬的百位宗师。

要来敬送祖太共米、共甲、仕官、首贵，

明章、巴高、

国锋、明鸿、仕贵、后宝。

祖太光朱、勇贤、光三老七、跃恩。

祖太席玉、江远、林华、老苟、共四、老弄、

千有、天财、进荣、腾兰。

祖太强贵、龙贵、光合、冬顺、得水。

叔公双全、祖公长先。

外祖大大、二哥……

三十一代祖师，三十二代弟子。

三千祖师交钱，查名皆齐皆遍，

三百度纸宗师，点字皆遍皆全。

喝了你们要去交钱，吃了你们要去度纸。

交钱不许漏落九条路头，度纸不要漏散十岔路尾。

交钱得过，度纸得明。

两边两碗，两旁两片。

香酒甜酒，甜酒蜜酒。

两碗供酒，两片供肉。

我喝你喝，我吃你吃。

吹气齐皆来喝，吹味齐皆来吃。

吹气喝在口中，吹味吃在嘴内。

神韵——

许接龙愿的香灯

# 第五堂
# 安绒 · And rongx · 安龙

【简述】

　　在上面第四堂的科仪中，已经让五方五位的龙公龙母、龙娘龙爷、龙子龙孙吃饱喝足了。酒食过后，就要给龙神安排住处，好让龙神安心歇息。

　　安龙仪式的布置为：在龙屋的五方五位各摆一碗香米，插上三炷线香，点一盏清油灯、一支蜡烛，放一沓钱纸即可。

　　巴代用一碗蜂蜡香烟，按从东到西、从南到北最后到中央的顺序逐方用诀并念神辞安龙。

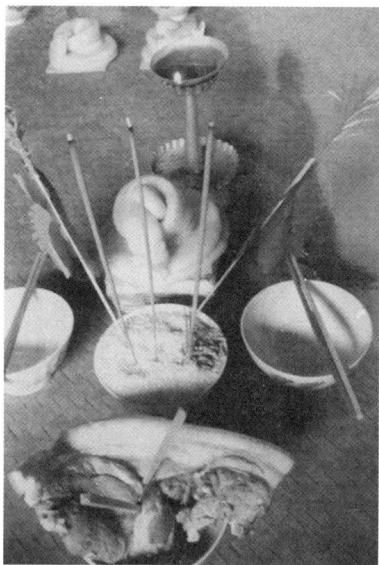

安龙的供品

## 【神辞】

## (一)禾比度 · Aox bid dub · 开头语

他陇剖腊然到吧方浪绒，

Tab nongd poud lad rax daob biat fangt nangb rongx，

他陇剖莎充到照告浪潮。

Tab nongd poud sead chongb daob zhaob gaox nangb rongx.

绒剖绒娘，

Rongx pout rongx niax，

绒奶绒骂。

Rongx nieb rongx mab.

绒拔绒浓，

Rongx bab rongx niongx，

绒得绒嘎。

Rongx dex rongx gad.

绒乖绒岭，

Rongx guat rongx liongd，

绒见绒嘎。

Rongx jianb rongx gax.

几炯见勾，

Jid jongd jianb goud，

吉龙见公。

Jid longb jianb gongs.

单标单斗，

Dand bioud dand dous，

单纵单秋。

Dand zongb dand qieb.

绒你比告得比麻你，

Rongx nid bid gaox dex bid mab nid，

绒炯吧告柔纵麻炯。

Rongx jongb biat gaox rongt zongb max jongb.

虫兵埋你，

Chongb biongd manb nid，

虫兄埋炯。

Chongb xiongd manb jongb.

再斗见恩头果，

Zaib dous jianb ghongx toud guot，

见抗头浪。

Jianb kangb toud langb.

几窝尼头尼抗，

Jid aot nid toud nid kangb，

窝拢尼见尼嘎。

Aot longd nid jianb nid gax.

到久苟猛几白，

Daob jut goud mengs jid biat，

到汝苟猛吉炯。

Daob rub goud mengs jid jongd.

修照埋浪热冬热恩，

Xiud zhaob manb nangs rex dongx rex ghongx，

油照埋浪热光热量。

Yub zhaob manb nangs rex guangd rex liangb.

就——                                    （窝头便潮）

Jiux—


今天我们接来五方龙神，今日我们迎得五位福神。

龙公龙母，龙娘龙爷。

龙女龙郎，龙子龙孙。

富龙贵龙，财龙宝龙。

来成一路，走成一串。

来到家中，住到堂内。

龙在家中保卫家堂，福在家内福满家殿。

坐在龙屋，安在龙殿。

还有银钱白纸，冥币纸钱。

不烧是纸是箔，烧了是钱是币。

得多拿去共分，得好拿去共用。

收在你们的银仓钱仓，入在你们的金库财库。

神韵——


就——　　　　　　　　　　　　　　　　　　　（祖师诀）

Jiux—

几长窝汝意记耸斗，

Jid changb aot rux yid jib songx doub,

得寿列充葵汝产娥棍空。

Deit shet lieb congd kiub rux chant eb gunt kongt.

几长窝汝依达穷炯，

Jid changb aot rux yit dat qiongx jiongb,

弄得列然傩汝吧图棍得。　　　　　　　　　　（祖师诀）

Niongx deit lieb rab nub rux bax tux gunt deib.

棍空斗你纵寿吉标，

Gunt kongt doub nit zongb shex jib bioud,

弄得斗炯秋得记竹。

Niongx deit doub jiongx qiux deib jid zhub.

列苟送斗猛充，

Lieb ged songt doub mengb congd,

列共穷炯猛然。　　　　　　　　　　　　　　（香碗诀）

Licb gongx qiongx jiongx mengb rab.

几长窝汝意记送斗，

Jid changb aot rux yid jib songx doub,

几长然鸟葵汝产鹅棍空。

Jid changb rab niaob kiub rux chant eb gunt kongt.

几长窝汝以打穷炯，

Jid changb aot rux yit dab qiongx jiongx,

几长弄奈录汝吧图棍得。

Jid changb niongx naib lub rux bax tux gunt deit.

窝汝意记松斗，

Aot rux yid jid songx doub,

柔汝依打穷炯。　　　　　　　　　　　　　　（香碗诀）

Roub rux yit dat qiongx jiongb.

产棍几没然鸟，

Chanx gunt jid meib ranb niaob，

吧母几没弄奈。

Bax mud jid meib nongd naix.


神韵——

诚心焚烧蜂蜡糠香，弟子要请尊敬的千位宗师。

诚意焚燃纸团火烟，师郎要请尊贵的百位祖师。

宗师坐在家中祖坛，祖师坐在家内祖殿。

要烧宝香去请，要用香烟去迎。

虔诚焚烧纸团宝香，虔诚奉请弟子的千位祖师。

虔诚烧起蜂蜡宝烟，虔诚奉迎师郎的百位宗师。

焚烧蜂蜡糠火，纸团宝香。

焚烧蜂蜡糠火，纸团宝香。

千神没有来请，百祖没有来迎。


就——  (祖师诀)

Jiux—

喂列然鸟便告斗补，

Weib lieb rab niaob biat gaod doub bub，

再列弄奈照告然冬。

Zaix lieb longb naix zhaox gaox rab dongt.

阿剖斗补告补，

Ad pout doub bub gaod bub，

阿乜斗冬告绒。

Ad nias doub dongt gaod rongb.

虐西拢立几苟总剖，

Nub xit liongb lib jid zongd pout，

虐夏拢立几让总乜。

Nub xiat liongb lib jid rangb zongb nias.

阿苟内浪剖绒，

Ad geb neib nangd pout rongb，

阿让总浪剖棍。

Ad rangb zongt nangb pout gunt.

总剖斗白阿苟，

Zongt pout deb beid ad geb，

总乜发白阿让。

Zongt nias fat beid ab rangb.

再斗吉标内浪向剖向乜，

Zaix doub jib bioud neib nangd xiangt pout xiangt nias，

吉高度内几竹向内向骂。

Jid gaod dub neib jid zhub xiangt neib xiangt max.

几纵棍缪得忙吉子，

Jid zongb gunt mioub deit mangbjib zid，

吉秋棍昂度忙吉录。

Jib qiux gunt angb dux mangb jib lub.

再斗得寿产俄棍空，

Zaix doub deit shet chant eb gunt kongt，

吉高录汝吧图棍得。

Jib gaod lub rux bax tux gunt deit.

喂浪补产葵莽告见，

Weib nangd but chant kiub mangx gaod jianb，

喂列抓葡几最吉走，

Weib lieb zhuab pux jid zuib jib zoub，

剖浪补吧傩忙送嘎，

Bout nangd but bax niub mangb songx gax，

莎列寿葡吉走吉板。

Shat lieb shet pux jid zoub jib banb.

就——                                                （祖师诀）

Jiux—

油喂声然埋腊拢单几图，

Youb weib shongt rab maib lab liongb dand jid tub，

告剖弄奈埋莎炯单吉浪。

Gaob bout nangb naix maib sax jiongx dand jib nangb.

拢单拢斗得寿告见，

Liongb dand liongb dout deib shet gaot jianb，
拢送拢弄告得送嘎。
Liongb songx liongb nongb gaot deit songx giax.
告见几扛几白纠录乙苟，
Gaot jianb jid gangb jid beib jiub lub yib ged，
送嘎几扛热然谷叉图公。
Songx giax jid gangb reib rab guob chad tux gongt.
告见列扛莎单，
Gaot jianb lieb gangb sax dand，
送嘎列扛莎送。
Songx giax lieb gangb sax songx.
斗你得寿苟娄苟追，
Doub bit deib shet goud neb goud zhuix，
炯弄告得把抓把尼。
Jiongx nangb gaot deit bad zhuab bad nib.
剖扑列扛麻见，
Bout pud lieb gangb mab jianb，
喂岔列扛麻尼。
Weib chanx lieb gangb mab nib.
剖扑列扛莎中，
Bout pud lieb gangb sax zhongd，
喂岔列扛莎见。
Weib chax lieb gangb sax jianb.


神韵——
我要奉请五方土地，还要奉迎六路龙神，
管辖本地老祖公，管理本处老祖婆。
古代来立本村的开始祖，古时来立本寨的开始人。
一村人的总祖，一寨人的总婆。
总祖发满一村，总婆育满一寨。
还有主家人的祖公祖婆，和起主人一家的先母先父。
鱼神司鱼能手郎子，肉神司肉办供郎君，
还有弟子的千位宗师，和起师郎的百位祖师。

弟子的三千交钱祖师，我也查名齐来齐到。

师郎的三百度纸宗师，我也点字齐到齐临。

神韵——

闻我奉请你们来到这里，应我奉迎你们来临此间。

来到要和弟子主持，来临要与师郎主祭。

主持不要主歪主偏，主祭不要主坏主乱。

主持要送得准，主祭要送得灵。

祖师你们随前随后，宗师你们随左随右。

我讲就要得应，我说就要灵验。

我讲就要成功，我说就要准数。


就——                                          （祖师诀）

Jiux—

几长窝汝意记耸斗，

Jid changb aot rux yid jib songx doub,

得寿列充葵汝产娥棍空。

Deit shet lieb congd kiub rux chant eb gunt kongt.

几长窝汝依达穷炯，

Jid changb aot rux yit dat qiongx jiongb,

弄得列然傩汝吧图棍得。                          （祖师诀）

Niongx deit lieb rab nub rux bax tux gunt deib.

棍空斗你纵寿吉标，

Gunt kongt doub nit zongb shex jib bioud,

弄得斗炯秋得记竹。

Niongx deit doub jiongx qiux deib jid zhub.

列苟送斗猛充，

Lieb ged songt doub mengb congd,

列共穷炯猛然。                                  （香碗诀）

Lieb gongx qiongx jiongx mengb rab.

几长窝汝意记送斗，

Jid changb aot rux yid jib songx doub,

几长然鸟葵汝产鹅棍空。

Jid changb rab niaob kiub rux chant eb gunt kongt.

几长窝汝以打穷炯，

Jid changb aot rux yit dab qiongx jiongx,

几长弄奈录汝吧图棍得。

Jid changb niongx naib lub rux bax tux gunt deit.

窝汝意记松斗，

Aot rux yid jid songx doub,

柔汝依打穷炯。 （香碗诀）

Roub rux yit dat qiongx jiongb.

产棍几没然鸟，

Chanx gunt jid meib ranb niaob,

吧母几没弄奈。

Bax mud jid meib nongd naix.

列拢然鸟—— （各宫口的祖师诀）

Leib liongb rad niaob—

然鸟太棍共米、

Rab niaob tait gunt gongx mid、

公加、首关、四贵， （巳宫、辰宫、酉宫、寅宫诀）

Gongd jiad、shoud guand、sid giux、

太棍米章、巴高、国峰、明鸿、 （午宫、戌宫、巳宫、卯宫诀）

Taix gunt mit zhuangd、bad gaod、guob fengd、mingb hongx、

太棍仕贵、后保。 （巳宫、申宫诀）

tait gunt shid giux、houx baod.

苟太光珍、勇贤、 （申宫、戌宫诀）

Goud taix guangd zhengd、yongd xianb、

光三、老七、跃恩。 （卯宫、巳宫、申宫诀）

Guangd sand、laod qib、yiex engd.

苟太席乙、江远、林花、老苟、 （未宫、卯宫、子宫、午宫诀）

Goud taib xib yix、jiangd yand、linb huad、laod goud、

共四、老弄、 （辰宫、寅宫诀）

Gongx six、laod nongt、

千由、天才、炯容、同兰。 （丑宫、巳宫、酉宫、亥宫诀）

Qiand youb、tianb caib、jiongx rongb、tongb lan.

苟太强贵、龙贵、 （亥宫、丑宫诀）

Goud taib qiangb giux、longb giux、

光合、冬顺、得水。　　　　　　　　（卯宫、申宫、未宫诀）

Guangd hob、dongd shunx、deib shiut.

苟剖双全、苟剖长先。　　　　　　　（未宫、午宫诀）

Goud bout shuangd quanb、goud bout changb xiand.

苟打二哥、那那……　　　　　　　　（酉宫、辰宫诀）

Goud dad erx ged、nat nat. . .

补谷阿柔告寿，

But guot ad roub gaot shet,

补谷欧柔告德。

But guob out roub gaot deit.

补产葵忙告见，

Butchanx kiub mangb gaot jianb,

补吧录忙送嘎，

But bad lub mangb songx giax,

抓葡儿最吉走。

Zhuad pux jid ziub jib zoub.

寿葡吉走吉板。

Shoux pux jid zoub jib banb.

浪喂声然照修打便郎得，

Nangb weib shongt rad zhaob xiud dat biat liangd deib,

照闹打绒郎秋。

Zhaob laox dad rongb liangb quix.

照修纵寿吉标，

Zhaob xiut zongb shet jib bioud,

照闹秋得记竹。　　　　　　　　　　（降神诀）

Zhaob laox quid deib jid zhub.

照修补谷补涌提仲，

Zhaob xiud but guob but yongd tib zongb,

照闹补谷补肥图岭。　　　　　　　　（下降布条诀）

Zhaob laox but guob but fenb tub linb.

照修达香，照闹达穷。

Zhaob xiut dab xiangd zhaob laox dab qiongx.

就——

Jiux—

补热声棍，

But reb shongt gunt,

拢单打纵周昂。                                （坐坛诀）

Liongb dand dad zongb aongb.

补然弄猛，

But rad nongd mengb,

拢送吉秋照拿。                                （坐殿诀）

Liongb songx jib quid zhaob nab.

拢单你瓦意记送斗，

Liongb dand nit wab yit jid songx doub,

炯龙以打穷炯。                                （香炉诀）

Jiongx longb yit dat qiongx jiongx.

你瓦喂斗得寿，

Nit wab weib doub deib shoux,

炯龙剖弄告得。                                （绕祖诀）

Jiongx longb boub nongd gaot deit.

几达然鸟埋列嘎修，

Jid dab rad niaox maib leib giad xiut,

吉炯达奈埋列嘎闹。

Jib jiongx dab naix maib leib giad laox.


神韵——

诚心焚烧蜂蜡糠香，弟子要请尊敬的千位宗师，
诚意焚燃纸团火烟，师郎要请尊贵的百位祖师。
宗师坐在家中祖坛，祖师坐在家内祖殿。
要烧宝香去请，要用香烟去迎。
虔诚焚烧纸团宝香，虔诚奉请弟子的千位祖师。
虔诚烧起蜂蜡宝烟，虔诚奉迎师郎的百位宗师。
焚烧蜂蜡糠火，纸团宝香。
焚烧蜂蜡糠火，纸团宝香。
千神没有来请，百祖没有来迎。

要来奉请——

祖太共米、共甲、仕官、首贵，

明章、巴高、

国锋、明鸿、仕贵、后宝。

祖太光朱、勇贤、光三、老七、跃恩。

祖太席玉、江远、林华、老苟、共四、老弄、

千有、天财、进荣、腾兰。

祖太强贵、隆贵、光合、冬顺、得水。

叔公双全、祖公长先。

外祖大大、二哥……

三十一代祖师，三十二代弟子。

三千祖师交钱，查名皆齐皆遍，

三百度纸宗师，点字皆遍皆全。

闻我奉请暂离上天大堂，听我奉迎暂别天宫大殿。

暂离家中祖坛，暂别家内祖殿。

暂离三十三块布条，暂别三十三块布幔。

离别香炉，暂别香碗。

神韵——

三咏神腔，来到信士祭祖场中，

三吟神韵，来临户主敬神堂内。

来到安享纸团宝香，来临安受蜂蜡糠烟。

拥护吾本弟子，守护我这师郎。

同日有请你们莫起，同时有奉你们莫去。

## （二）安苟抓 · And gous zhax · 安东方

勾抓绒林绒明，

Goud zhax rongx liongb rongx miongt,

绒林绒明否你的达虫。

Rongx liongb rongx miongt woud nid dad chongx.

齐夫得银陇笔陇包，

Qid hus dex gongx longd bid longd bhed,

嘎格陇楼陇归。

Gad giex longd loux longd guix.

得拔汝见然拿然为，

Dex pab rub jianb rax nax rax weix，

得浓汝加然打然这。

Dex niongb rub jiad rax dad rax zheb.

抄昂列扛够苟，

Chaod ghax lieb gangb goub goux，

江狗列扛够绒。

Jiangb gous lieb gangb goub rongx.

你陇几吼吉比汝见声陇，

Nid longs jid hongb jid bid rub jianb shongt longb，

炯陇吉话吉竹汝加陇彭。

Jongb longb jid huab jid zhux rub jiad longb pengb.

笔陇列扛白吾白补，

Bib longs lieb gangb biad wut biad pud，

包陇列扛白补白冬。

Bed longd lieb gangb biad pud biad dongt.

同图花陇白走白绒，

Tongx tub huat longd biad zout biad rongx，

同陇花陇白夯白共。

Tongx longd huat longs biad huangs biad gongb.

笔拿打声，

Bid nab dad shongt，

包拿打某。

Bhed nab dad mioud.

笔包楼归，

Bid bhed loub guib，

出话出求。

Chub huat chub qiub.

得银你气布剖布娘，

Dex ghongx nid qid pub poud pub niax，

嘎格炯气布奶布骂。

Gad giex jongb qid pub liet pub mab.

你气告柔斗补，

Nid qid gaox rongx dous bub，

炯气告图然冬。

Jongb qid gaox tub rax dongt.

你气冬林夯公，

Nid qid dongt liongx hangd gongb，

炯气绒闪夯大。

Jongb qid rongx shant hangd dab.

拔你拔到先头，

Pab nid pad daob xianb toud，

浓你浓到木汝。

Niongb nid niongb daob mux rub.

再斗见恩头果，

Zaib doud jianb ghongx toud guet，

见抗头浪。

Jianb kangb toud langb.

几窝尼头尼抗，

Jid aot nid toud nid kangb，

窝拢尼见尼嘎。

Aot longd nid jianb nid gax.

到久苟猛几白，

Daob jut goud mcngs jid biat，

到汝苟猛吉炯。

Daob rub goud mengs jid jongd.

修照埋浪热冬热恩，

Xiud zhaob manb nangs rex dongx rex ghongx，

油照埋浪热光热量。

Yub zhaob manb nangs rex guangd rex liangb.

就——                                      （烧纸撒米）

Jiux—


东方青帝青龙，青帝青龙坐堂中。

保佑银儿来生来养，金孙来育来发。

女儿好似莲藕莲花，男儿好像蒜苋蒜瓣。

搡肉要送遍山，猎兽要送遍岭。

坐在家中音响如鼓，居在家内声响如雷。

发来要送满家满屋，发来要送满堂满殿。

如木发来满坡满岭，似竹多来满山满地。

发如群虾，多似群鱼。

荣华富贵，发达兴旺。

银儿坐来承根接祖，金孙多来耀祖光宗。

坐满村落，住满村寨。

居如山川永久，坐似山河永固。

女坐女得长命，男坐男得长寿。

还有银钱白纸，冥币纸钱。

不烧是纸是箔，烧了是钱是币。

得多拿去共分，得好拿去共用。

收在你们的银仓钱仓，入在你们的金库财库。

神韵——

其夫度内阿标林休，

Qib hub dub niex ad bioud liongx xiut,

吉卡度标阿竹共让。

Jid kab dub bioud ad zhub gongb rangb.

吾恩章拢拿包标包斗，

Wud ghongx zhangd longb lad baob bioud baob doud,

吾格章拢包纵包秋。

Wud giex zhangd longb baob zongb baob qieb.

吾见腊拢白标白斗，

Wud jianb lad longd biad bioud biad doud,

吾嘎腊包白纵白秋。

Wud gad lad baob biad zongb biad qieb.

告矮照白恩果，

Gaox aix zhaob bias ghongx gout,

告纵照白格滚。

Gaox zhongx zhaob bias giex guongx.

告中白力白梅，
Gaox zhongb biad lis biad mieb，
告痛白恩白格。
Gaox tongb biad ghongx biad giex.
见拢几描补公比吹包标，
Jianb longd jid mioux bub gongd bid cuis baob bioud，
嘎拢吉麻补公比吹便染包竹。
Gad longd jid mab bub gongb bid cuis biat rax baob zhub.
见拢腊尼见空，
Jianb longd lad nid jianb kongt，
嘎拢腊尼嘎令。
Gad longd lad nid gad liongx.
内内腊到见空几初，
Niet niet lad daob jianb kongt jid chub，
虐虐腊到嘎令吉仰。
Niub niub lad daob gad liongx jid angb.
令猛冬千，
Liongx mengd dongt qiant，
发猛冬汝。
Fab mengd dongt rub.

庇荫主人家一家大小，保佑主家一屋老少。
财喜涌来进家进户，财源涌入进堂进仓进库。
财喜涌进满家满宅，财源涌入满堂满殿。
金仓装满黄金，银库装满白银。
栏中满驴满马，库中满金满银。
财喜涌入三方四面进家，财源涌进三方四面五路进户。
财来都是白财，财到都是横财。
日日也得白财来加，天天也获横财来添。
富裕登天，富足登地。

# （二）安苟尼 · And gous nid · 安西方

勾尼浪绒汝绒果，

Goud nid nangb rongx rub rongx guet，

绒汝绒果否炯虫兄。

Rongx rub rongx guet woud jongb chongb xiongb.

齐夫见银吉标，

Qid hud jianb ghongx jid bioud，

嘎格几竹。

Gad gied jib zhux.

见银列扛白矮，

Jianb ghongx lieb gangb biad ait，

嘎格列扛白桶。

Gad gibe lieb gangb biad tongb.

见陇拿尼见空，

Jianb longb nab nid jianb kongt，

嘎陇拿尼嘎岭。

Gad longb nab nid gad liongx.

见陇几苗补公比吹报标，

Jianb longd jid mioux bub gongd bid cuid baob bioud，

嘎陇吉麻补公比吹吧然包竹。

Gad longd jid miab bub gongd bid cuis bad rax baob zhub.

勾达送见几初，

Goud dad songs jianb jid chud，

勾炯送嘎吉身小。

Goud jongb songs gad jid niangb.

到见拿龙几久，

Daob jianb lab longx jid jud，

到嘎拿用几娘。

Daob gad lab yongb jid niangb.

见陇你娘产豆，

Jianb longs nid niangx chant dout，

嘎陇炯娘吧就。

Gab longs jongb niangx bad jub.

再斗见恩头果，

Zaib doud jianb ghongx tous guet,

见抗头浪。

Jianb kangb tous langb.

几窝尼头尼抗，

Jid aot nid toud nid kangb,

窝拢尼见尼嘎。

Aot longd nid jianb nid gax.

到久苟猛几白，

Daob jut goud mengs jid biat,

到汝苟猛吉炯。

Daob rub goud mengs jid jongd.

修照埋浪热冬热恩，

Xiud zhaob manb nangs rex dongx rex ghongx,

油照埋浪热光热量。

Yub zhaob manb nangs rex guangd rex liangb.

就——                                                （烧纸撒米）

Jiux—


西方白帝白龙，白帝白龙坐堂中。

保佑家中银财，家内金财。

银钱要送满筒，金钱要送满罐。

财来也是白财，钱来也是大钱。

财来三面四方进家，钱来三面四方五路进户。

前门好个抬财路，后门好个路进财。

得财也花不尽，得钱也用不完。

横财坐得千年，百宝坐得万代。

还有银钱白纸，冥币纸钱。

不烧是纸是箔，烧了是钱是币。

得多拿去共分，得好拿去共用。

收在你们的银仓钱仓，

入在你们的金库财库。

神韵——

# （四）安苟达 · And gous dax · 安南方

勾达浪绒花绒穷，

Goud dad nangb rongx huat rongx qiongb，

绒花绒穷你打虫。

Rongx huat rongx qiongb nid dab chongb.

齐夫尼古吉标，

Qid hud nid gub jid bioud，

油忙几竹。

Yub mangb jid zhub.

龙尼忙油，

Nongb nid mangx yud，

龙狗忙爬。

Nongb goud mangx pab.

尼包吉标汝见如柔如金，

Nid beb jid bioud rub jianb rub rongt rub jinb，

油包吉竹汝加孺图孺陇。

Yud beb jid zhub rub jiad nux tub nux longd.

几照扛锐拿林拿章，

Jid zhaob gangb ruit lab liongx lab zhangb，

几照扛列拿周拿状。

Jid zhaob gangb lieb lab zhoud lab zhangb.

首尼拿林，

Shoux nid lad liongx，

首油拿状。

Shoux yud lab zhangb.

首狗拿见，

Shoux goub lab jianb，

首爬拿章。

Shoux pab lab zhangb.

首嘎全如，

Shoux gad jianx rub,

首录全柔。

Shoux nub jianx roub.

达书全忙，

Dad shut jianx mangx,

达水全强。

Dad shuit jianx qiangb.

尼共挂猛打豆，

Nid gongb guab mengb dad dout,

油先求送吉身小。

Yud xianb qiub songb jid niangb,

阿中扣力，

Ad zhongb koud lid,

就中谷种扣力，

Jiub zhongb guox zhongb koub lid,

阿吹扣报，

Ad cuib koub baod,

就吹谷吹扣报。

Jiub cuib guox cuib koub baod.

告中没力没梅，

Gaox zhongb mieb lid mieb mieb,

告桶没银没格。

Gaox tongb mieb ghongx mied giet.

首陇白中白吹，

Shoux longd biad zhongb biad cuib,

汝陇白读白洞。

Rub longd biad dub biad dongb.

达书汝猛产豆，

Dad shut rub mengs chant dout,

达水炯娘吧就。

Dad shuit jongb niangb bab jub.

再斗见恩头果，

Zaib doud jianb ghongx tous guet，

见抗头浪。

Jianb kangb tous langb.

几窝尼头尼抗，

Jid aot nid toud nid kangb，

窝拢尼见尼嘎。

Aot longd nid jianb nid gax.

到久苟猛几白，

Daob jut goud mengs jid biat，

到汝苟猛吉炯。

Daob rub goud mengs jid jongd.

修照埋浪热冬热恩，

Xiud zhaob manb nangs rex dongx rex ghongx，

油照埋浪热光热量。

Yub zhaob manb nangs rex guangd rex liangb.

就——                                    （烧纸撒米）

Jiux—


南方赤帝赤龙，赤帝赤龙坐堂中。

保佑水牯满栏，黄牛满圈。

水牯牛群，狗群猪群。

水牯卧在栏中如岩似山，黄牛关在圈内如盘如石。

不喂草食自肥自大，不喂饮料自长自壮。

水牯也大，黄牛也壮。

喂狗也大，喂猪也肥。

养鸡成群，养鸭成帮。

禽畜兴盛，六畜兴旺。

老牛还未老去，壮牛马上来接。

一栏关牛，九栏十栏关牛。

一圈关进，九圈十圈关进。

栏中有驴有马，桶内有金有银。

养禽满笼满栖，养畜满栏满圈。

家禽旺去千年，家畜好去万代。

还有银钱白纸，冥币纸钱。

不烧是纸是箔，烧了是钱是币。

得多拿去共分，得好拿去共用。

收在你们的银仓钱仓，入在你们的金库财库。

神韵——

其夫度内阿标林休，

Qib hub dub niex ad bioud liongx xiut,

吉卡度标阿竹共让。

Jid kab dub bioud ad zhub gongb rangb.

汝散汝猛产豆，

Rub sait rub mengd chanx dout,

汝茶汝猛吧就。

Rub cad rub mengd bab jiub.

匡得汝路汝腊，

Kuangt deb rub lub rub lad,

匡秋汝散汝茶。

Kuangt qieb rub sait rub cab.

帮苟汝图汝拢，

Bangb goud rub tub rub longd,

路腊汝楼汝弄。

Lub lad rub loub rub nongb.

累包到久白热，

Lit bheb daob jut biad red,

包尔林拿格尼。

Bhed red liongb nab giet nieb.

窝背白板白几，

Aod bid biad biab biad jid,

窝够白几白照。

Aod goud biad jid biad zhaob.

棍楼其夫产豆，

Ghunt loux qid hud chans dout,

棍弄吉卡吧就。

Ghunt nongb jid kab bab jiub.

麻服首林首章，

Mab hub shoud liongx shoud zhangb，

麻能首久首得。

Mab nongb shoud jius shoud des.

产柔腊服几久，

Chans roux lad hun jid jud，

吧柔腊能几娘。

Bab roux lad nongx jid niangb.


庇荫主人家一家大小，保佑主家一屋老少。

稼苗好去千年，粮食丰收百载。

宽广好田好地，宽阔好米好粮。

山坡好树好林，田地好米好粮。

稻谷装满大仓，玉米大似牛角。

果子满笼满篓，水果满篓满装。

谷祖庇荫千年，粟神保佑百载。

千年也喝不尽，百载也吃不完。


# （五）安荀追·And goud zuib·安北方

苟追绒汝绒乖，

Goud zuib rongx rub rongx guat，

绒汝绒乖炯虫兄。

Rongx rub rongx guat jongb chongb xiongb.

齐夫列扛出乖，

Qid hud lieb gangb chub guat，

猛乖吉高猛度。

Mengd guat jid gaob mengd dub.

得银列扛见乖，

Dex ghongx lieb gangb jianb guat，

嘎格列扛见度。

Gad giex lieb gangb jianb dub.

见乖见林，

Jianb guat jianb liongx，

见度见虫。

Jianb dub jianb chongb.

炯高猛补，

Jongb gaob mengb bub，

管高猛冬。

Guand gaob mengb dongt.

你高猛得，

Nid gaob mengb dex，

炯高猛达。

Jongb gaob mengb dad.

比乖吉勾吉嘎，

Bid guat jid goud jid gab，

比度几借吉柔。

Bid dub jid jiet jid roux.

崩竹藏力，

Biongb zhub zhangd lid，

崩吹藏梅。

Biongb cuid zhangb mieb.

勾篓产兰，

Goud loub chand lanb，

吉追吧纵。

Jid zuib bab zongb.

几篓吧忙，

Jid loub bab mangb，

吉追吧强。

Jid zuib bab qingb.

抱汉猛陇开勾，

Beb haid mengb longd kaib goud，

堂汉猛炯开公。

Tangb haid mengb jongb kaib gongx.

产兰格咱莎秋，

Chand land ged zab sead qieb,

吧纵格干莎江。

Bab zongd gied gand sead jiangb.

到乖再求猛乖，

Daob guat zaid qiub mengd guat,

到度再求猛度。

Daob dub zaib qiub mengd dub.

扛否斗你记竹冬兰，

Gangb woud doud nid jid zhub dongt niex,

扛否炯斗吉比王记。

Gang woud jongb dout jid bioud wangb jib.

猛乖出猛产柔，

Mengd guat chub mengd chant rout,

猛度出猛吧就。

Mengd dub chub mengd bab jiub.

再斗见恩头果，

Zaib doud jianb ghongx tous guet,

见抗头浪。

Jianb kangb tous langb.

几窝尼头尼抗，

Jid aot nid toud nid kangb,

窝拢尼见尼嘎。

Aot longd nid jianb nid gax.

到久苟猛几白，

Daob jut goud mengs jid biat,

到汝苟猛吉炯。

Daob rub goud mengs jid jongd.

修照埋浪热冬热恩，

Xiud zhaob manb nangs rex dongx rex ghongx,

油照埋浪热光热量。

Yub zhaob manb nangs rex guangd rex liangb.

就——                                    （烧纸撒米）

Jiux—

北方黑帝黑龙，黑帝黑龙坐堂中。
保佑要送做官，大官再加大员。
银儿要送得官，金孙要送得权。
得官官高，得权权大。
坐在州府，管大州城，
坐大高堂，居大高位。
官府如山似岭，官邸高楼大厦。
出门骑驴，出外跨马。
前有千人，后有百众。
前队成群，后卫成帮。
鸣那大锣开路，打那大鼓开道。
千人见了也敬，万众见了也服。
得官再升大官，得权再掌大权。
送他坐在北京城里，送他坐到南京城内。
大官做得千年，大位坐得万代。
还有银钱白纸，冥币纸钱。
不烧是纸是箔，烧了是钱是币。
得多拿去共分，得好拿去共用。
收在你们的银仓钱仓，入在你们的金库财库。
神韵——

## （六）安打虫 · **Ant dad chongx** · 安中央

再斗打虫绒棍，
Zais doud dad chongx rongx ghunt,
绒棍烔照打虫。
Rongx ghunt jongb zhaob dad chongx.
齐夫归先归得，
Qid hus guid xianb guid dex,
齐汝归木归嘎。
Qid rub guid mux guid gad.
见银吉比白矮，
Jianb ghongx jid bioud biad ant,

嘎格几竹白纵。

Gad giex jid zhux biad zhongb.

尼古吉比白中,

Nid gub jid bioud biad zhongx,

油忙吉竹白秋。

Youx mangb jid zhux biad qiex.

再斗归楼白周,

Zaib dous guod loux biad zhoux,

归弄列扛白照。

Guid nongb lieb gangb biad zhaob.

归录列扛白突,

Guid nux lieb gangb biad tub,

归咱列扛白桶。

Guid zaib lieb gangb biad tongb.

白猛呕奶补奶热杂够豆,

Biad mengd out liet bub liet rex zax goud dout,

白猛呕图补图热板比兵。

Biad mengd out tub bub tub rex biax bid biongx.

打豆他崩他中,

Dat dout tab bengd tab zhongd,

打吧他高他太。

Dat biat tab gaod tad tiet.

公周公节,

Gongx zhongd gongx jiex,

公数公然。

Gongx sut gongx rad,

秋岁麻汝告召,

Qiut suit mab rub gaox zhaob,

秋莎麻汝告雷。

Quit sead mab rub gaox lied.

向头向奶,

Xiangb tous xiangb lied,

向牙向洋。

Xiangb yab xiangb yangx.

崩洞崩连，

Pengb dongd pengb liax，

兄卡列先。

Xiangt kas liex xianb.

勾得公同，

Goud dex gongx tongx，

吾江吾明。

Wud jiangb wud miongx.

出乖出林，

Chub guat chub liongx，

出话出求。

Chub huat chub qiux.

出笔出包，

Chub bid chub bhed，

花才求泻。

Huab caix qiub xieb.

再斗见恩头果，

Zaib doud jianb ghongx tous guet，

见抗头浪。

Jianb kangb tous langb.

几窝尼头尼抗，

Jid aot nid toud nid kangb，

窝拢尼见尼嘎。

Aot longd nid jianb nid gax.

到久苟猛几白，

Daob jut goud mengs jid biat，

到汝苟猛吉炯。

Daob rub goud mengs jid jongd.

修照埋浪热冬热恩，

Xiud zhaob manb nangs rex dongx rex ghongx，

油照埋浪热光热量。

Yub zhaob manb nangs rex guangd rex liangb.

就—— （烧纸撒米）

Jiux—

　　中央黄帝黄龙，黄帝黄龙坐正中。

　　保佑好儿好女，保佑好子好孙。

　　横财进家满家，百宝进户满户。

　　水牯成群满栏，黄牛成队满圈。

　　谷粟要送满仓，米粟要送满库。

　　糯谷要送满桶，粘谷要送满户。

　　前仓装满两仓三仓，后库装登两库三库。

　　东仓也都装满，西库也都满登。

　　帛神布神，蚕神丝神。

　　绫罗绸缎花鲜，丝绸绵帛花艳。

　　长四短四，大四宽四。

　　绫罗绫缎，绸布锦布。

　　天财地宝，蜜浆蜜甜。

　　大官大位，大发大旺。

　　荣华富贵，繁荣万代。

　　还有银钱白纸，冥币纸钱。

　　不烧是纸是箔，烧了是钱是币。

　　得多拿去共分，得好拿去共用。

　　收在你们的银仓钱仓，入在你们的金库财库。

神韵——

接村寨龙龙堂祭坛的摆设

# 第六堂
## 巴高绒 · Bad gaod rongx · 中请龙神

【简述】

"巴高绒"实际上便是中请龙神的仪式。在头天晚上的小请龙神仪式中虽然也请过了龙神,但那是在夜深人静的时候悄悄地请,原则上为小请,不是大请。通过小请龙神的仪式,或许龙神只来了一部分,或许龙神全部都来了。不管来不来完全,都要"人请三回,神请三道"。头天晚上喊龙时小请一次,现在又中请一次,此堂仪式结束后又去水井边大请一次,如此三番奉请,足显苗家人好客、敬重福神之心意。

此番迎请龙神仍在主家的堂屋中举行。要用一头猪、一块肉、一桌豆腐、一两百斤的糯米糍粑、一只花鸡以及青油灯、香纸、蜡烛、白酒等做供品。要在堂屋中铺一张新晒席,在晒席上铺三层新织的丝绸花布。在布上摆一纸扎的龙屋,龙屋内点青油灯。龙屋外按五方摆设,每方都摆有两捆新稻草把,草把上亦按五方各插五色龙旗。两捆稻草把之间堆放两路糍粑,名曰龙街粑。五方还有五个大粑,大粑上有用糍粑捏成的龙形状一条,谓之龙粑。五方外各点青油灯一盏、蜡烛一对。五方五位插有五色纸五束,下有香米一碗,酒肉各一碗。龙屋前方陈设用新绸缎做的花衣花裙、金银项圈、胸挂花串、戒指耳环等物。晒席前有烧蜂蜡香烟的香碗一个,再摆有巴代的竹杯、蚩尤铃、骨卦等物。巴代坐在前面,背朝大门敲竹杯、诵神辞。

此堂中请龙神在过去年代要从头至尾举行三次:第一次敲击竹杯以伴奏吟诵神辞,第二次边做手诀边吟诵神辞,第三次又转敲击竹杯吟诵神辞。因此,中请龙神是一堂十分烦琐的仪式。

## 【神辞】

度标得得内章，

Dud bioud deit deit neib zhuangb,

度竹浓拔共让。

Dud zhub niongx piax gongx rangx.

就达就挂内莎你茶，

Jux dab jux guab neib sax nit cat,

那拢那单内腊炯汝。

Liax liongb lax dand neib lab jiongx rux.

内你内气葡剖葡乜，

Neib nit neib qix pux pout pux nias,

内炯内气葡内葡骂。

Neib jiongx neib qit pux neid pux max.

出假腊见猛假，

Chud jiat lab jianb mengb jiat,

出尼莎见汝岭。

Chud nib sax jianb rux liuongb.

苟娄几没得状得萨，

Goud jid neb meib deit zhungb deit sad,

苟追几没得度得树。

Goud zhuix jid meib deit dux deit shux.

户主小孩大人，信士男女老少。

年来年往也都清吉，月到月临也坐平安。

他们义务承根接祖，她们责任接祖承根。

创家也成大家，立业也成富裕。

前头没有口角斗嘴，后头没有是非小话。

他弄打便莎腊汝格汝那，

Tax niongd dat biat sax lab rub giet rux liax.

忙弄打豆莎腊汝内汝虐。

Mangb niongd dat dout sax lab rux neit rux niub.

打绒长拢单标单斗，

Dat rongb changb liongb dand bioud dand deb，

达潮长拢单纵单秋。

Dab zex changb liongb dand zongb dand qiux.

窝浓求补嘎伞嘎茶，

Aob niongx qoux bub giax sait giax cax，

窝拔闹吾从单从欧。

Aob piax laox wut congx dand congx ed.

内先那西拢单勾头，

Neit xiant liax xid liongb dand goud neb，

内共那容挂勾追。

Neit gongx liax rongb guax goud zhuix.

茶高善善斗标，

Cat gaot shaix shaix doub bioud，

茶他油油柔纵。

Cat tax youb youb rout zongx.

今天太空吉星高照，今日人间日吉时良。
龙神回来转到家中，福神回来转到家内。
男人上山耕田种地，女人下河浣洗衣裙。
美好日子来到前头，苦愁之时抛弃后面。
家门祥和清吉，人眷如意平安。

阿比林休，

Ad bioud liongx xiut，

产豆儿没窝汝意记送斗，

Chant dout jid mieb aod rub yid jid songb dout，

陇林虫崩。

Longd liongx chongb pengd.

吧就儿没窝汝以打穷炯，

Bab jiub jid mieb aod rub yid dad qiongb jiongb，

陇送虫兄。

Longd songb chongb xiongd.

冬豆几休勾莎，

Dongt dout jid xiex goud sead,

冬腊几休勾章。

Dongt lad jid xiex goud zhangd.

冬豆你虫，

Dongt dout nid chongb,

冬腊炯拿。

Dongt lad jongb lad.


一家大小，

千年没烧蜂蜡糠香，在这堂屋之中。

百年没烧纸团糠烟，在这中堂之内。

凡尘没有纠纷，凡间没有争讼。

凡间清吉，凡尘平安。


尼昧吉标出甲几没汝甲，

Nid wieb jid bioud chub jiad jis miex rub jiad,

出尼几没汝尼。

Chub niex jid mieb rub niex.

出甲告奶几没到见，

Chub jiad gaox niet jid miex daob jianb,

出尼告牛几没到嘎。

Chub niex gaox niub jid miex daob gab.

要汉见银吉比，

Yaob haib jianb ghongx jid bioud,

要汉嘎格吉竹。

Yaob haib gad giex jid zhux.

首狗拿几见狗，

Shoud gous lab jid jianb gous,

首爬几没汝爬。

Shoud pab jid miex rub pab.

首狗拿照狗连，

Shoud gous lab zhaob gous lianb,

首爬拿照爬最。

Shoud pab lad zhaob pab zuib.

首狗狗拿几林，

Shoud gous gous lab jid liongx，

首爬爬拿久壮。

Shoud pab pab lab jid zhangb.

尼古几没白中，

Nid gut jid miex biad zhongb，

油忙几没白吹。

Yud mangb jid miex biad cuis.

尼古几没见忙，

Nid gut jid miex jiand mangb，

油忙几没见强。

Yud mangb jid miex jiand qiangb.

剖楼洽拿几见，

Poub loun qiab lab jid jianb，

吧弄洽拿几章。

Biab nongb qiab lab jid zhangs.

吉比几没汝汉归楼归弄，

Jid bioud jid miex rub haib guid loub guod nongb，

几竹几没汝汉归楼归咱。

Jid zhub jid miex rub haib guod loub guid zab.

归楼几没白纵白热，

Guid loub jid miex biad zongb biad red，

归弄几没白突白桶。

Guid nongb jid miex biad put biad tongx.

够就洽拿要够，

Gout jub qiab lad yaob gout，

吧就洽拿要吧。

Biat jub qiab lad yaob biat.

够就要汉窝胎，

Gout jub yaob haib aod tues，

吧就要汉麻龙。

Biat jub yaob haib mad nongx.

只为家中产业不兴，家业不旺。
创家之日财运不佳，立业之时财气不旺。
缺钱少谷少米，缺财少金少银。
养狗狗也不大，养猪猪也不肥。
养狗只是瘦狗，养猪只是骨架。
养狗狗也不大，养猪猪也不旺。
水牯没有满栏，牛群没有满圈。
水牯没有成帮，黄牛没有成群。
播谷恐也不生，播米怕也不长。
家中没有谷神米神，家内没有糯神粘神。
存谷没有满仓，存米没有满库。
年头缺粮少米，年尾缺穿少食。
年头少这吃喝，年尾缺这衣粮。

阿比林休，
Ad bioud liongx xiut,
阿柱共让。
Ad zhub gongx rangx.
列扛出甲见甲，
Lieb gangb chub giat jianb giat,
出尼见尼。
Chub niex jianb niex.
吾见腊拢，
Eud jianb lad longd,
吾嘎拿到。
Wud gad lad daob.
得银陇笔陇包，
Dex ghongx longs bid longs bhed,
嘎格陇楼陇归。
Gad giex longs loub longs guib.
首尼扛林，

Shoud nid gangb liongx,

首油扛状。

Shoud yud gangb zhangb.

首狗扛见,

Shoud goud gangb jianb,

首爬扛章。

Shoud pab gangb zhangb.

归楼列扛白纵白热,

Guid loub lieb gangb biad zhongb biad reb,

归弄列扛白突白桶。

Guid nongb lieb gangb biad tub biad tongb.

冬豆几出林闪,

Dongt dout jid chub liongx shant,

冬腊几出林写。

dongt lad jid chub liongx xied.


　　一家大小,
　　要送创家成家,立业成业。
　　白财进家,百宝进户。
　　银儿来生来养,金孙来养来育。
　　水牯自大,黄牯自长。
　　养猪自肥,养狗自壮。
　　谷种要送满仓,米种要送满库。


冬豆几出林闪,

Dongt dout jid chub liongx shant,

冬腊几出林写。

Dongt lad jid chub liongx xied.

内叉充到先松,

Niex ca chong daob xianb songd,

奈到外郎。

Nand daob waib langb.

卡数卡打,

Kab sut kab dad,

盘奶寿牛。

Paib niex shoud niub.

盘到打绒长比郎奶,

Paib daob dad rongx changs bioud nangb niet,

寿到达潮长斗郎牛。

Shoub daob dad ceb changes doub nengb niub.

陀罗告写,

Tob loub gaox xies,

告走猛热。

Gaox zhoub mengb reb.


户主不做长心大胆,信士不做三心二意。

这才请得先生,请得师傅。

择得吉日,选得良辰。

择得龙神归宫之期,算得福神归殿之日。

日吉时良,天地开昌。


奈到纵那纵勾,

Nanb daob zhongb nat zhongb goud,

寿到纵骂纵得。

Shoub daob zhongb mab zhongb det.

堵到告陇,

Dud daob gaox longd,

怕见告桥。

Pat jianb gaox qiaob.

浓到头果头乖,

Niongb daob toud gout toud guet,

浓到头岭头穷。

Niongb daob toud liongd toud qiongb.

扎见比绒,

Zhab jianb bioud rongx,

就汝比潮。

Jiub rub bioud ceb.

江你虫崩，

Jiangb nid chongb pengb,

将照虫兄。

Jiangb zhaob chongb xiongd.

喂斗得寿，

Wed doud dex shout,

剖弄告得。

Pout nongb gaox dex.

再紧出见急岭白吾白补，

Zaid ghongd chub jianb gix liongd biad wud biad bub,

急穷白补白洞。

Gix qiongb biad bub biad dongb.

勾陇几如标绒，

Goud longd jis rub bioud rongx,

吉柔标潮。

Jid roub bioud ceb.

再斗吧秋见乖头奶，

Zaid doud biat qieb jianb guet toud lied,

吧秋牙洋头浪。

Biat qieb yad yangx toud langd.

洽你吧方，

Qiab nid biat fangd,

休照照告。

Xied zhaob zhaob gaox.

再斗白绒发见容，

Zaid doud biad rongx jianb rongx,

白潮见干。

Biad ceb jianb giat.

绒剖绒娘，

Rongx pout rongx niax,

绒内绒骂。

Rongx niex rongx mab.

绒得绒嘎，

Rongx det rongx gad，

白录白然。

Biad nux biad rab.


喊得房族人等，叫得哥兄老弟。

砍得竹子，破成篾条。

买得白纸黑纸，买得红纸黄纸。

扎成龙宫，建成龙堂。

摆在堂屋，放在中堂。

我等师父，吾等师郎。

又再剪成绿旗满天，红族龙旗满地。

拿来插在两边，竖在五面。

还有五提长钱龙纸，五串长钱财帛。

插在五方，立在五位。

还有龙粑五路，福粑五街。

龙公龙母，龙娘龙爷。

龙子龙孙，龙粑糯食。


查打斗标，

Chab dad dous bioud，

丧偷柔从。

Sangd tous rongx congb.

内拿没到高银高补，

Niex lad miet daob aod ghongx aod bub，

告公靠报。

Aos ghongd aos baob.

浓仇花代，

Niongb choub huad danb，

呕先呕西。

Oud xianb oud xid.

秋岁麻汝告召，

Quid suit mab rub gaox zhaob，

秋莎麻汝告雷。

Quid sead mab rub gaox lid.

阿半向头向奶，

Ad banb xiangb toud xiangb lied,

阿汉向牙向洋。

Ad haib xiangb yab xiangb yangb.

再斗崩洞崩良，

Zaib dous pengb dongb pengb liab,

吉高兄卡列先。

Jid gaox xiongt kab lieb xianb.

柔剖呕尼呕纵，

Roub pout oud nid oud zhongb,

柔乜单秋单汝。

Roub niab dans qiub dans rub,

出见酒豆酒江，

Chub jianb jiud dout jiud jiangb,

出汝酒江酒明。

Chub rub jiud jiangb jiud miongx.

没到苟缪公昂。

Miet daob goud mioud gongt ghax.

出见报先明抓，

Chub jianb biaob xiant miongx zhab,

阿半冬草明汝。

Ad banb dongt caot miongx rub.

冬豆莎腊追走，

Dongt dout sead lad zuib zous,

相蒙莎追莎走。

Xiangt mengb sead zuib sead zous.

冬腊莎腊仇楼，

Dongt lad sead lad choux loub,

相蒙莎走莎半。

Xiangt mengb sead zhous sead banb.

开了衣箱，打开衣柜。

主人拿得金银首饰，银圈胸挂。

金圈绸缎，新衣新裤。

绫罗鲜花大朵，绸缎艳花大丛。

长匹好匹，宽匹大匹。

满堂红光，满屋喜气。

古装祭装，古裙花带。

敬酒供酒，甜酒香酒。

盘鱼碗肉。

油灯照亮，灯草照明。

凡尘大礼，凡间大供。

凡尘大奉，凡间大敬。


扎见比绒，

Zhab jianb bioud rongx,

就汝比潮。

Jiub rub bioud ceb.

比绒就见悠悠，

Bioud rongx jiub jianb youd youd,

比潮就见沙沙。

Bioud ceb jiub jianb shax shax.

比绒就汝汝见标恩，

Deit rongx jiub rux rux jianb bioud engb,

比潮就汝汝加得格。

Bioud ceb jiub rux rux jiad deib giet.

列浓爬林爬章，

Lieb niongx pad liuongb pad zhuangb,

列岔书虐爬汝。

Lieb chax shud niub pad rux.

内腊将得猛见乙热内补，                （出掌诀）

Neib lab jiangx deit mengb jianb yid reib neib bub,

将度乙嘎猛加以然内冬。

Jiangx dux yid giad mengb jiad yit rab neib dongt.

内腊不见白久。

Neib lab bub jianb beid jiud.

不嘎白得。

Bub giax beid deib.

猛单羊强羊枪，

Mengb dand yangb jiangx yangb qiangd,

会送羊干羊屋。　　　　　　　　　　　　（旋掌诀）

Huix songx yangb gand yangb wud.

几洞金鸡莎江，

Jid dongb giuongt gid sax jiangb,

吉内买卖莎空。

Jib neib maix maib sax kongt.

斗抓吉炯见恩嘎格，

Doub zhuab jib liab jianb engb giax giet,

斗尼吉炯兄狗那爬。　　　　　　　　　　（游中指诀）

Doub nit jib liab xiongd guoud liax pax.

沙翁告豆，

Shad wengt gaod dout,

沙梦比兵。

Sha mengx bid biongb.

斗篓告豆，

Doub noub gaod dout,

斗冲比兵。

Doub chongx bid biongb.

斗篓几照内浪爬古爬鲁，

Doub noud jid zhaob neib nangd pax gub pax nub,

斗冲几照内浪爬忙爬强。

Doub chongx jid zhaob neib nangd pax mangb pax jiangx.

斗篓拿照阿舍麻盐，

Doub noub liax zhaob ad shed mab yuanb,

斗冲拿照阿向麻养。

Doub chongx liax zhaob ad xiangd mab yangb.

斗篓拿照阿舍麻走，

Doub noub liax zhaob ad shet mab zed，

斗冲拿照阿向麻送。

Doub chongx liax zhaob ad xiangd mab songx.

几江长苟，

Jid jiangb changb goud，

吉共长公。 （入掌诀）

Jib gongx changb gongt.

长单打得哨吾，

Changb dand dat deib saot wut，

长送吉秋送龙。

Chang songx jib qiux songx longb.

内腊出见巴忙连狗，

Neib lab chud jianb biat mangb lianb guoud，

图忙连爬。 （捆猪诀）

Tux mangb lian piax.

巴忙连狗，

Biat mamngb lianb guoud，

苟秋内浪巴冲斗标，

Goud quid neib nangb biat chongx doub bioud，

图忙连爬，

Tux mangb lianb piax，

苟秋内浪图共记竹。

Goud quid neib nangb tux gongx jid zhub.

阿标林休——

Ab bioud liuongb xut—

产豆几斗巴冲斗标，

Cant dout jid doub biat chongx doub bioud，

吧就几斗图共记竹。

Bax jux jid doub tux gongx jid zhub.

茶他猛久，

Cat tax meng jiud，

弟然猛半。

Dix rab mengb banb.

娘莎娘猛产豆，

Niangb sax niangb mengb cant dout，

娘状娘猛吧就。 （封锁诀）

Niangb zhuangb niangb mengb bax jux.

声昂单豆，

Shongt angb dand dout，

弄奈单内。

Niongx naix dand neib.

声昂苟秋内浪声梦吉标，

Shongt angb goud qiux neib nangb shongt mengt jib bioud，

弄奈苟秋内浪声达记竹。

Niongx naix goud qiux neib nangb shongt dab jid zhub.

阿标林休——

Ab bioud liuongb xut—

产豆几斗声梦吉标，

Cant dout jid doub shongt mengt jib bioud，

吧就几斗声达记竹。

Bax jux jid doub shongt dab jid zhub.

查他猛久你娘产豆，

Chax tax mengb jiud nit niangb cant dout，

弟然猛半炯汝吧就。

Dix rab mengb banb jiongx rux bax jux.

阿偶琶林琶章，

Ab oud bax liuongb bax zhuangb，

阿炯书虐琶汝。

Ab jiongx shud niub bax rux.

书格转嘎虫兵，

Shud gieb zhuanb giax chongx biongb，

书康奈腊虫兄。 （顿掌诀）

Shud kangx naix lab chongx xiongd.

冬豆列岔最走，

Dongt dout lieb chax zuib zeb，

内岔莎最莎走。

Neib chax sax zuib sax zeb.

冬腊列岔最板,

Dongt lab lieb chax zuib banb,

内岔莎走莎板。

Neib chax sax zeb sax banb.


　　龙堂起好,龙殿造成。

　　龙堂设得好好,龙殿摆得齐齐。

　　龙堂起好好似银屋,龙殿设好好似金堂。

　　要买一头大猪肥猪,要寻一头活猪好猪。

　　于是主人带得大钱要走远方,拿得大款要去远处。

　　收钱在身,拿款在手。

　　行至交易场中,走到贸易市内。

　　探听经纪也喜,打问买卖也爱。

　　左手交去金银钱财,右手牵得卖猪绳索。

　　眼看在前,目望在先。

　　眼看不着种猪娘猪,目望不是帮猪群猪。

　　眼看见是一头剩猪,目望见是一头余猪。

　　眼看正好一头供猪,目望正是一只祭猪。

　　赶着回转,牵着回来。

　　转到屋檐底下,回到滴水坪场。

　　人们做成木棒捆猪,木杠捆狗[①]。

　　木棒捆猪,拿抵户主抬丧杠子,

　　木杠捆狗,拿抵信士抬丧杠木。

　　一家大小,

　　千年没有抬丧杠子,百载没有抬丧杠木。

　　祥和清泰,安康吉利。

　　猪叫到堂,猪喊到殿。

　　叫声拿抵病哼之灾,喊声拿抵哭丧之祸。

　　一家大小,

　　千年没有病哼之灾,百载没有哭丧之祸。

　　祥和清泰,安康吉利。

　　一头大猪肥猪,一只供猪好猪。

捆在堂屋之中，锁在中堂之内。

凡供要我齐备，也都皆齐皆备。

凡仪要寻齐全，也都皆齐皆全。

[注] ①木棒捆猪，木杠捆狗：指把供猪的四脚捆住之后，再穿上一根木棒，然后用两根木桩将四脚钉在堂屋地面上。此句的狗是为了语言对仗而说。

几长窝汝意记耸斗，
Jid changb aot rux yid jib songx doub,
得寿列充葵汝产娥棍空。
Deit shet lieb congd kiub rux chant eb gunt kongt.
几长窝汝依达穷炯，
Jid changb aot rux yit dat qiongx jiongb,
弄得列然傩汝吧图棍得。　　　　　　　　　　（祖师诀）
Niongx deit lieb rab nub rux bax tux gunt deib.
棍空斗你纵寿吉标，
Gunt kongt doub nit zongb shex jib bioud,
弄得斗炯秋得记竹。
Niongx deit doub jiongx qiux deib jid zhub.
列苟送斗猛充，
Lieb ged songt doub mengb congd,
列共穷炯猛然。　　　　　　　　　　　　　　（香碗诀）
Lieb gongx qiongx jiongx mengb rab.
几长窝汝意记送斗，
Jid changb aot rux yid jib songx doub,
几长然鸟葵汝产鹅棍空。
Jid changb rab niaob kiub rux chant eb gunt kongt.
几长窝汝以打穷炯，
Jid changb aot rux yit dab qiongx jiongx,
几长弄奈录汝吧图棍得。
Jid changb niongx naib lub rux bax tux gunt deit.
窝汝意记松斗，

Aot rux yid jid songx doub,

柔汝依打穷炯。 （香碗诀）

Roub rux yit dat qiongx jiongb.

产棍几没然鸟，

Chanx gunt jid meib ranb niaob,

吧母几没弄奈。

Bax mud jid meib nongd naix.


*神韵——*

*诚心焚烧蜂蜡糠香，弟子要请尊敬的千位宗师，*

*诚意焚燃纸团火烟，师郎要请尊贵的百位祖师。*

*宗师坐在家中祖坛，祖师坐在家内祖殿。*

*要烧宝香去请，要用香烟去迎。*

*虔诚焚烧纸团宝香，虔诚奉请弟子的千位祖师。*

*虔诚烧起蜂蜡宝烟，虔诚奉迎师郎的百位宗师。*

*焚烧蜂蜡糠火，纸团宝香。*

*焚烧蜂蜡糠火，纸团宝香。*

*千神没有来请，百祖没有来迎。*


就—— （祖师诀）

Jiux—

喂列然鸟便告斗补，

Weib lieb rab niaob biat gaod doub bub,

再列弄奈照告然冬。

Zaix lieb longb naix zhaox gaox rab dongt.

阿剖斗补告补，

Ad pout doub bub gaod bub,

阿乜斗冬告绒。

Ad nias doub dongt gaod rongb.

虐西拢立几苟总剖，

Nub xit liongb lib jid zongd pout,

虐夏拢立几让总乜。

Nub xiat liongb lib jid rangb zongb nias.

阿苟内浪剖绒，

Ad geb neib nangd pout rongb，

阿让总浪剖棍。

Ad rangb zongt nangb pout gunt.

总剖斗白阿苟，

Zongt pout deb beid ad geb，

总乜发白阿让。

Zongt nias fat beid ab rangb.

再斗吉标内浪向剖向乜，

Zaix doub jib bioud neib nangd xiangt pout xiangt nias，

吉高度内几竹向内向骂。

Jid gaod dub neib jid zhub xiangt neib xiangt max.

几纵棍缪得忙吉子，

Jid zongb gunt mioub deit mangbjib zid，

吉秋棍昂度忙吉录。

Jib qiux gunt angb dux mangb jib lub.

再斗得寿产俄棍空，

Zaix doub deit shet chant eb gunt kongt，

吉高录汝吧图棍得。

Jib gaod lub rux bax tux gunt deit.

喂浪补产葵莽告见，

Weib nangd but chant kiub mangx gaod jianb，

喂列抓葡几最吉走，

Weib lieb zhuab pux jid zuib jib zoub，

剖浪补吧傩忙送嘎，

Bout nangd but bax niub mangb songx gax，

莎列寿葡吉走吉板。

Shat lieb shet pux jid zoub jib banb.

就——                                        （祖师诀）

Jiux—

油喂声然埋腊拢单几图，

Youb weib shongt rab maib lab liongb dand jid tub，

告剖弄奈埋莎炯单吉浪。

Gaob bout nangb naix maib sax jiongx dand jib nangb.

拢单拢斗得寿告见，

Liongb dand liongb dout deib shet gaot jianb，

拢送拢弄告得送嘎。

Liongb songx liongb nongb gaot deit songx giax.

告见几扛几白纠录乙苟，

Gaot jianb jid gangb jid beib jiub lub yib ged，

送嘎几扛热然谷叉图公。

Songx giax jid gangb reib rab guob chad tux gongt.

告见列扛莎单，

Gaot jianb lieb gangb sax dand，

送嘎列扛莎送。

Songx giax lieb gangb sax songx.

斗你得寿苟娄苟追，

Doub bit deib shet goud neb goud zhuix，

炯弄告得把抓把尼。

Jiongx nangb gaot deit bad zhuab bad nib.

剖扑列扛麻见，

Bout pud lieb gangb mab jianb，

喂岔列扛麻尼。

Weib chanx lieb gangb mab nib.

剖扑列扛莎中，

Bout pud lieb gangb sax zhongd，

喂岔列扛莎见。

Weib chax lieb gangb sax jianb.


神韵——

我要奉请五方土地，还要奉迎六路龙神，

管辖本地老祖公，管理本处老祖婆。

古代来立本村的开始祖，古时来立本寨的开始人。

一村人的总祖，一寨人的总婆。

总祖发满一村，总婆育满一寨。

还有主家人的祖公祖婆，和起主人一家的先母先父。

鱼神司鱼能手郎子，肉神司肉办供郎君，
还有弟子的千位宗师，和起师郎的百位祖师。
弟子的三千交钱祖师，我也查名齐来齐到。
师郎的三百度纸宗师，我也点字齐到齐临。
神韵——
闻我奉请你们来到这里，应我奉迎你们来临此间。
来到要和弟子主持，来临要与师郎主祭。
主持不要主歪主偏，主祭不要主坏主乱。
主持要送得准，主祭要送得灵。
祖师你们随前随后，宗师你们随左随右。
我讲就要得应，我说就要灵验。
我讲就要成功，我说就要准数。


就——                                           （祖师诀）
Jiux—
几长窝汝意记耸斗，
Jid changb aot rux yid jib songx doub,
得寿列充葵汝产娥棍空。
Deit shet lieb congd kiub rux chant eb gunt kongt.
几长窝汝依达穷炯，
Jid changb aot rux yit dat qiongx jiongb,
弄得列然傩汝吧图棍得。                            （祖师诀）
Niongx deit lieb rab nub rux bax tux gunt deib.
棍空斗你纵寿吉标，
Gunt kongt doub nit zongb shex jib bioud,
弄得斗炯秋得记竹。
Niongx deit doub jiongx qiux deib jid zhub.
列苟送斗猛充，
Lieb ged songt doub mengb congd,
列共穷炯猛然。                                   （香碗诀）
Lieb gongx qiongx jiongx mengb rab.
几长窝汝意记送斗，
Jid changb aot rux yid jib songx doub,

几长然鸟葵汝产鹅棍空。

Jid changb rab niaob kiub rux chant eb gunt kongt.

几长窝汝以打穷炯，

Jid changb aot rux yit dab qiongx jiongx,

几长弄奈录汝吧图棍得。

Jid changb niongx naib lub rux bax tux gunt deit.

窝汝意记松斗，

Aot rux yid jid songx doub,

柔汝依打穷炯。 （香碗诀）

Roub rux yit dat qiongx jiongb.

产棍几没然鸟，

Chanx gunt jid meib ranb niaob,

吧母几没弄奈。

Bax mud jid meib nongd naix.

列拢然鸟—— （各宫口的祖师诀）

Leib liongb rad niaob—

然鸟太棍共米、

Rab niaob tait gunt gongx mid、

公加、首关、四贵， （巳宫、辰宫、酉宫、寅宫诀）

Gongd jiad、shoud guand、sid giux,

太棍米章、巴高、国峰、明鸿、 （午宫、戌宫、巳宫、卯宫诀）

Taix gunt mit zhuangd、bad gaod、guob fengd、mingb hongx、

太棍仕贵、后保。 （巳宫、申宫诀）

tait gunt shid giux、houx baod.

苟太光珍、勇贤、 （申宫、戌宫诀）

Goud taix guangd zhengd、yongd xianb、

光三、老七、跃恩。 （卯宫、巳宫、申宫诀）

Guangd sand、laod qib、yiex engd.

苟太席乙、江远、林花、老苟、 （未宫、卯宫、子宫、午宫诀）

Goud taib xib yix、jiangd yand、linb huad、laod goud、

共四、老弄、 （辰宫、寅宫诀）Gongx six、laod nongt、

千由、天才、炯容、同兰。 （丑宫、巳宫、酉宫、亥宫诀）

Qiand youb、tianb caib、jiongx rongb、tongb lan.

苟太强贵、龙贵、 　　　　　　　　　　　　（亥宫、丑宫诀）

Goud taib qiangb giux、longb giux、

光合、冬顺、得水。 　　　　　　　　　（卯宫、申宫、未宫诀）

Guangd hob、dongd shunx、deib shiut.

苟剖双全、苟剖长先。 　　　　　　　　（未宫、午宫诀）

Goud bout shuangd quanb、goud bout changb xiand.

苟打二哥、那那…… 　　　　　　　　　（酉宫、辰宫诀）

Goud dad erx ged、nat nat...

补谷阿柔告寿，

But guot ad roub gaot shet，

补谷欧柔告德。

But guob out roub gaot deit.

补产葵忙告见，

Butchanx kiub mangb gaot jianb，

补吧录忙送嘎，

But bad lub mangb songx giax，

抓葡几最吉走。

Zhuad pux jid ziub jib zoub.

寿葡吉走吉板。

Shoux pux jid zoub jib banb.

浪喂声然照修打便郎得，

Nangb weib shongt rad zhaob xiud dat biat liangd deib，

照闹打绒郎秋。

Zhaob laox dad rongb liangb quix.

照修纵寿吉标，

Zhaob xiut zongb shet jib bioud，

照闹秋得记竹。 　　　　　　　　　　（降神诀）

Zhaob laox quid deib jid zhub.

照修补谷补涌提仲，

Zhaob xiud but guob but yongd tib zongb，

照闹补谷补肥图岭。 　　　　　　　　（下降布条诀）

Zhaob laox but guob but fenb tub linb.

照修达香，照闹达穷。

Zhaob xiut dab xiangd zhaob laox dab qiongx.

就——

Jiux—

补热声棍，

But reb shongt gunt，

拢单打纵周昂。　　　　　　　　　　　　（坐坛诀）

Liongb dand dad zongb aongb.

补然弄猛，

But rad nongd mengb，

拢送吉秋照拿。　　　　　　　　　　　　（坐殿诀）

Liongb songx jib quid zhaob nab.

拢单你瓦意记送斗，

Liongb dand nit wab yit jid songx doub，

炯龙以打穷炯。　　　　　　　　　　　　（香炉诀）

Jiongx longb yit dat qiongx jiongx.

你瓦喂斗得寿，

Nit wab weib doub deib shoux，

炯龙剖弄告得。　　　　　　　　　　　　（绕祖诀）

Jiongx longb boub nongd gaot deit.

几达然鸟埋列嘎修，

Jid dab rad niaox maib leib giad xiut，

吉炯达奈埋列嘎闹。

Jib jiongx dab naix maib leib giad laox.


　　神韵——
　　诚心焚烧蜂蜡糠香，弟子要请尊敬的千位宗师，
　　诚意焚燃纸团火烟，师郎要请尊贵的百位祖师。
　　宗师坐在家中祖坛，祖师坐在家内祖殿。
　　要烧宝香去请，要用香烟去迎。
　　虔诚焚烧纸团宝香，虔诚奉请弟子的千位祖师。
　　虔诚烧起蜂蜡宝烟，虔诚奉迎师郎的百位宗师。
　　焚烧蜂蜡糠火，纸团宝香。
　　焚烧蜂蜡糠火，纸团宝香。

千神没有来请，百祖没有来迎。
要来奉请——
祖太共米、共甲、仕官、首贵，
明章、巴高、
国锋、明鸿、仕贵、后宝。
祖太光朱、勇贤、光三、老七、跃恩。
祖太席玉、江远、林华、老苟、共四、老弄、
千有、天财、进荣、腾兰。
祖太强贵、隆贵、光合、冬顺、得水。
叔公双全、祖公长先。
外祖大大、二哥……
三十一代祖师，三十二代弟子。
三千祖师交钱，查名皆齐皆遍，
三百度纸宗师，点字皆遍皆全。
闻我奉请暂离上天大堂，听我奉迎暂别天宫大殿。
暂离家中祖坛，暂别家内祖殿。
暂离三十三块布条，暂别三十三块布幔。
离别香炉，暂别香碗。
神韵——
三咏神腔，来到信士祭祖场中，
三吟神韵，来临户主敬神堂内。
来到安享纸团宝香，来临安受蜂蜡糠烟。
拥护吾本弟子，守护我这师郎。
同日有请你们莫起，同时有奉你们莫去。

拢单喂列扑内，
Longd dans wed lieb pub niex，
拢送喂列扑扛。
Longd songb wed lieb pub gangb.
扑内酒豆酒江，
Pub niex jiud dout jiud jiangb，
苟缪公昂。
Goud mious gongx ghax.

标绒标潮，

Bioud rongx bioud ceb，

白录白然。

Biad nux biad rab.

爬林爬章，

Pab liongb pab zhangb，

书虐爬汝。

Sut rub pab rub.

格岭白吾白补，

Gied liongx biad eud biad bub，

格穷白补白冬。

Gied qiongb biad bub biad dongt.

意记送斗，

Yid jid shongb dous，

以达穷炯。

Yid dad qiongb jongb.

勇陇穷雄，

Yongd longs qiongb xiongd，

禾走抗闹，

Aod zoub kangb naox，

穷梅雄棍。

Qingd mieb xiongd ghunt.

扑内苟扛葵汝产鹅棍空——

Pub niex goud gangb ghuib rub chanx ed ghunt kongt—

几最奶江，

Jid zuib liet jiangb，

埋汉莎江。

Manb haib sead jiangb.

几最奶久，

Jid zuib liet jud，

埋汉莎久。

Manb haib sead jud.

汝江汝久，

Rub jiangb rub jud,

汝久汝板。

Rub jud rub biab.

江久吉相扛服，

Jiangb jud jid xiangt gangb hud,

江半吉相扛龙。

Jiangb biab jid xiangt gangb nongx.


到此我要说清，到这我要讲明。

讲这供酒甜酒，盘鱼碗肉。

龙堂龙殿，供粑糍粑。

绿旗满水满陆，红旗满坪满地。

纸团宝香，蜂蜡糠烟。

竹杁神筒，问事骨卦，招请铜铃。

讲此来让尊贵的千位祖师，高贵的百位师尊，

齐皆欢喜，你们皆喜。

齐皆喜爱，你们皆爱。

好欢好喜，好喜好爱。

喜了还未给喝，爱了还未送吃。


江哟列候乖棍，

Jiangb yod lieb houx gweit gunt,

江板列候他力。

Jiangb band leib houx tax lib.

要先几没几乖内浪归先归得，

Yaox xiand jid meib jid guweit neib nangb giud xiand giud deit,

要木几没他汉内浪归木归嘎。

Yaox mub jid meib tax hanx neib nangb giut mub giut giad.

内浪先头转嘎虫兰，

Neib nangb xiand toub zhuanb giab chongb lan,

木汝奈拿虫兄。

Mub rux naib nab chongb xiongd.

窝汝送斗——

Aot rux songx doub—

列乖内绒拢单吉标，

Lieb gweit neib rongb liongb dand jib bioud，

骂棍闹送吉竹。 （反复驱遣诀）

Max gunt laox songx jib zhub.

出汉斩松猛豆，

Chub hanx zhaid songd mengb dout，

将汉吧难达那。

Jiangb hanx bad nanb dab nab.

加绒楼豆，

Jiad rongb loub dout，

加棍楼越。

Jiad gunt loub yueb.

得乖否你，

Deib gweit woub nit，

得则否炯。

Deib zeb woub jiongx.

得乖兵比兵缪，

Deib gweit biongb bid biongb mioub，

得则兵豆兵斗。

Deib zeb biongb doud biongb dout.

干然柔先，

Ganb ranb roub xiand，

兰棉柔甲。

Lan mianb roub jiab.

兵鸟兵先，

Biongt niaob biongt xiand，

干古干嘎。

Ganb gud ganb giax.

兵古兵穷，

Biongt gud biongt qiongb，

出格出怪。

Chud geib chub guaix.

斗绒当棍长兰，

Doub rongb dangd gunt changb lan,

斗棍吉追报长。

Doub gunt jib zhiux baox changb.

豆毛没比没兵，

Doux maob meib bid meib biongd,

度毛没涌没够。

Dux maob meib yongd meib goux.

打格几篓，

Dab gied jid loub,

打甲吉追。

Dab jiab jib zhiux.

禾抓比包，

Aot zhuab bix bet,

禾中比篓。

Aot zhongb bix loud.

几内出蒙出梅，

Jid neib chub mengb chub meib,

吉忙出皮出细。

Jib mangb chub bix chub xix.

几内否瓜内得，

Jid neit boub guad neid deit,

吉忙否边内呕，

Jib mangb boub biant neib oud,

水学乖告送斗，

Shiut xuob gweit gaob songx doub,

睡梦假通，

Shiut mengx jiad tongt,

度龙穷炯假量。　　　　　　　　　　　　　（镇压诀）

Dux longb qiongb jiongx jiad liax.

乖告送斗几白，

Gweit gaob songx doub jid baib,

度龙穷炯吉袍。　　　　　　　　　　　　　（反复诀）

Dux longb qiongb jiongx jib paox.

牙首牙林乙热内补，

Yab shout yab linb yib reb neib bub，

牙闹牙嘎以然内冬。                （押送诀）

Yab laox yab giad yit ranb neib dongt.

抓首抓猛乙热内补，

Zhuab shout zhuab mengb yib reb neib bud，

抓闹抓嘎以然内冬。                （叉送诀）

Zhuab laox zhuab giax yib ranb neib dongt.

乖久追拢查他吉标果齐，

Gweit jiud zhuix liongb chab tax jib bioud guot qit，

弟板记竹明汝。                    （封锁诀）

Dix band jix zhub mingb rux.


喜了要把鬼驱，爱了要把煞隔。
少气没有驱赶信士的生气儿气，
少福没有驱赶户主的洪福孙福。
户主的长气收在身中，福禄藏在体内。
谨焚宝香——
要驱魑魅来到家中、魍魉进到宅内。
兴那灾星灾殃，降那灾难灾祸。
凶神来得日久，恶鬼坐得久长。
黑处来躲，暗处来藏。
黑处现头现耳，暗处现爪现脚。
现那大口咬牙，现那长舌切齿。
现嘴现齿，见抓见捉。
见红见血，作盅作怪。
恶煞没有前胸，凶鬼没有后背。
腿脚有鬈有毛，头耳有段有节。
忽而现前，忽而见后。
跨在床头，现在床尾。
白日现眼现目，夜晚现梦现幻。
白日它骗人子，夜晚它骗人妻。

诀咒驱赶隔去、斩煞消灭，再用蜡烟隔除。

遇这糠香驱散，见此蜡烟消灭。

铜隔隔去他方，铁隔隔去他处。

铜叉叉去他方，铁叉叉去他处。

驱赶以后家中便得清吉，屋宅内外平安。

(下接驱鬼神辞，请参考"小请龙神"中驱鬼部分和护堂部分)

(巴代边默念下段法语边用"然秀见得"即藏身诀藏身，然后双手交叉于胸前，将两手之诀藏于左右腋窝内，然后再收回并朝向香碗做反复对戳式表示已将魂魄收藏于香碗之中，最后用"洽秀"即宝盖诀盖上。)

列休阿标林休，
Leib xiut ad bioub linb xiut,
列然阿竹共让。                          （莲华藏身诀）
Leib rad ad zhub gongx rangx.
麻共归先归得，
Mab gongx giud xiand giud deib,
麻让归木归嘎。                          （莲华保身诀）
Mab rax giud mub giud giad.
得得先头麻林，
Deit deit xiant toub mab linb,
达嘎木汝麻头。                          （莲华护身诀）
Dab giad mub rux mab toub.
先头麻林修照虫兰，
Xiand toub mab lin xiut zhaob chongb lanb,
木汝麻头奈腊虫兄。                      （莲华藏身诀）
Mub rux mab toub naib lab chongb xiongd.
修照阿记松斗，
Xiutb zhaob ad jid songt dout,
油照阿达穷炯。                          （香碗藏身诀）
Youb zhaob ad dab qiongx jiongx.
然秀几秀莎虫，

Rd xiuat jid xiut sad chongb,

见得久得莎拿。　　　　　　　　　　（香碗封锁诀）

Jianb deib jiud deib sad nab.

内客内腊几咱，

Neib kied neib lab jid zad，

棍梦棍莎几干。　　　　　　　　　　（香碗宝盖诀）

Gunt mengx gunt sad jid ganb.


　　要藏一家大小，要护一屋老幼。
　　老者好魂长命，少者良魂子魂。
　　娃儿子魂孙魂，细崽好魂大福。
　　好命长命收在本身，好魂好魄系在本体。
　　收在一碗香炉，藏在一炉香碗。
　　藏魂魂也得保，收魄魄也得安。
　　人看人也不知，鬼看鬼也不见。


列休喂斗得寿标归，

Leib xiut weib doub deib shoux bioub giut，

列然剖弄告得且月。

Leib rad bout nongd gaod deib quex yueb.

标归休猛补产召风，

Bioub guit xiut mengb but chant zhaob fengt，

且月然闹补吧召度。

Quex yueb rad laox but bax zhaob dux.

然休列扛休虫，

Rad xiut leib gangb xiut chongb，

见得列扛得拿。

Jianb deib jiud deib sad nab.

内克莎腊几咱，

Neib Neib kied ib lab jid zad，

棍梦否莎几干。

Gunt mengx gunt sad jid ganb.

内克腊干补产召风，

Neib kied lab ganb but chant zhaob fengt，

棍梦腊咱补吧召度。

Gunt mengx lab zad but bax zhaob dux.

得寿告见你娘产豆，

Deib shout gaod jianb nit niangb chant dout，

弄得送嘎炯娘吧就。

Nongd deib songx giax jiongx niangb bad jiux.

要藏吾本弟子的良魂，要护我这师郎的好魄。

良魂藏去三千云朵，好魄收去三百雾团。

藏身要藏得稳，保命要保得当。

人看人也不知，鬼看鬼也不见。

人看只见三千云朵，鬼看只见三百雾团。

弟子主祭坐得千年，师郎主仪活过百岁。

候勾窝冬吧汉求棍，

Houb goud aod dongt biab haib qiub ghunt，

帮抬诸般供仪上神堂去请神。

Jid jiangb jid ghongb.

葵汝埋腊候勾，

Ghuib rub manb lad houb goud，

录汝埋腊候共。

Nux rub manb lad houb gongx.

候苟酒豆酒江，

Houb goud jiud dout jiud jiangb，

达缪这昂。

Dad mious zheb ghax.

标绒标潮，

Bioud rongx bioud ceb，

白录白然。

Biad nux biad rab.

爬林爬章，

Pab liongb pab zhangb，

书虐爬汝。

Sut rub pab rub.

格岭白吾白补，

Gied liongx biad eud biad bub，

格穷白补白冬。

Gied qiongb biad bub biad dongt.

意记送斗，

Yid jid shongb dous，

以达穷炯。

Yid dad qiongb jongb.

勇陇穷雄，

Yongd longs qiongb xiongd，

禾走抗闹，

Aod zoub kangb naox，

穷梅雄棍。

Qingd mieb xiongd ghunt.


祖师你们帮拿，宗师你们帮抬。

帮拿甜酒香酒，盘鱼碗肉。

龙堂龙殿，糯粑糍粑。

大猪供猪，供猪好猪。

绿旗满山满水，红旗满坪满地。

纸团宝香，蜂蜡糠烟。

竹析神筒，问事骨卦，招请铜铃。


吉哟——亚——夫——夫窝——夫窝——夫窝。

Jib yod—yad—fud—fud od—fud od—fud od.

阿热声棍，

Ad reib shongt gunt，

求单几纵棍缪。 （上肉神堂诀）

Qiux dand jid zongb gunt mioub.

阿然弄猛，

Ad rab niongx mengb，

求送吉秋棍昂。

Qiux songx jib qiux gunt angb.

棍缪埋腊候勾，

Gunt mioub maib lab hex ged，

棍昂埋腊候共。

Gunt angb maib lab hex gongx.

葵汝勾最勾走，

Kuib rux ged zuib ged zed，

录汝勾走勾板。

Lub rux goud zed goud banb.

吉哟——亚——夫——夫窝——夫窝——夫窝。

Jib yod—yad—fud—fud od—fud od—fud od.

呕热声棍，

Out reib shongt gunt，

求单似留西向。 （上家祖堂诀）

Qiux dand xid liub xid xiangt.

呕然弄猛，

Out rab niongx mengb，

求送意苟格补。

Qiux songx yib ged gieb bub.

向剖向娘埋拿候勾，

Xiangt pout xiangt niangb maib liab hex ged，

向内向玛埋拿候共。

Xiangt neid xiangt amx maib liab hex giuongx.

吉约——亚——夫——夫窝——夫窝——夫窝。

Jib yod—yad—fud—fud od—fud od—fud od.

补热声棍，

But reib shongt gunt，

求单萨够斗标。

Qiux dand sax ged doub bioud.

补然弄猛，

But ranb niongx mengb，

求送萨肥柔纵。

Qiux songx sax feib rout zongb.

汝斗嘎庆喂斗得寿，

Rux doub giad qiongd weib doub deib shet,

汝弄嘎大剖弄告得。

Rux niongx giad dax pout longb gaod deit.

得寿没松叉腊求单，

Deib shet meib songd chad lab qiux dand,

弄得没萨叉腊求送。

Niongx deit meib sax chad lab qiux songx.

没吾先绍，

Meit wut xiand shaot,

没林喂斗得寿周娥，

Meit liuongb weib doub deib shet zhoud eb,

让吾先拢，

Rangb wut xiant longb,

让林剖弄告得况公。

Rangb liuongb pout niongd gaod deib kuangx gongd.

扛喂声棍汝见吾达吾婆，

Gangb weib shongt gunt rux jianb wut dab wut loub,

弄猛汝加吾充吾汝。

Niongx mengb rux jid wut congt wut rux.

声棍汝见背求，

Shongt gunt ruxjianb beid qiut,

弄猛汝加背柳。

Niongx mengb rux jiab beid liud.

就目当洞喂走蒙浪乙热汝松，

Jub mub dangb dongd weib zed mengb nangb yid reib rux songt,

喳梅当洞喂走蒙浪乙然汝萨。

Chad meib dangd dongb weib zed mengb nangb yid rab rux sad.


　　祖师拿齐拿全，宗师拿全拿遍。

　　腔韵——

　　一轮神腔，上达鱼神堂中，

一番神韵，上到肉神堂内。

鱼神你们帮拿，肉神你们帮抬。

祖师拿齐拿全，宗师拿全拿遍。

腔韵——

二轮神腔，上达先祖堂中，

二番神韵，上到先宗堂内。

家亡先祖你们帮拿，家先等众你们帮抬。

祖师拿齐拿全，宗师拿全拿遍。

腔韵——

三轮神腔，上达住屋神堂，

三番神韵，上到坐宅神殿。

好手莫推吾本弟子，好口莫骂我这师郎。

弟子有事这才上达，师郎有话这才上到。

取那润油，润湿吾本弟子喉管，

取那香油，润湿我这师郎喉头。

让我的神韵清澈如同水流水咏，

使我的腔韵清脆好似水清水吟。

神韵如同琴响，腔韵好似琴声。

侧耳请听我吟你的八篇好诗，

注意倾听我唱你的八首好歌。


度标得得内章，

Dud bioud deit deit neib zhuangb，

度竹浓拔共让。

Dud zhub niongx piax gongx rangx.

就达就挂内莎你茶，

Jux dab jux guab neib sax nit cat，

那拢那单内腊炯汝。

Liax liongb lax dand neib lab jiongx rux.

内你内气葡剖葡乜，

Neib nit neib qix pux pout pux nias，

内炯内气葡内葡骂。

Neib jiongx neib qit pux neid pux max.

出假腊见猛假，

Chud jiat lab jianb mengb jiat，

出尼莎见汝岭。

Chud nib sax jianb rux liuongb.

苟娄几没得状得萨，

Goud jid neb meib deit zhungb deit sad，

苟追几没得度得树。

Goud zhuix jid meib deit dux deit shux.


    户主小孩大人，信士男女老少。

    年来年往也都清吉，月到月临也坐平安。

    他们义务承根接祖，她们责任接祖承根。

    创家也成大家，立业也成富裕。

    前头没有口角斗嘴，后头没有是非小话。


（复述接龙的原因及筹备、请巴代的内容后接诵下段神辞。）


然鸟绒魁龙贵洞庆，

Rab niaob rongb kiub longb guix dongd qinx，

弄奈成久长先补玛。

Longb naix chenb jiud changb xiand bub mual.

休鸟喂然埋浪，

Xut niaob weib maib nangb，

然弄喂奈埋洞。

Rab longb weib naix maib dongx.

得寿架格腊咱，

Deit shet jid giet lab zad，

弄得查梅腊干。

Nongd deit chab meib lab ganb.

棍空斗你喂浪打篓，

Gunt kongt doub nit weib nangb dat let，

棍得斗炯喂浪达比。

Gunt deit doub jiongx weib nangd dab.

斗你喂浪达起几图，

Doub nit weib nangb dab kid jid tub，

斗炯喂浪达写吉郎。

Doub jiongx weib nangd dab xie jib nangb.

埋自尼剖，

Maib zix nib bout，

剖自尼埋，

Bout zit nib maib，

埋尼喂浪打楼达起，

Maib nib weib nangb dat let dat qit，

喂尼埋浪吉久几得。

Weib nib maib nangd jib jud jid deib.

埋告穷向闹达，

Maib gaob qiongx xiangt laox dab，

埋油穷头拢单。

Maib youb qiongx teb liongb dand.

拢单号弄几图，

Liongb dand haox nongd jid tub，

拢送号炯吉浪。

liongb songx haox jiongx jib niangb.

几油喂浪声棍扛见，

Jid yub weib nangd shongt gunt gangb jianb，

吉候喂浪弄母扛拿。

Jib houx weib nangd niongx mux gangb nab.

喂拢告见莎单，

Weib liongb gaot jianb sax dand，

喂拢送嘎莎送。

Weib liongb songx giad sax songx.

喂扑产固莎见，

Weib pud chant gut sax jianb，

喂出吧汉莎尼。

Weib chux bax hanx sax nib.

烧起银钱冥纸，焚起冥币钱财。

烧起蜂蜡糠香，焚起纸团火烟。

千神没有乱请，百祖没有乱奉。

焚香要来奉请，烧纸要来奉迎。

奉请绒魁龙贵洞冲，奉迎成久长先洞寨。

我讲你们得听，我说你们得闻。

弟子闭眼观想，师郎抬眼观看。

祖师都在我的脑海，宗师坐在我的脑门。

祖师在我心念之中，宗师在我意念之内。

你们就是我们，我们就是你们。

你们就是我们的心脑神魂，我们就是你们的身体骨肉。

你们纵那香烟飘到，你们随那烟雾降临。

来到我们中间，来临我们之内。

帮助我的神腔娓娓，帮助我的神辞朗朗。

我今主持也准，我来主祭也灵。

我说千种也应，我做百样也验。


吉斗吉追莎尼棍得。

Jib deb jib zhuix sax nib gunt deib.

几客几娄莎尼棍空，

Jid kied jib neb sax nib gunt kongt,

客猛把抓，

Kied mengb bad zhuax,

休最出踏。

Xut zuib chud tax.

客猛巴尼，

Kied mengb bab nib,

休最提提。

Xut zuib tib tib.

棍空候喂出空，

Gunt kongt houx weib chud kongt,

棍得候喂出卡。

Gunt deit houx weib chub kat.

棍空候喂出林，

Gunt kongt houx weib chud liuongb，

棍得候喂出雄。

Gunt deit houx weib chud xiongb.

棍空列拢出见出尼，

Gunt kongt lieb liongb chud jianb chud nib，

棍得列拢出中出汝。

Gunt deit lieb liongb chud zhongd chud rux.

棍空候喂吉蓄西包打鸟吉弄扛虫，

Gunt kongt houx weib jib xud xid bet dat niaob jib nangb chongx，

棍得候喂吉蓄那嘎达梅吉弄扛拿。

Gunt deit houx weib jib xud nab giax dab meib jib nongb gangb nab.

棍空出见出中，

Gunt kongt chud jianb chud zhongd，

棍得出中出汝。

Gunt deit chud zhongd chud rux.

往前看去都是祖师，往后看去都是宗师。
看向左边，站齐成排，
看向右边，站齐成团。
祖师帮我神诀，宗师帮我神咒。
祖师帮我做大，宗师帮我做强。
祖师要来做成做到，宗师要来做准做好。
祖师要帮加持仪式程序送稳，
宗师要帮护持法事仪式送当。
祖师做成做准，宗师做准做到。

窝汝见恩头果，

Aot rux jianb engb teb guet，

窝约见抗头浪。

Aot yod jianb kangx teb nangb.

窝汝意几耸斗，

Aot rux yit jid songx doub，

柔汝以达穷炯。

Roub rux yit dab qiongx jiongb.

产棍几没然鸟,

Chant gunt jid meib rab niaob,

吧母几没拢奈。

Bax mub jid meib liongb naix.

窝向列拢然鸟,

Aot xiangt lieb liongb rab niaob,

窝头列拢弄奈。

Aot teb lieb liongb niongb naix.

然鸟绒魁龙贵洞庆,

Rab niaob rongb kiub longb guix dongd qinx,

弄奈成久长先补玛。

Longb naix chenb jiud changb xiand bub mual.

休鸟喂然埋浪,

Xut niaob weib maib nangb,

然弄喂奈埋洞。

Rab longb weib naix maib dongx.

得寿架格腊咱,

Deit shet jid giet lab zad,

弄得查梅腊干。

Nongd deit chab meib lab ganb.

棍空斗你喂浪打篓,

Gunt kongt doub nit weib nangb dat let,

棍得斗炯喂浪达比。

Gunt deit doub jiongx weib nangd dab.

斗你喂浪达起几图,

Doub nit weib nangb dab kid jid tub,

斗炯喂浪达写吉郎。

Doub jiongx weib nangd dab xie jib nangb.

埋自尼剖,

Maib zix nib bout,

剖自尼埋,

Bout zit nib maib,

埋尼喂浪打楼达起,

Maib nib weib nangb dat let dat qit,

喂尼埋浪吉久几得。

Weib nib maib nangd jib jud jid deib.

埋告穷向闹达,

Maib gaob qiongx xiangt laox dab,

埋油穷头拢单。

Maib youb qiongx teb liongb dand.

拢单号弄几图,

Liongb dand haox nongd jid tub,

拢送号炯吉浪。

Liongb songx haox jiongx jib niangb.

几油喂浪声棍扛见,

Jid yub weib nangd shongt gunt gangb jianb,

吉候喂浪弄母扛拿。

Jib houx weib nangd niongx mux gangb nab.

喂拢告见莎单,

Weib liongb gaot jianb sax dand,

喂拢送嘎莎送。

Weib liongb songx giad sax songx.

喂扑产固莎见,

Weib pud chant gut sax jianb,

喂出吧汉莎尼。

Weib chux bax hanx sax nib.


烧起银钱冥纸,焚起冥币钱财。
烧起蜂蜡糠香,焚起纸团火烟。
千神没有乱请,百祖没有乱奉。
焚香要来奉请,烧纸要来奉迎。
奉请绒魁龙贵洞冲,奉迎成久长先洞寨。
我讲你们得听,我说你们得闻。
弟子闭眼观想,师郎抬眼观看。

祖师都在我的脑海，宗师坐在我的脑门。

祖师在我心念之中，宗师在我意念之内。

你们就是我们，我们就是你们。

你们就是我们的心脑神魂，我们就是你们的身体骨肉。

你们纵那香烟飘到，你们随那烟雾降临。

来到我们中间，来临我们之内。

帮助我的神腔娓娓，帮助我的神辞朗朗。

我今主持也准，我来主祭也灵。

我说千种也应，我做百样也验。

窝汝见恩头果，

Aot rux jianb engb teb guet,

窝约见抗头浪。

Aot yod jianb kangx teb nangb.

窝汝意几耸斗，

Aot rux yit jid songx doub,

柔汝以达穷炯。

Roub rux yit dab qiongx jiongb.

产棍几没然鸟，

Chant gunt jid meib rab niaob,

吧母几没拢奈。

Bax mub jid meib liongb naix.

窝向列拢然鸟，

Aot xiangt lieb liongb rab niaob,

窝头列拢弄奈。

Aot teb lieb liongb niongb naix.

然鸟绒魁龙贵洞庆，

Rab niaob rongb kiub longb guix dongd qinx,

弄奈成久长先补玛。

Longb naix chenb jiud changb xiand bub mual.

休鸟喂然埋浪，

Xut niaob weib maib nangb,

然弄喂奈埋洞。

Rab longb weib naix maib dongx.

得寿架格腊咱，

Deit shet jid giet lab zad，

弄得查梅腊干。

Nongd deit chab meib lab ganb.

棍空斗你喂浪打篓，

Gunt kongt doub nit weib nangb dat let，

棍得斗炯喂浪达比。

Gunt deit doub jiongx weib nangd dab.

斗你喂浪达起几图，

Doub nit weib nangb dab kid jid tub，

斗炯喂浪达写吉郎。

Doub jiongx weib nangd dab xie jib nangb.

埋自尼剖，

Maib zix nib bout，

剖自尼埋，

Bout zit nib maib，

埋尼喂浪打楼达起，

Maib nib weib nangb dat let dat qit，

喂尼埋浪吉久几得。

Weib nib maib nangd jib jud jid deib.

埋告穷向闹达，

Maib gaob qiongx xiangt laox dab，

埋油穷头拢单。

Maib youb qiongx teb liongb dand.

拢单号弄几图，

Liongb dand haox nongd jid tub，

拢送号炯吉浪。

Liongb songx haox jiongx jib niangb.

几油喂浪声棍扛见，

Jid yub weib nangd shongt gunt gangb jianb，

吉候喂浪弄母扛拿。

Jib houx weib nangd niongx mux gangb nab.

喂拢告见莎单，

Weib liongb gaot jianb sax dand,

喂拢送嘎莎送。

Weib liongb songx giad sax songx.

喂扑产固莎见，

Weib pud chant gut sax jianb,

喂出吧汉莎尼。

Weib chux bax hanx sax nib.


烧起银钱冥纸，焚起冥币钱财。

烧起蜂蜡糠香，焚起纸团火烟。

千神没有乱请，百祖没有乱奉。

焚香要来奉请，烧纸要来奉迎。

奉请绒魁龙贵洞冲，奉迎成久长先洞寨。

我讲你们得听，我说你们得闻。

弟子闭眼观想，师郎抬眼观看。

祖师都在我的脑海，宗师坐在我的脑门。

祖师在我心念之中，宗师在我意念之内。

你们就是我们，我们就是你们。

你们就是我们的心脑神魂，我们就是你们的身体骨肉。

你们纵那香烟飘到，你们随那烟雾降临。

来到我们中间，来临我们之内。

帮助我的神腔娓娓，帮助我的神辞朗朗。

我今主持也准，我来主祭也灵。

我说千种也应，我做百样也验。


吉斗吉追莎尼棍得。

Jib deb jib zhuix sax nib gunt deib.

几客几娄莎尼棍空，

Jid kied jib neb sax nib gunt kongt,

客猛把抓，

Kied mengb bad zhuax,

休最出踏。

Xut zuib chud tax.

客猛巴尼，

Kied mengb bab nib,

休最提提。

Xut zuib tib tib.

棍空候喂出空，

Gunt kongt houx weib chud kongt,

棍得候喂出卡。

Gunt deit houx weib chub kat.

棍空候喂出林，

Gunt kongt houx weib chud liuongb,

棍得候喂出雄。

Gunt deit houx weib chud xiongb.

棍空列拢出见出尼，

Gunt kongt lieb liongb chud jianb chud nib,

棍得列拢出中出汝。

Gunt deit lieb liongb chud zhongd chud rux.

棍空候喂吉蓄西包打鸟吉弄扛虫，

Gunt kongt houx weib jib xud xid bet dat niaob jib nangb chongx,

棍得候喂吉蓄那嘎达梅吉弄扛拿。

Gunt deit houx weib jib xud nab giax dab meib jib nongb gangb nab.

棍空出见出中，

Gunt kongt chud jianb chud zhongd,

棍得出中出汝。

Gunt deit chud zhongd chud rux.


往前看去都是祖师，往后看去都是宗师。

看向左边，站齐成排，

看向右边，站齐成团。

祖师帮我神诀，宗师帮我神咒。

祖师帮我做大，宗师帮我做强。

祖师要来做成做到，宗师要来做准做好。

祖师要帮加持仪式程序送稳，

宗师要帮护持法事仪式送当。

祖师做成做准，宗师做准做到。


扑内窝冬吧汉扛棍空江，

Pub niex aod dongt bab haib gangb ghunt kongt jianb.

拢单喂列扑内，

Longd dans wed lieb pub niex,

拢送喂列扑扛。

Longd songb wed lieb pub gangb.

扑内酒豆酒江，

Pub niex jiud dout jiud jiangb,

苟缪公昂。

Goud mious gongx ghax.

标绒标潮，

Bioud rongx bioud ceb,

白录白然。

Biad nux biad rab.

爬林爬章，

Pab liongb pab zhangb,

书虐爬汝。

Sut rub pab rub.

格岭白吾白补，

Gied liongx biad eud biad bub,

格穷白补白冬。

Gied qiongb biad bub biad dongt.

意记送斗，

Yid jid shongb dous,

以达穷炯。

Yid dad qiongb jongb.

勇陇穷雄，

Yongd longs qiongb xiongd,

禾走抗闹，

Aod zoub kangb naox,

穷梅雄棍。

Qingd mieb xiongd ghunt.

扑内苟扛葵汝产鹅棍空——

Pub niex goud gangb ghuib rub chanx ed ghunt kongt—

几最奶江，

Jid zuib liet jiangb,

埋汉莎江。

Manb haib sead jiangb.

几最奶久，

Jid zuib liet jud,

埋汉莎久。

Manb haib sead jud.

汝江汝久，

Rub jiangb rub jud,

汝久汝板。

Rub jud rub biab.

江久吉相扛服，

Jiangb jud jid xiangt gangb hud,

江半吉相扛龙。

Jiangb biab jid xiangt gangb nongx.


到此我要说清，到这我要讲明。
讲这供酒甜酒，盘鱼碗肉。
龙堂龙殿，供粑糍粑。
绿旗满水满陆，红旗满坪满地。
纸团宝香，蜂蜡糠烟。
竹枡神筒，问事骨卦，招请铜铃。
讲此来让尊贵的千位祖师，高贵的百位师尊，
齐皆欢喜，你们皆喜。
齐皆喜爱，你们皆爱。
好欢好喜，好喜好爱。
喜了还未给喝，爱了还未送吃。

江久葵汝求猛扑内，

Jiangb jud ghuib rub qiub mengb pub niex，

江板录汝求猛扑扛。

Jiangb biab nux rub qiub mengb pub gangb.

扑内酒豆酒江，

Pub niex jiud dout jiud jiangb，

达缪这昂。

Dad mious zheb ghax.

标绒标潮，

Bioud rongx bioud ceb，

白录白然。

Biad nux biad rab.

爬林爬章，

Pab liongb pab zhangb，

书虐爬汝。

Sut rub pab rub.

格岭白吾白补，

Gied liongx biad eud biad bub，

格穷白补白冬。

Gied qiongb biad bub biad dongt.

意记送斗，

Yid jid shongb dous，

以达穷炯。

Yid dad qiongb jongb.

勇陇穷雄，

Yongd longs qiongb xiongd，

禾走抗闹，

Aod zoub kangb naox，

穷梅雄棍。

Qingd mieb xiongd ghunt.

扑内苟扛绒剖绒娘，

Pub niex goud gangb rongx pout rongx niax，

绒内绒骂，

Rongx miex rongx mab,

绒得绒嘎。

Rongx det rongx gad.

几最奶久,

Jid zuib liet jud,

埋汉莎久。

Manb haib sead jud.

汝江汝久,

Rub jiangb rub jud,

汝久汝板。

Rub jud rub biab.

江久吉相扛服,

Jiangb jud jid xiangt gangb hud,

江半吉相扛龙。

Jiangb biab jid xiangt gangb nongx.


喜了祖师上去讲清,爱了宗师上去讲明。

讲这甜酒香酒,盘鱼碗肉。

龙堂风殿,糯粑糍粑。

绿旗满山满水,红旗满坪满地。

纸团宝香,蜂蜡糠烟。

竹枿神筒,问事骨卦,招请铜铃。

讲此来让龙公龙母、龙娘龙爷、龙子龙孙,

齐皆欢喜,你们皆喜。

齐皆喜爱,你们皆爱。

好欢好喜,好喜好爱。

喜了还未给喝,爱了还未送吃。


## 周先炯木·Zhub xiand Jongb mub·保佑福寿

炯先阿标林休——

Jongb xiand ad bioud liuongb xut—

比就你茶,

Bit jux nit cat,

便就炯汝。

Biat jux jiongx rux.

比就你茶到汝先头，

Bit jux nit cat daox rux xiand toub,

便就炯汝到头木汝。

Biat jux jiongx rux daox toub mub rux.

虐内龙锐阿晚，

Nub neib longb ruit ab wanb,

几扛奶冬奶良，

Jid gangb leit dongt leit liangb,

虐弄龙列阿借，

Nub nongd longb lieb ab jiex,

几扛奶差奶抱。

Jid gangb leit chat leit baox.

得拔汝见然拿然为，

Deit bab rux jianb rad nab rad weib,

得浓汝加然达然这。

Deib niongx rux jiad rab dab rab zhex.

抄昂列扛够苟，

Chat angb lieb gangb goud geb,

将狗列扛够绒。

Jiangx guoud lieb gangb goud rongb.

你拢几扛斩莎斗标，

Nit liongb jid gangb zait sad doub bioud,

炯拢几扛斩肥柔纵。

Jiongx liongb jid gangb zait feib rout zongb.

你拢几吼吉标汝见声陇，

Nit liongb jib houb jib bioud rux jianb shongt longl,

炯拢吉话几竹汝加陇朋。

Jiongx liongb jib huax jid zhub rux jiad longl bengx.

炯先阿标林休——

Jiongx xiand ad bioud liuongb xut—

你气葡剖葡娘，

Nit qix pux boub pub niangb,

烔气葡内葡玛。

Jiongx qix pux neib pub max.

你气禾柔斗补，

Nit qix aot roub doub bub,

烔气禾图然冬。

Jiongx qix aot tub rad dongt.

你气冬林夯公，

Nit qix dongt liuongb hangb gongt,

烔气绒善夯踏。

Jiongx qix rongb shait hangb tax.

烔先阿标林休，

Jongb xiand ad bioud liuongb xut,

几最莎到先头。

Jid zuib sad daox xiand toub.

良木阿竹共让，

Liangb mux ad zhub gongx rangx,

几最莎到木汝。

Jid zuix sad daox mub rux.

烔先烔汉先头，

Jongb xiand Jongb hanx xiand toub,

烔木烔汉木汝。

Jongb mub Jongb hanx mub rux.

先头烔猛产豆，

Xiand toub Jongb mengb chant dout,

木汝烔猛吧就。

Mub rux Jongb mengb bax jux.

烔先产豆，

Jongb xiand chant dout,

先头你猛产豆，

Xiand toub nit mengb chant dout,

烔木吧就，

Jongd mub bad jux,

木汝炯猛吧就。

Mux rux jiongx mengb bax jux.

久抓久头，久稍久热。

Jub zhuab jiub toub, jub xiaod jub reb.

　　留气一家大小，年头清吉，年尾平安。
　　年头清吉居得生气，年尾平安坐得长命。
　　热天吃菜一锅，不许有病有疾，
　　冷天吃饭一甑，不许有病有患。
　　女儿多如塘内莲藕，男儿多似柜内碗堆。
　　撵肉要送登坡，放狗要送登岭。
　　居来不送冷屋冷房，坐来不送冷房冷宅。
　　居来热闹家中如同鼓响，坐来响动宅内好似鼓鸣。
　　留气一家大小，
　　居来光宗耀祖，坐来荣母耀父。
　　居如古老大岩，坐如古老大树。
　　居如大川大坝，坐如高山大地。
　　保得一家大小，完全皆得长寿，
　　佑得一屋老幼，完全皆得洪福。
　　留气要留长命富贵，赐福要赐齐天洪福。
　　长命居得千年，洪福坐过百岁。
　　留气千年，长命居得千年，
　　赐福百岁，洪福坐过百岁。
　　不落不脱，不松不掉。

炯先见恩吉标，

Jongb xiand jianb engb jib bioud,

良木嘎格几竹。

Liab mub giad gied jid zhub.

汝恩汝格，

Rux engb rux gieb,

汝见汝嘎。

Rux jianb rux giax.

汝恩汝格白矮白纵，

Rux engb rux gieb beid ait beid zongb,

汝见汝嘎白斗白冲。

Rux jianb rux giax beid doub beid chongx.

秋岁麻汝禾召，

Quid suit mab rux aot zhob,

秋萨麻汝禾雷。

Quid sad mab rux aot leix.

向头向奶，

Xiangt teb xiangt leix,

向牙向羊。

Xiangt yab xiangt yangb.

崩冬崩量，

Bengd dongt bengd liangb,

兄卡列先。

Xiongd kax lieb xiant.

见拢几苗，

Jianb liongb jid mueb,

补公比吹报标，

But gongt bid chuid baob bioud,

嘎拢吉麻，

Giad liongb jib mab,

补公比吹便然报竹。

But gongt bid chuid biat rad baob zhub.

见拢拿尼见空，

Jianx liongb nab nib jianb kongt,

嘎拢拿尼嘎岭。

Giad liongb nab nib giad liongx.

苟达送见几初，

Goud dab songx jianb jid chud,

苟炯送嘎吉仰。

Goud jiongx songx giax jib yangb.

烔先见恩吉标——

Jongb xiand jianb engb jib bioud—

苟照喳大斗标，

Goud zhaob chab dat doub bioud,

几最莎到先头。

Jid zuix sax daox xiand toub.

良木嘎格几竹——

Liab mub giad gieb jid zhub—

苟照丧偷柔纵，

Goud zhaob sangd toub roub zongx,

几最莎到先头。

Jid zuib sad daox xiand toub.

良木阿竹共让，

Liangb mux ad zhub gongx rangx,

几最莎到木汝。

Jid zuix sad daox mub rux.

烔先烔汉先头，

Jongb xiand Jongb hanx xiand toub,

烔木烔汉木汝。

Jongb mub Jongb hanx mub rux.

先头烔猛产豆，

Xiand toub Jongb mengb chant dout,

木汝烔猛吧就。

Mub rux mengb bax jux.

烔先产豆，

Jongb xiand chant dout,

先头你猛产豆，

Xiand toub nit mengb chant dout,

烔木吧就，

Jongd mub bad jux,

木汝烔猛吧就。

Mux rux jiongx mengb bax jux.

久抓久头，久稍久热。

Jub zhuab jiub toub, jub xiaod jub reb.

留气家中银财，佑福屋内金宝。
好金好银，好钱好财。
好金好银满罐满坛，好钱好财满手满得。
饰首大块大片，银饰大片大套。
长的短的，美的华的。
发光发亮，衣丰食足。
白财涌来三路四道进家，大宝涌来三路四道五方进门。
财来也是白财，宝来也是大价。
左路涌钱来加，右道涌财来添。
保得家中银财，
保在家中银仓，完全皆得盈满，
佑得户内金宝，
佑在户内金库，完全皆得盈登。
留气要留长命富贵，赐福要赐齐天洪福。
长命居得千年，洪福坐过百岁。
留气千年，长命居得千年，
赐福百岁，洪福坐过百岁。
不落不脱，不松不掉。

炯先大书达收，
Jongb xiand dat shut dab shoud,
炯木打首达嘎。
Jiongb mub dab shoud dat giat.
达书达收白重白扣，
Dab shud dat shout beid chongb beid ket,
打首达嘎白忙白强。
Dat shout dat giat beib mangb beid jiangx.
几不吉数，
Jid bub jib sud,
出忙出强。
Chub mangb chub qiangx.

龙尼忙油，

Longb nieb mangb yub，

良木龙狗忙爬，

Liax mub longb guoud mangb pax，

龙力忙梅，

Longb lib mangb meib，

龙容忙麻。

Longb rongb mangb mab.

尼抱吉标，

Nieb baob jib bioud，

汝见如柔如金，

Rux jiant rub rout rub giuongd，

油抱几竹，

Yub baob jid zhub，

汝加孺图孺陇。

Rux jiad rut tux rud liongl.

几照扛锐腊林腊章，

Jid zhaob gang bruit lab liuongb lab zhuangb，

几照扛列腊焖腊壮。

Jid zhaob gangb lieb lab Jongb lab zhuangx.

尼共挂猛打豆，

Nieb gongt guax mengb dat dout，

油先求送吉仰。

Yub xiand qiux songx jib yangb.

阿中扣力，

Ad zhongb ket lib，

纠中谷中扣力，

Jiub zhongb guob zhongb ket lib，

阿吹扣报，

Ad chuid ket baob，

纠吹谷吹扣报。

Jiub chuid guob chuid ket baob.

斗偶列扛毕包，

Doub wub lieb gangb bib baot,

斗洽列扛楼归。

Doub qiad lieb gangb loud guid.

焖先龙尼忙油——

Jongb xiand longb nieb mangb yub—

苟照补中，

Goud zhaob but zhongb,

几最莎到先头，

Jid zuix sax daox xiand toub,

良木龙狗忙爬——

Lial mub longb guoud mangb pax—

苟照补嘴，

Ged zhaob but zuid,

几最莎到先头。

Jid zuib sad daox xiand toub.

良木阿竹共让，

Liangb mux ad zhub gongx rangx,

几最莎到木汝。

Jid zuix sad daox mub rux.

焖先焖汉先头，

Jongb xiand Jongb hanx xiand toub,

焖木焖汉木汝。

Jongb mub Jongb hanx mub rux.

先头焖猛产豆，

Xiand toub Jongb mengb chant dout,

木汝焖猛吧就。

Mub rux Jongb mengb bax jux.

焖先产豆，

Jongb xiand chant dout,

先头你猛产豆，

Xiand toub nit mengb chant dout,

焖木吧就，

Jongd mub bad jux,

木汝炯猛吧就。

Mux rux jiongx mengb bax jux.

久抓久头，久稍久热。

Jub zhuab jiub toub, jub xiaod jub reb.


　　留气六畜牛马，佑福养牲群畜。

　　六畜牛马满栏满殿，养牲群畜满群满帮。

　　成群结队，成帮成坨。

　　水牯牛群，狗群猪群。

　　驴群马群，羊群畜群。

　　水牯卧在栏中，如同大岩大石。

　　黄牛卧在栏内，好似林木竹园。

　　不要喂食自大自长，不要喂料自肥自壮。

　　老牛老了过去，新牛马上替换。

　　一栏关驴，九栏十栏关驴，

　　一栏关进，九栏十栏关进。

　　牛只要送发旺，畜群要送发登。

　　保得水牯牛群，保在栏中，完全皆得满栏，

　　佑得狗群猪群，佑在圈内，完全皆得满圈。

　　留气要留长命富贵，赐福要赐齐天洪福。

　　长命居得千年，洪福坐过百岁。

　　留气千年，长命居得千年，

　　赐福百岁，洪福坐过百岁。

　　不落不脱，不松不掉。


炯先麻服麻能，

Jongb xiand mab fud mab nongb,

良木麻口麻抽。

Lial mub mab koud mab chex.

够就能元能包，

Goub jux nongb yuanb nongb beb,

便就能疏能仗。

Biat jux nongb sut nongb zhuangb.

归楼归弄，

Guit noub guit nongx,

良木归录归炸。

Lial mub guit lub guit zax.

归楼服江，

Guit noub fub jiangb,

归弄服迷。

Guit nongx fub mib.

当内内苟猛标猛求，

Dangd neib neib ged mengb bioub mengb qiub,

当就内苟猛便猛照。

Dangd jux neib ged mengb biab mengb zhaob.

标猛打豆，

Bioub mengb dat dout,

猛单产谷产够，

Mengb dand chant guob chant gout,

便猛浪路，

Biab mengb liangb lux,

猛单吧谷吧竹。

Mengb dand bax guob bax zhub.

那便收沙，

Nab biat shout shat,

锐哈冬久，

Ruit had dongt jub,

那照吉内，

Nab zhaox jib neib,

锐同莎板。

Ruit tongb sax banb.

补路久斗鲁锐鲁够，

But lux jub doub lux ruit lux gout,

比路久斗鲁猛鲁浓。

Bit lux jub doub lux mengb lux niongx.

敏从才才够苟，

Miongt congb caix caix gout ged,

明汝襄让够绒。

Miongb rux rangx rangx gout rongb.

得忙候散内西猛克,

Deib mangb houx said neib xid mengb kied,

汝见帮录,

Rux jianb bangx lub,

度忙喂茶告忙猛梦,

Dux mangb weib chab gaob mangb mengb mengx,

汝加帮染。

Rux jiad bangx ras.

要奶照奶几初,

Yaox leib zhao leib jid chub,

要旧照旧吉仰。

Yaox jiub zhaob jiub jib yangb.

那炯先单,

Nat jiongb xiand dand,

那乙先送。

Nat yib xiand songx.

奶楼汝见奶沙,

Leit noub rux jianb leit shad,

奶弄汝加奶白。

Leit nongx rux jiad leit beid.

归楼咱半嘎崩,

Guit noux zad band giad bengb,

归弄咱几嘎洽。

Guit nongx zad jid giad qiax.

咱半寿报半你,

Zad banb shout baob banb nit,

咱几寿报几炯。

Zad jid shout baob jit jiongx.

扛内江楼锐锐长苟,

Gangb neib jiangb loub ruit ruit changb goud,

江弄让让长公。

Jiangb nongx rangx rangx changb gongt.

江楼拢粗，

Jiangb loub liongb cud,

呕奶补奶热杂够豆，

Out leit but leit reb zab goub dout,

江楼拢粗，

Jiangb loub liongb cul,

呕图补图热板比兵。

Out tub but tub reb bnb bid biongb.

打豆他崩他中，

Dat dout tax bengb tax zhongb,

打便他高他太。

Dat biat tax gaod tax teix.

产内腊龙几娘到见，

Chant neib lab liongb jid niangb daox jianb,

吧内腊龙几娘到嘎。

Bad neib lab liongb jid niangb daox giax.

焖先归楼归弄——

Jongb xiand guit noub guit nongx—

苟照热杂够豆，

Ged zhaob red zab goub dout,

几最莎到先头，

Jid zuib sax daox xiand toub,

良木归录归炸——

Lial mub guit lux guit zax—

苟照热板比兵，

Ged zhaob reb banb bid biongb,

几最莎到先头。

Jid zuib sad daox xiand toub.

良木阿竹共让，

Liangb mux ad zhub gongx rangx,

几最莎到木汝。

Jid zuix sad daox mub rux.

炯先炯汉先头，

Jongb xiand Jongb hanx xiand toub,

炯木炯汉木汝。

Jongb mub Jongb hanx mub rux.

先头炯猛产豆，

Xiand toub Jongb mengb chant dout,

木汝炯猛吧就。

Mub rux Jongb mengb bax jux.

炯先产豆，

Jongb xiand chant dout,

先头你猛产豆，

Xiand toub nit mengb chant dout,

炯木吧就，

Jongd mub bad jux,

木汝炯猛吧就。

Mux rux jiongx mengb bax jux.

久抓久头，

Jub zhuab jiub toub,

久稍久热。

Jub xiaod jub reb.


留气喝的吃的，佑福食的饱的。
年头吃剩吃发，年尾吃饱吃肥。
谷财米财，糯财粘财。
谷财吃甜，米财喝蜜。
开春人拿去播去撒，开年人拿去播去种。
播去土中，去生千苑千丛，
种去土内，去育百株百对。
五月锄禾锄得完好，六月中耕耕得满遍。
土中没有异物杂草，地内没有异类杂物。
色青油油满坡，色亮油油遍岭。
主家耕者上午去看如同森林，

田地主人下午去望好似竹园。

缺了要补来加，少了要栽来添。

七月熟了，八月熟透。

谷粒壮如冰雹，米粒白似冰雪。

谷财见筐莫惊，米财见篓莫怕。

见筐跑进筐居，见篓跑进篓坐。

见筐涌进筐中，见篓涌进篓内。

送人抬谷急急回转，背米忙忙回程。

抬谷来装两个三个屋前谷仓，

背米来装两重三重屋边米库。

仓底装实装满，仓盖装满装盈。

千人也吃不完存谷，百众也吃不尽存米。

保得家中谷财，

保在家中前仓，完全皆得装满，

佑得家内米财，

佑在家内后库，完全皆得装盈。

留气要留长命富贵，赐福要赐齐天洪福。

长命居得千年，洪福坐过百岁。

留气千年，长命居得千年，

赐福百岁，洪福坐过百岁。

不落不脱，不松不掉。


烔先麻拢麻放，

Jongb xiand mab liongb mab fangx，

良木窝提窝豆。

Lial mub aob tib aob doux.

提烔炮节，

Tib Jongb paox jieb，

提尖炮抓。

Tib jiand paox zhuab.

拢没麻元，

Liongb meib mab yuanb，

照没麻养。

Zhaod meib mab yangb.

烔先公烔公节，

Jongb xiand gongt Jongb gongt jieb，

烔木公数公然。

Jiongx mub gongt sut gongt rab.

补温果良禾超潮录，

But wengt gueb lial aob chaod zaox lub，

补笑明拿禾超潮弄。

But xiaox miongb nab aob chaob zaox nongx.

龙锐见内穷沙，

Longb ruit jianb neib qiongb shad，

龙列加内穷白。

Longb lieb jid neib qiongb beid.

求八猛单，

Qiux bab mengb dand，

求处猛送。

Qiux chux mengb songx.

出标如见背柳，

Chud bioud rub jianb beid liut，

出处如加背干。

Chud chux rub jiad beid ganb.

内腊得碗拢油，

Neib lab deib wanb liongb yub，

猛碗拢号。

Mengb wanb liongb haox.

到公到见，

Daox gongt daox jianb，

到忙到嘎。

Daox mangb daox giax.

烔先公烔公节——

Jongb xiand gongt Jongb gongt jieb—

苟照几头，

Ged zhaob jid toub，

几最莎到先头。

Jid zuib sax daox xiand toub.

良木公数公然——

Lial mub gongt sut gongt rab—

苟照几提,

Ged zhaob jid tib,

几最莎到先头。

Jid zuib sad daox xiand toub.

良木阿竹共让,

Liangb mux ad zhub gongx rangx,

几最莎到木汝。

Jid zuix sad daox mub rux.

炯先炯汉先头,

Jongb xiand Jongb hanx xiand toub,

炯木炯汉木汝。

Jongb mub Jongb hanx mub rux.

先头炯猛产豆,

Xiand toub Jongb mengb chant dout,

木汝炯猛吧就。

Mub rux mengb bax jux.

炯先产豆,

Jongb xiand chant dout,

先头你猛产豆,

Xiand toub nit mengb chant dout,

炯木吧就,

Jongd mub bad jux,

木汝炯猛吧就。

Mux rux jiongx mengb bax jux.

久抓久头,

Jub zhuab jiub toub,

久稍久热。

Jub xiaod jub reb.

留气穿的暖体，佑福布匹布缎。

绫罗绸缎，绸缎细布。

穿有剩的，戴有余的。

保气蚕儿蚕虫，佑福蚕丝蚕绸。

三簸白如大颗糯米，三筛亮似大颗米粒。

吃桑如同撒冰，吃叶好以下雪。

爬遍枝丫上面，坐遍枝丫上头。

结茧如同大果，结球密似葡萄。

让人小锅来煮，大锅来热。

得丝得钱，得绸得财。

保得蚕儿蚕虫，

保在纸片，完全皆得丰果，

佑得蚕丝蚕绸、

佑在布帛，完全皆得丰足。

留气要留长命富贵，赐福要赐齐天洪福。

长命居得千年，洪福坐过百岁。

留气千年，长命居得千年，

赐福百岁，洪福坐过百岁。

不落不脱，不松不掉。


炯先打便扛拢，

Jongb xiand dat biat gangb liongb，

打豆白到。

Dat dou beit daox.

扛拢几江几明，

Gangb liongb jid jiangb jiad miongb，

白到几不吉强。

Beid daox jid bub jib jiangx.

拢汉苟得公同，

Liongb hanx goud deib gongt tongb，

你拢没吾没炯，

Nit liongb meib wut meib jiongx，

到汉公数公然，

Daox hanx gongt sut gongt rab,

炯拢没卡没绒。

Jiongx liongb meib kax meib rongb.

你粗帮突够豆,

Bit ud bangx tud goud dout,

炯他帮痛比兵。

Jiongx tax bangx tongb bid biongb.

内西高围见内穷沙,

Neit xit gaob weib jianb neib qiongx shad,

禾忙告瓦加内穷白。

Aot mangb gaob wab jid neib qiongx beid.

内西猛刚崩瓦告苟,

Neit xit mengb gangb bengb wab gaob goud,

禾忙猛刚崩刚比让。

Aot mangb mengb gangb bengb gangb bid rangb.

那纠拢单,

Nab jiub liongb dand,

那谷拢送。

Nab guob liongb songx.

扛内算内没同,

Gangb neib suand neib meib tongb,

寿牛没得。

Shoux niub meit deib.

德碗拢油,

Deb wanb liongb youb,

猛碗拢号。

Mengb wanb liongb haox.

溶同见内溶干,

Rongl tongb jianb neib rongl gand,

溶得加内溶白。

Rongl deib jiad neib rongl beix.

照棉白棉,

Zhaox mianb beid mianb,

照痛白痛。

Zhaox tongx beid tongx.

产内拿服几娘到见，

Chant neib nal fud jid niangb daox jianb,

吧内拿龙几娘到嘎。

Bax neib nal longb jid niangb daox giax.

炯先苟得公同——

Jongb xiand ged deib gongt tongb—

苟照帮突够豆，

Ged zhaob bangx tud gout dout,

几最莎到先头，

Jid zuix sax daox xiand toub,

良木公数公然——

Liab mub gongt sut gongt rab—

苟照帮痛比兵，

Ged zhaob bangx tongx bid biongb,

几最莎到先头。

Jid zuib sad daox xiand toub.

良木阿竹共让，

Liangb mux ad zhub gongx rangx,

几最莎到木汝。

Jid zuix sad daox mub rux.

炯先炯汉先头，

Jongb xiand Jongb hanx xiand toub,

炯木炯汉木汝。

Jongb mub Jongb hanx mub rux.

先头炯猛产豆，

Xiand toub Jongb mengb chant dout,

木汝炯猛吧就。

Mub rux mengb bax jux.

炯先产豆，

Jongb xiand chant dout,

先头你猛产豆，

Xiand toub nit mengb chant dout,

炯木吧就，

Jongd mub bad jux，

木汝炯猛吧就。

Mux rux jiongx mengb bax jux.

久抓久头，

Jub zhuab jiub toub，

久稍久热。

Juxb iaod jub reb.


留气天降百宝，佑福地生百财。
送来甜甜蜜蜜，赐来成堆成帮。
来那蜂蜜白财，居来有蜜有蜡，
得那蜜财糖财，坐来有浆有糖。
居在木桶之中，坐在蜂桶之内。
白天飞出如同下冰，黄昏归巢好似下雪。
整日去采村头花汁，整天去采野外花糖。
九月来到，十月来临。
人们择日取蜜，选时取糖。
小锅来煮，大锅来熬。
融汁如同融冰，融糖好似融雪。
装盆满盆，装桶满桶。
千人也喝不完的蜜糖，百众也吃不尽的白财。
保得蜂蜜白财，
保在木桶之中，完全皆得装满
佑得蜜蜂糖财，
佑在蜂桶之内，完全皆得装登。
留气要留长命富贵，赐福要赐齐天洪福。
长命居得千年，洪福坐过百岁。
留气千年，长命居得千年，
赐福百岁，洪福坐过百岁。
不落不脱，不松不掉。
神韵——

炯先洞久，

Jongb xiand dongt jub,

炯木洞板。

Jongb mub dongt band.

闹达列拢修力，

Laox dab lieb liongb xuit lib,

闹送列拢油章。

Laox songx lieb liongb youb zhuangb.

窝汝送斗，

Aot rux songx doub,

几修阿标林休归先归得，

Jid xuit ad bioud liuongb xut guid xiand guid deib,

窝汝穷炯，

Aot rux qiongb jiongx,

几修阿竹共让归木归嘎。

Jid xuit ad zhub gongx rangx guid mub guid giax.

内浪先头转嘎虫兰，

Neib nangb xiand toub zhuanb giax chongb lanb,

木汝奈拿虫兄。

Mub rux naib nal chongb xiongd.

窝汝送斗，

Aot rux songx doub,

列修补就内绒吉标，

Lieb xuit but jux neib rongb jib bioud,

加皮几纵苟翁，

Jiad pix jid zongb goud wengd,

穷斗吉翁吉标见风，

Qiongb de jib wengd jib bioud jiangb fengt,

弄偶报标，

Nongt oub baob bioud,

棍忙足吾补土，

Gunt mangb zub wut but tud,

嘎苟录格，

Giat goud lub gied，

楼帮够斗，

Noub bangx goub dout，

豆剖腊蒙，

Dout bout lab mengb，

意苟招凤，

Yib goub zhaob fengt，

从篓几乙，

Congb loud jid yib，

狗嘎告豆。

Guoud giat gaob dout.

修嘎篓滚浪补，

Xuit giab loub gunb nangb bub，

油嘎篓穷浪冬。

Yob giab loud qiongx nangb dongt.

补路列修楼绒，

But lux lieb xuit loud rongb，

比路列修弄棍。

Bid lux lieb xuit nongb gunt.

列修爬迷报能，

Lieb xuit pax miongb baob nongb，

爬穷报热。

Pax qiongx baob reib.

出格斗标，

Chud gieb doub bioud，

喂怪柔纵。

Weix guaib roub zongx.

修嘎得忙禾交便告斗补，

Xuit giab deib mangb aob jiaot gaob doub bub，

油嘎度忙禾茶照告然冬。

Youb giad dux mangb aob cad gaob rab dongt.

留气已了，佑福已完。

上达要来收煞，上到要来解祸。

烧好糠香，不收一家大小生气儿气，

烧好蜡烟，不收一屋老幼洪福孙福。

信士的生气收在身中，洪福系在体内。

烧好蜂蜡宝香，

要收三年恶煞家中、噩梦做在床头、

是非口舌、浓烟乱起家中、

恶蛇进家、死鬼作祟、

亡神丧木、鸡怪鸭兆、

田中坟井、乌云黑雾、

毒疮伤患、狗屎门前。

收去阳州以西，解去阴州一县。

土中要收稻瘟，地头要收米疫。

要收毒蚁进家，红蚁进库，

凶兆家中，怪异家内。

收去冤家仇人，五方山地。

解送仇人冤孽，六方山脉。

休约列休几齐，

Xut yod lieb xut jid qit,

油约列油吉叫。

Yub yod lieb yub jib jiaob.

列休几久吉够，

Lieb xut jid jub jid goub,

列油几嘎吉八。

Lieb yub jib giat jib bad.

窝汝送斗——

Aot rux songx doub—

列休——

Lieb xut—

内绒拢单吉标，

Neib rongb liongb dand jib bioud,

骂棍闹送吉竹。

（反复驱遣诀）

Max gunt laox songx jib zhub.

出汉斩松猛豆，

Chub hanx zhaid songd mengb dout,

将汉吧难达那。

Jiangb hanx bad nanb dab nab.

加绒楼豆，

Jiad rongb loub dout,

加棍楼越。

Jiad gunt loub yueb.

得乖否你，

Deib gweit woub nit,

得则否炯。

Deib zeb woub jiongx.

得乖兵比兵缪，

Deib gweit biongb bid biongb mioub,

得则兵豆兵斗。

Deib zeb biongb doud biongb dout.

干然柔先，

Ganb ranb roub xiand,

兰棉柔甲。

Lan mianb roub jiab.

兵鸟兵先，

Biongt niaob biongt xiand,

干古干嘎。

Ganb gud ganb giax.

兵古兵穷，

Biongt gud biongt qiongb,

出格出怪。

Chud geib chub guaix.

斗绒当棍长兰，

Doub rongb dangd gunt changb lan,

斗棍吉追报长。

Doub gunt jib zhiux baox changb.

豆毛没比没兵，

Doux maob meib bid meib biongd，

度毛没涌没够。

Dux maob meib yongd meib goux.

打格几篓，

Dab gied jid loub，

打甲吉追。

Dab jiab jib zhiux.

禾抓比包，

Aot zhuab bix bet，

禾中比篓。

Aot zhongb bix loud.

几内出蒙出梅，

Jid neib chub mengb chub meib，

吉忙出皮出细。

Jib mangb chub bix chub xix.

几内否瓜内得，

Jid neit boub guad neid deit，

吉忙否边内呕，

Jib mangb boub biant neib oud，

几齐休闹乙热内补，

Jid qit xut laox yid reb neib bub，

吉叫油嘎以然内冬。

Jid jiaob yub giax yid rab neib dongt.

休嘎补洽比排，

Xut giax but qiax bid paib，

油闹便排照告。

Yub laox biat paib zhaob gaox.

休约吉标几没，

Xut yod jid bioud jid meib，

油约吉竹几斗。

Yub yod jid zhub jib doub.

收走必要收尽，驱除必须除完。
要收透透彻彻，要除干干净净。
谨焚宝香，要收——
魑魅来到家中，魍魉进到宅内。
兴那灾星灾殃，降那灾难灾祸。
凶神来得日久，恶鬼坐得久长。
黑处来躲，暗处来藏。
黑处现头现耳，暗处现爪现脚。
现那大口咬牙，现那长舌切齿。
现嘴现齿，见抓见捉。
见红见血，作蛊作怪。
恶煞没有前胸，凶鬼没有后背。
腿脚有鬃有毛，头耳有段有节。
忽而现前，忽而见后。
跨在床头，现在床尾。
白日现眼现目，夜晚现梦现幻。
白日它骗人子，夜晚它骗人妻。
都要赶到他乡别里，全部驱到他地别处。
赶到天涯东西，驱到海角南北。
赶了家中再也没有，驱了家内再也不见。

休约列休几齐，
Xut yod lieb xut jid qit,
油约列油吉叫。
Yub yod lieb yub jib jiaob.
列休几久吉够，
Lieb xut jid jub jid goub,
列油几嘎吉八。
Lieb yub jib giat jib bad.
窝汝送斗——
Aot rux songx doub—
列休——
Lieb xut—

补豆加皮加细，

But dout jid bix jiad xix,

补就加格加怪。

But jux jiad gieb jiad guaib.

加皮出扛内抄，

Jiad bix chud gangb neib caot,

加细出扛内棉。

Jid xix chud gangb neib miab.

加皮出扛内崩，

Jiad bix chud gangb neib bengb,

加细出扛内洽。

Jiad xix chud gangb neib qiax.

皮闹猛龙猛同，

Bix laox mengb longb mengb tongb,

皮豆猛庆猛炮。

Bix dout mengb qix mengb paox.

皮菩冬绒几浪几吼，

Bix dongt rongb jib nangb jib hout,

皮挂便同几浪吉话。

Bix guax biat tongb jib nangb jib huax.

皮绒腊葡，

Bix rongb lab pud,

皮便腊挂。

Bix biat lab guax.

几关斗你格绒，

Jid guand dout nib gied rongb,

吉哈斗炯格便。

Jib had dout jiongx gied biax.

皮你周柔周金，

Bix nib zhoub rout giuongd,

皮炯周图周陇。

Bix jiongx zhoub tub zhoub liongd.

皮热先竹，

Bix reb xiand zhub,

皮弟先比。

Bix dix xiand bid.

皮干咱古,

Bix ganb zad gud,

皮咱加穷。

Bix zad jiad qiongd.

皮龙写尼,

Bix longb xied nieb,

皮架写油。

Bix jiax xied yub.

皮龙光中,

Bix longb guangd zhongd,

皮架光抓。

Bix zhub guand zhuab.

几篓皮不半斗,

Jid neb bix bub banx deb,

吉追皮扛半太。

Jib zhuix bix gangb banx tiex.

几齐休闹乙热内补,

Jid qit xut laox yid reb neib bub,

吉叫油嘎以然内冬。

Jid jiaob yub giax yid rab neib dongt.

休嘎补洽比排,

Xut giax but qiax bid paib,

油闹便排照告。

Yub laox biat paib zhaob gaox.

休约吉标几没,

Xut yod jid bioud jid meib,

油约吉竹几斗。

Yub yod jid zhub jib doub.

乖久追拢皮腊长细,

Gweit jut zhuix liongb lab changb xix,

细拿长皮。

Xix nab changb bix.

皮下容吾，

Bix xiax rongb wut,

皮当容斗。

Bix dangb rongb deb.

皮下容青，

Bix xiax rongb qiongd,

皮当容见。

Bix dangb rongb jianb.

皮闹蒙苟，

Bix laox mengb goud,

求猛冬内。

Qiux mengb dongt neib.

皮会猛公，

Bix huix mengb gongt,

闹猛王记。

Laox mengb wangb jix.

长皮长单闹达猛昂猛洽，

Changb bix changb dand laox mengb angb mengb qiax,

比图猛故猛色。

Bid tub mengb gud mengb seid.

汝皮长单图然告苟，

Rux bix changb dand tux rab gaob geb,

汝细长送图绕比让。

Rux xix changb songx tux raob bid rangb.

汝皮长单几纵苟翁，

Rux bix changb dand jid zongb goud wengd,

汝细长送吉秋够求。

Rux xix changb songx jib quid goud qiux.

阿吉长拢汝国，

Ad jib changb liongb rux geib,

呕吉长拢汝包。

Out jib changb liongb rux bex.

    收走必要收尽，驱除必须除完。
    要收透透彻彻，要除干干净净。
    要收——
    三年恶梦恶幻，三载恶蛊恶怪。
    噩梦做送人忧，恶幻做送人愁。
    噩梦做送人惊，恶幻做送人怕。
    梦倒大刀大刃，梦响大铳大炮。
    梦垮山梁震动山，梦塌山崖震动岗。
    梦山也崩，梦岭也塌。
    挂在陡岭，飘在悬崖。
    梦在岩牢土牢，梦坐竹牢木牢。
    梦落门齿，梦断门牙。
    梦见红血，梦见污血。
    梦吃牯肠，梦嚼牛肚。
    梦吃洋葱，梦嚼洋蒜。
    身前梦背柴篓，身后梦负炭篓。
    都要赶到他乡别里，全部驱到他地别处。
    赶到天涯东西，驱到海角南北。
    赶了家中再也没有，驱了家内再也不见。
    收走以后梦也来幻，幻也来梦。
    梦挖水沟，梦开水渠。
    梦挖水池，梦开水塘。
    梦走大路，走去京城。
    梦行大道，行到国都。
    好梦转到脚踩大船大舱，头顶大罗大伞。
    好梦回到梨树村头，好幻转到栗树寨尾。
    好梦回到家中床边，好幻转到屋内耽头。
    一觉转来好睡，二觉转来好卧。

休约列休几齐，
Xut yod lieb xut jid qit,

油约列油吉叫。

Yub yod lieb yub jib jiaob.

列休几久吉够，

Lieb xut jid jub jid goub,

列油几嘎吉八。

Lieb yub jib giat jib bad.

窝汝送斗——

Aot rux songx doub—

列休——

Lieb xut—

列乖得章猛萨，

Lieb gweit deit zhuangb mengb sad,

得度得树。

Deib dux deib shux.

鸟拔鸟浓，

Niaob bab niaob niongx,

鸟让鸟共。

Niaob rangb niaob gongx.

麻乖扑见麻果，

Mab gweit pud jianb mab guet,

麻加扑见麻汝。

Mab jiad pud jianb mab rux.

吉白吉袍，

Jid beib jid baox,

几不吉数。

Jid bub jib sut.

萨空绒苟，

Sax kongt rongb geb,

章虐柔绒。

Zhuangb nub rout rongb.

够寿刀够，

Goud shoux diaot gout,

梅良刀肥。

Meib liangb diaod feib.

产内鸟茶，

chant neib niaot chab,

吉奈拢服，

Jib naix liongb fub,

吧内弄然，

Bad neib nongb rab,

吉奈拢龙。

Jib naix liongb longb.

几服梅照打鸟，

Jid fub meit zhaob dad niaob,

几龙梅照达弄。

Jid longb meit zhaob dab nongd.

几齐休闹乙热内补，

Jid qit xut laox yid reb neib bub,

吉叫油嘎以然内冬。

Jid jiaob yub giax yid rab neib dongt.

休嘎补洽比排，

Xut giax but qiax bid paib,

油闹便排照告。

Yub laox biat paib zhaob gaox.

休约吉标儿没，

Xut yod jid bioud jid meib,

油约吉竹几斗。

Yub yod jid zhub jib doub.

> 收走必要收尽，驱除必须除完。
> 要收透透彻彻，要除干干净净。
> 要收——
> 官司官口，官非官讼。
> 女口男嘴，小口老嘴。
> 黑的讲成白的，坏的讲成好的。
> 结伙相欺，结伴相害。

是非口嘴，官非口舌。

教唆暗害，挑拨搬弄。

利口邀约来喝，刀舌邀众来吃。

不喝强灌口中，不吃强塞嘴内。

都要赶到他乡别里，全部驱到他地别处。

赶到天涯东西，驱到地角南北。

赶了家中再也没有，驱了家内再也不见。


休约列休几齐，

Xut yod lieb xut jid qit,

油约列油吉叫。

Yub yod lieb yub jib jiaob.

列休几久吉够，

Lieb xut jid jub jid goub,

列油几嘎吉八。

Lieb yub jib giat jib bad.

窝汝送斗——

Aot rux songx doub—

列休——

Lieb xut—

列乖棍梦吉标，

Lieb gweit gunt mengx jib bioub,

棍达几竹。

Gunt dab jid zhub.

棍梦棍斗，

Gunt mengx gunt doub,

棍抄棍达。

Gunt chaod gunt dab.

声昂几吼吉标，

Shongt angb jid houb jib bioud,

声研吉话吉竹。

Shont yuanb jib huax jid zhub.

提果牛内，

（反复驱遣诀）

Tib guet niub neib,

呕楼牛麻。

Out loub niub mab.

牛内周滚，

Niub neib zhoud gund,

牛洞周乔。

Niub dongt zhoud qiaob.

纵梦告吹，

Zongb mengt gaob chuid,

纵达告绒。

Zongb dab gaob rongb.

纵篓纵白，

Zongb loub zongb baib,

纵达纵柔。

Zongb dab zongb roub.

几齐休闹乙热内补，

Jid qit xut laox yid reb neib bub,

吉叫油嘎以然内冬。

Jid jiaob yub giax yid rab neib dongt.

休嘎补洽比排，

Xut giax but qiax bid paib,

油闹便排照告。

Yub laox biat paib zhaob gaox.

休约吉标几没，

Xut yod jid bioud jid meib,

油约吉竹几斗。

Yub yod jid zhub jib doub.


收走必要收尽，驱除必须除完。
要收透透彻彻，要除干干净净。
要收——
家中病灾常作，宅内死神常犯。
病灾疾厄，悲哀死亡。

哭声常作家中，哀号常响家内。
二柱白布，麻衣孝服。
二柱篓黄，中柱篓篾。
病床家中，尸床宅内。
病床崩床，尸床柳床。
都要赶到他乡别里，全部驱到他地别处。
赶到天涯东西，驱到海角南北。
赶了家中再也没有，驱了家内再也不见。

休约列休几齐，
Xut yod lieb xut jid qit,
油约列油吉叫。
Yub yod lieb yub jib jiaob.
列休几久吉够，
Lieb xut jid jub jid goub,
列油几嘎吉八。
Lieb yub jib giat jib bad.
窝汝送斗——
Aot rux songx doub—
列休——
Lieb xut—
家格吉标，
Jiab gib jib bioud,
加怪吉竹。 （反复驱遣诀）
Jiad guaix jid zhub.
加格出扛内咱，
Jia gib chub gangb neib zad,
加怪喂扛内干。
Jiad guaix weib gangb neib ganb.
出格够寿扛容，
Chub gib ged shoux gangb yongb,
喂怪梅良扛棉。
Weib guaix meib liangb gangb miab.

弄偶报标，

Nongt oub baox bioud,

拢出那柔那金。

Liongb chub nat roub nat giuongd.

弄苟报竹，

Nongd goud baob zhub,

拢出巴良图共。

Liongb chu bad liab tub gongx.

故敏报标，

Gud miongt baob bioud,

故虐报竹。

Gud nub baob zhub.

竹同不得，

Zhub tongb but deib,

竹纵不同。

Zhub zongb but tongb.

竹同拢出声猛，

Zhub tongb liongb chub shongt mengt,

不绕拢让昂走。

But raot liongb rangb angb zoub.

补产爬迷，

But chant pab mib,

几谋够豆，

Jid mueb gout dout,

拢出声梦，

Liongb chub shongt mengt,

补吧爬穷，

But bax pad qiongx,

吉麻比兵，

Jid mab bid biongb,

拢出声达。

Liongb chub shongt dab.

潮录告台打温，

Zaox lub gaox chub dat wengt,

潮弄告提达笑。

Zaox nongx gaox tib dab xiaox.

几齐休闹乙热内补,

Jid qit xut laox yid reb neib bub,

吉叫油嘎以然内冬。

Jid jiaob yub giax yid rab neib dongt.

休嘎补洽比排,

Xut giax but qiax bid paib,

油闹便排照告。

Yub laox biat paib zhaob gaox.

休约吉标几没,

Xut yod jid bioud jid meib,

油约吉竹几斗。

Yub yod jid zhub jib doub.


　　收走必要收尽,驱除必须除完。
　　要收透透彻彻,要除干干净净。
　　要收——
　　凶兆现在家中,怪异现在家内。
　　凶兆出让人知,怪异作送人见。
　　凶兆带来凶灾,怪异招来厄难。
　　恶蛇进家,绞搓成绳成索,
　　怪蛇进户,来做抬丧木杠。
　　恶蛇进堂,怪蛙进户。
　　家中出异,宅内现怪。
　　家中常有病哼,宅内常有病犯。
　　三千怪蚁进家来做病叹,三百红蚁进户来做哭丧。
　　大米跳在簸中,小米跳在筛内。
　　都要赶到他乡别里,全部驱到他地别处。
　　赶到天涯东西,驱到海角南北。
　　赶了家中再也没有,驱了家内再也不见。

吉标斗妻列休扛久，

Jib bioud doub qud lieb xut gangb jub，

几竹弄力列油扛板。

Jid zhub nongx lib lieb yub gangb banb.

休约列休几齐，

Xut yod lieb xut jid qit，

油约列油吉叫。

Yub yod lieb yub jib jiaob.

列休几久吉够，

Lieb xut jid jub jid goub，

列油几嘎吉八。

Lieb yub jib giat jib bad.

窝汝送斗——

Aot rux songx doub—

列休——

Lieb xut—

加绒拢租，

Jiad rongb liongb cub，

加棍拢岔。                              （反复驱遣诀）

Jiad gweit liongb chax.

加绒抱标拢租拢出，

Jiad rongb baob bioud liongb cub liongb chub，

加棍抱竹拢仇拢大。

Jiad gweit baob zhub liongb choub liongb dab.

棍忙足吾补土，

Gweit mangb zub wut but tud，

棍达共娘补痛。

Gunt dab gongx niangb but tongx.

补豆借酒加服，

Bud dout jiet jiud jiad fub，

补就出列加龙。

Bud jiut chub lieb jiab longb.

借酒酒孝，

Jiet jiud jiud xiaot,

出列列虐。

Chud liex liex nub.

得服几周,

Deib fub jib zhoud,

嘎龙几壮。

Giad longb jid zhuangb.

油首几见善缪,

Youb shout jid jianb shait mioub,

唐闹几加善昂。

Tangx laox jid jiad shait angb.

列乖呕温列香,

Lieb gweit out wengt liex xiangt,

冲苟达告竹鲁。

Chongx goud dab gaox zhub lud.

呕笑列昂,

Out xiaox lieb angb,

冲照达告竹嘴。

Chongx zhaob dab gaox zhub zuid.

雄忙阿涌,

Xiongt mangb ad yongd,

陇忙阿够。

Liongb mangb ad goud.

窝达香录,

Aot dab xiangt lub,

窝这香瓜。

Aob zhex xiangt guad.

几齐休闹乙热内补,

Jid qit xut laox yid reb neib bub,

吉叫油嘎以然内冬。

Jid jiaob yub giax yid rab neib dongt.

休嘎补洽比排,

Xut giax but qiax bid paib,

油闹便排照告。
Yub laox biat paib zhaob gaox.
休约吉标几没，
Xut yod jid bioud jid meib，
油约吉竹几斗。
Yub yod jid zhub jib doub.

收走必要收尽，驱除必须除完。
要收透透彻彻，要除干干净净。
要收——
凶鬼作祟，恶煞作乱。
凶鬼进屋来作来祟，恶煞进家来打来杀。
死神为殃作祸，死鬼兴灾作难。
三年煮酒不甜，三载煮饭不熟。
儿喝不长，孙吃不肥。
做事不得圆满，打铁不得锋利。
要驱两簸丧饭，摆在堂屋前方，
两筛丧供，摆在大门后面。
丧竹一节，响竹一筒。
菖蒲隔死，桃叶隔丧。
都要赶到他乡别里，全部驱到他地别处。
赶到天涯东西，驱到海角南北。
赶了家中再也没有，驱了家内再也不见。

休约列休几齐，
Xut yod lieb xut jid qit，
油约列油吉叫。
Yub yod lieb yub jib jiaob.
列休几久吉够，
Lieb xut jid jub jid goub，
列油几嘎吉八。
lieb yub jib giat jib bad.
窝汝送斗——

Aot rux songx doub—

列休——

Lieb xut—

班乖班达，

Band gweit band dab,

班两班木。

Band liangb band mub.

得标麻乖，

Deib bioud mab gweit,

得相麻共。

Deib xiangd mab gongx.

楼棒抓图够豆，

Loub bangb zhuab tux gout dout,

楼柔抓拢比兵。

Loub roub zhuab liongb bit biongt.

广将鲁班，

Guangd jiangd lut band,

首龙到然。

Shout longb daox rab.

报尖报借，

Baox jiand baox jiex,

达虾那图。

Dab xiad nab tux.

几齐休闹乙热内补，

Jid qit xut laox yid reb neib bub,

吉叫油嘎以然内冬。

Jid jiaob yub giax yid rab neib dongt.

休嘎补洽比排，

Xut giax but qiax bid paib,

油闹便排照告。

Yub laox biat paib zhaob gaox.

休约吉标几没，

Xut yod jid bioud jid meib,

油约吉竹几斗。

Yub yod jid zhub jib doub.

收走必要收尽，驱除必须除完。
要收透透彻彻，要除干干净净。
要驱棺材棺木，棺埋棺葬。
棺木黑屋，箱子棺椁。
木头木马丧板，丧板木马丧杠。
做棺木匠，利斧刀具。
推光推刨，墨签墨线。
都要赶到他乡别里，全部驱到他地别处。
赶到天涯东西，驱到海角南北。
赶了家中再也没有，驱了家内再也不见。

休约列休几齐，

Xut yod lieb xut jid qit,

油约列油吉叫。

Yub yod lieb yub jib jiaob.

列休几久吉够，

Lieb xut jid jub jid goub,

列油几嘎吉八。

Lieb yub jib giat jib bad.

列休——

Lieb xut—

嘎格斗标，

giat gieb doub bioub,

傩棉柔纵。

Nub miab roub zongx.

嘎苟录格，

Giat geib lub gieb,

嘎欺录麻。

Giat qid lub miax.

狗拢首得阿偶，

Goud liongb soud deit ad oud,

琶拔首得阿双。

Pax bax soud deit ad shuangt.

嘎陇包就服楼,

Giat liongb baod jud fud loub,

琶拢包陇龙得。

Pax liongb baod liongb longb deib.

就录爷古,

Jud lub yeb gub,

梅热爷穷。

Meib reb yeb qiongb,

禾内拢嘎拢奈,

Gob neit liongb giad liongb naib,

报告拢楼拢归。

Baob gaob liongb loub liongb guib.

几齐休闹乙热内补,

Jid qit xut laox yid reb neib bub,

吉叫油嘎以然内冬。

Jid jiaob yub giax yid rab neib dongt.

休嘎补洽比排,

Xut giax but qiax bid paib,

油闹便排照告。

Yub laox biat paib zhaob gaox.

休约吉标几没,

Xut yod jid bioud jid meib,

油约吉竹几斗。

Yub yod jid zhub jib doub.


收走必要收尽,驱除必须除完。
要收透透彻彻,要除干干净净。
要收——
怪鸡家中,怪鸭宅内。
怪鸡怪鸭,鸡兆鸭兆。

狗来下崽一只，猪来下儿一双。
鸡来进窝啄蛋，猪来进窝吃儿。
鸡窝流汁，猪窝滴血。
母鸡来啼来叫，公鸡来窝来抱。
都要赶到他乡别里，全部驱到他地别处。
赶到天涯东西，驱到海角南北。
赶了家中再也没有，驱了家内再也不见。

休约列休几齐，
Xut yod lieb xut jid qit,
油约列油吉叫。
Yub yod lieb yub jib jiaob.
列休几久吉够，
Lieb xut jid jub jid goub,
列油几嘎吉八。
Lieb yub jib giat jib bad.
窝汝送斗——
Aot rux songx doub—
列休——
Lieb xut—
楼绒兵你腊吾，
loub rongb biongb nit lab wut,
弄棍兵照路江。
Nongx gunt biongb zhaob lub jiangb.
腊吾江楼几见，
Lab wut jiangd loub jid jianb,
路先标弄几单。
Lux xiand bioub nongx jib dand.
标楼见如，
Bioud loub jianb rub,
照弄见兄。
Zhaob nongx jianb xiongd.
豆剖腊蒙，

Dout bout lab mengb,

陇出哭中。

Liongb chub kux zhongb.

假怕腊乙,

Jiad pat lab yib,

陇出哭从。

Liongb chub kux congb.

楼兵那便,

Loub biongt nab biat,

陇出列尼,

Liongb chub liex nieb,

弄兵那照,

Nongx biongt nab zhaox,

陇出列爬。

Liongb chub lieb pax.

楼兵嘎豆嘎柔,

Loub biongt giab dout giab roub,

弄兵嘎公嘎扒。

Nongx biongt giab gongx giab pax.

楼兵加内,

Loub biongt jiad neit,

弄兵加虐。

Nongx biongt jiad nub.

几齐休闹乙热内补,

Jid qit xut laox yid reb neib bub,

吉叫油嘎以然内冬。

Jid jiaob yub giax yid rab neib dongt.

休嘎补洽比排,

Xut giax but qiax bid paib,

油闹便排照告。

Yub laox biat paib zhaob gaox.

休约吉标几没,

Xut yod jid bioud jid meib,

油约吉竹几斗。
Yub yod jid zhub jib doub.


　　收走必要收尽，驱除必须除完。
　　要收透透彻彻，要除干干净净。
　　要收——
　　败谷出在田里，残米出在土内。
　　水田栽谷不长，熟土种米不生。
　　播谷不均，播米不散。
　　田园垮孔，来做墓井。
　　地头塌陷，来做坟场。
　　谷出五月来送牛吃，米出六月来做饲料。
　　谷穗霉粉土粉，米穗蚁屎烂粉。
　　谷出凶日，米出凶辰。
　　都要赶到他乡别里，全部驱到他地别处。
　　赶到天涯东西，驱到海角南北。
　　赶了家中再也没有，驱了家内再也不见。


休约列休几齐，
Xut yod lieb xut jid qit,
油约列油吉叫。
Yub yod lieb yub jib jiaob.
列休几久吉够，
Lieb xut jid jub jid goub,
列油几嘎吉八。
Lieb yub jib giat jib bad.
窝汝送斗——
Aot rux songx doub—
列乖打便浪格，
Lieb gweit dat biat nangb gieb,
打绒浪怪。
Dad rongb nangb guaix.
绒岭乖豆，

Rongb lingb gweit dout,

绒捕乖内。

Rongb pub gweit neib.

意苟召风，

Yib goud zhaob fengt,

度则召度。

Dux zeb zhaob dux.

度篓麻林，

Dux loub mab linb,

度则麻布。

Dux zeb mab bux.

将乔昂苟，

Jianb qiaob aongb goud,

将穷昂绒。

Jiang qiongx angb rongb.

几北摧岭，

Jid beib cuit lingb,

吉走摧穷。

Jib zoub cuit qiongb.

斗补浪力，

Dout bud nangb lib,

斗冬浪梅。

Dout dongt nangb meib.

兄休况闹况叫，

Xiongt xiut kangx jiaob,

兄柳况豆况斗。

Xiongt liud kangx dout kongx doub.

列乖昂格当苟，

Lieb gweit angb gieb dangb goud,

录达当公。

Lub dab dangb gongx.

到昂几尼昂龙，

Daox angb jib nib angb longb,

到录几尼录用。

Daox lub jib nib lub yongx.

几齐休闹乙热内补，

Jid qit xut laox yid reb neib bub,

吉叫油嘎以然内冬。

Jid jiaob yub giax yid rab neib dongt.

休嘎补洽比排，

Xut giax but qiax bid paib,

油闹便排照告。

Yub laox biat paib zhaob gaox.

休约吉标几没，

Xut yod jid bioud jid meib,

油约吉竹几斗。

Yub yod jid zhub jib doub.

    收走必要收尽，驱除必须除完。
    要收透透彻彻，要除干干净净。
    要收——
    天上作蛊，天空作怪。
    黑云满天，乌云满盖。
    乌天黑地，乌地黑天。
    大团云流，乌黑云盖。
    土地的驴，当坊的马。
    红云漫天，绿云漫地。
    红桌敬神，绿桌赶鬼。
    葛藤缠脚缠腿，绳索缠臂缠手。
    要驱怪肉当途，死鸟当道。
    得肉不是肉吃，得鸟不是鸟飞。
    都要赶到他乡别里，全部驱到他地别处。
    赶到天涯东西，驱到地角南北。
    赶了家中再也没有，驱了家内再也不见。

休约列休几齐，

Xut yod lieb xut jid qit,

油约列油吉叫。

Yub yod lieb yub jib jiaob.

列休几久吉够，

Lieb xut jid jub jid goub,

列油几嘎吉八。

lieb yub jib giat jib bad.

窝汝送斗——

Aot rux songx doub—

列乖从篓几移，

Lieb gweit congb loub jid yib,

嘎加补皂。                                （反复驱遣诀）

Giad jiad but zaod.

招从招打，

Zhaob congb zhaob dad,

招梦招共。

Zhaob mengt zhaob gongx.

谷合麻如如拿背柳，

Guob heb mab rub rub nab bid liud,

告号麻照林拿窝刀。

Gaod haox mab zhaob linb nab aot diaot.

几篓补首就才，

Jid loub but shoux jiux cait,

吉追补叫就夯。

Jib zhuix but jiaob jiux hangx.

锐咒就加，锐虐就夯。

Ruit zhoubjiux jiad, ruit niub jiux hangx.

几齐休闹乙热内补，

Jid qit xut laox yid reb neib bub,

吉叫油嘎以然内冬。

Jid jiaob yub giax yid rab neib dongt.

休嘎补洽比排，

Xut giax but qiax bid paib,

油闹便排照告。

Yub laox biat paib zhaob gaox.

休约吉标几没,

Xut yod jid bioud jid meib,

油约吉竹几斗。

Yub yod jid zhub jib doub.

　　收走必要收尽,驱除必须除完。
　　要收透透彻彻,要除干干净净。
　　要收——
　　毒疮伤患,药鬼纠缠。
　　生疮生疤,肿臭肿烂。
　　发炎肿大大如瓜果,发病肿壮壮似大瓜。
　　身前三包臭药,身后三包臭草。
　　药灾发臭,药患秽污。
　　都要赶到他乡别里,全部驱到他地别处。
　　赶到天涯东西,驱到海角南北。
　　赶了家中再也没有,驱了家内再也不见。

休约列休几齐,

Xut yod lieb xut jid qit,

油约列油吉叫。

Yub yod lieb yub jib jiaob.

列休几久吉够,

Lieb xut jid jub jid goub,

列油几嘎吉八。

Lieb yub jib giat jib bad.

窝汝送斗——

Aot rux songx doub—

列乖便松达巧,

Lieb gweit biat songt dab qiaod,

炯松达加。

Jiongb songt dab jiad.

楼久楼得，

Loub jiut loub deib,

楼比楼缪。

Loub bid loub mioub.

猛巧猛加，

Mengb qiaot mengb jiad,

猛虐猛让。

Mengb niub mengb rangx.

狗嘎告豆，

Goud giad gaob doub,

琶然比兵。

Pax rad bid biongb.

纵补吾棍，

Zongb bub wut gunt,

纵潮吾猛。

Zongb zaox wut mengb.

纵补几没内刚，

Zongb bub jid meib neib gangt,

纵潮几没内土。

Zongb zaox jit meib neib tud.

几齐休闹乙热内补，

Jid qit xut laox yid reb neib bub,

吉叫油嘎以然内冬。

Jid jiaob yub giax yid rab neib dongt.

休嘎补洽比排，

Xut giax but qiax bid paib,

油闹便排照告。

Yub laox biat paib zhaob gaox.

休约吉标几没，

Xut yod jid bioud jid meib,

油约吉竹几斗。

Yub yod jid zhub jib doub.

乖久追陇——

Gweit jub zhuix liongb—

瓜苟几崩纵补吾棍，

Guab geb jid bengb zongb bub wut gunt，

瓜纵吉太纵潮吾猛。 　　　　　　（压山诀）

Guab zongx jib tiex zongb zaox wut mengb.

阿标林休——

Ad bioud linb xut—

刚棍长虫，

Gangt gunt changb chongx，

学猛长拿。

Xuob mengb changb nab.

周昂长单，

Zhou angb changb danb，

照拿长中。

Zhaob nab changb zhongd.

阿谷呕周，

Ad guob out zhoud，

斗欺斗标，

Doub qit doub bioud，

喂乖几久，

Weib gweit jib jub，

葵汝产娥棍空吉候喂乖莎久，

Kuib rux chant eb gunt kongt jib houx weib gweit sax jub，

阿谷补公，

Ad guob but gongt，

弄力吉竹，

Nongx lib jid zhub，

喂度几板，

Weib dux jib banb，

录汝吧图棍得吉候喂度莎板。

Lub rux bad tub gunt deib jib houx weib dux sax banb.

喂乖阿斗，

Weib gweit ad doub，

葵汝产娥棍空吉候喂乖产谷产斗，

Kuib rux chant eb gunt kongt jib houx weib chant guob chant dout，

喂度阿雷，

Weib dux ad leib，

录汝吧图棍得吉候喂度吧谷吧雷。

Lub rux bad tub gunt deib jib houx weib dux bax guob bax leib.

　　收走必要收尽，驱除必须除完。

　　要收透透彻彻，要除干干净净。

　　要收——

　　五音猖鬼，七姓伤亡。

　　烂身烂体，烂头烂耳。

　　死丑死坏，死短死幼。

　　狗来拉屎门前，猪来撒尿门边。

　　猖鬼恶耀，伤亡恶煞。

　　猖鬼没有人理，伤亡没有人敬。

　　都要赶到他乡别里，全部驱到他地别处。

　　赶到天涯东西，驱到海角南北。

　　赶了家中再也没有，驱了家内再也不见。

吉记久扛斗绒斗棍，

Jib jix jut gangb doub rongb doub gunt，

吉压久扛斗格斗怪。

Jib yad jut gangb doub gied doub guaix.

列乖久扛没猛没斗，

Lieb gweit jut gngb meib mengt mengb dout，

列度久扛没斩没难。

Lieb dux jut gangb meib zaid meib nanx.

吉记久扛斗事斗录，

Jib jix jut gangb doub shix doub lub，

吉压久扛没章没萨。

Jib yax jut gangb mengb zhuangb meib sad.

吉记扛否久斗窝得麻你，

Jib jix gangb woub jut doub aot deib mab nit,

吉压扛否久斗窝秋麻炯。

Jib yax gangb woub jut doub aot quid mab jiongx.

吉记扛猛几齐吉叫，

Jib jix gangb mengb jid qit jib jiaob,

吉牙扛猛几嘎吉八。

Jib yax gangb mengb jid giat jib bad.


  驱除不让有那凶神恶鬼，赶杀不让有那凶兆怪异。
  要赶不让再有疾病缠体，要除不让再有灾难祸害。
  驱除不让再有是非口舌，赶杀不让再有官非欺压。
  驱除不让它有躲藏之地，赶杀不让它有栖身之处。
  驱除赶去完全彻底，赶杀赶去祸根断除。


记否苟闹哭内追补，

Jix woub ged laox kux neib zhuix bub,

压否苟闹哭那追绒。

Yax woub ged laox kux nab zhuix rongb.

记否苟闹哭吾不猛得够，

Jix woub ged laox kux wut bub mengb deib gout，

压否苟闹哭斗不猛得越。

Yax woub ged laox kux dout bub mengb deib yueb.

记否几扛否长单补单冬，

Jix woub jid gangb woub changb dand bub changb dand dongt,

压否几扛否长单纵单秋。

Yax woub jid gangb woub changb dand zongb dand quid.


  赶它赶去日洞深坑，遣它遣去月穴深潭。
  赶它赶去暗流让水冲去天涯，
  遣它遣去天坑让水冲去海角。
  赶它让它永远转不到这里，
  遣它让它永久回不到此间。

斗妻列读几齐，

Doub qud lieb dub jid qit,

弄力列他吉叫。

Nongx lib lieb ad jib jiaob.

读约再读几久吉够，

Dub yod zaix dub jid jub jid goub,

他约再他几嘎吉八。

Tad yod zaix tad jid giat jib bad.

读约列扛头炯头高，

Dub yod lieb gangb toub jiongb toub gaod,

他约列扛头久头得。

Tad yod lieb gangb toub jut toub deib,

读约列扛则鲁则炯，

Dux yod lieb gangb zeit lux zeib jiongb,

他约列扛则齐则叫。

Tad yod lieb gangb zeid qib zeid jiaob.


魑魅要灭彻底，魍魉要杀干净。
灭了再灭完全彻底，杀了再杀全部干净。
灭了要灭断根断苑，杀了要杀烂体烂身。
灭了要灭魑魅之种，杀了要杀魍魉之苗。


白久追弄——

Baib jub zhuix nongd—

斗妻嘎你龙标龙斗，

Doub qud giad nit longb bioud longb deb,

弄力嘎炯龙纵龙秋。

Nongx lib giad jiongx longb zongb longb quid.

嘎你千免，

Giad nit qiant miant,

嘎炯千乖。

Qiad jiongx qiant gweit.

嘎你千图，

Giad nit qiant tub,

嘎炯千陇。

Giad jiongx qiant liongd.

嘎你禾突潮录麻果，

Giad nit aot tud zaox lub mab giuet,

嘎炯禾痛潮弄麻明。

Giad jiongx aot tongx zaox nongx mab miongb.

嘎你禾矮昂肖，

Giad nit aot angb xiaot,

嘎炯禾纵酒共。

Giad jiongx aot zongb jiud gongx.

几猛走比麻八，

Jid mengb zoub bid mab bad,

斗冲蒙嘎半弟，

Doub chongt mengb giax banb dib,

斗尼锐蒙吉仰。

Doub nib ruib mengb jib yangd.

扛蒙召半楼腊楼嘎，

Gangb mengb zhaob banb loub lab loub giad,

召共楼猛楼浓。

Zhaob gongx loub mengb loub niongx.

扛蒙产豆腊长几单号弄板纵，

Gangb mengb chant dout lab changb jid dand haox nongd band zongb,

扛蒙吧旧腊长几送号弄板秋。

Gangb mengb bax jux lab changb jid songx haox nongd banb quid.


鬼魅莫在屋角房角，邪魔莫坐房角宅角。

莫躲楼上，莫藏楼脚。

莫在穿枋，莫坐牌坊。

莫躲糯米白米桶中，莫藏小米亮米桶内。

莫躲酸肉坛里，莫藏酸鱼罐内。

不走抓发打脸、打出大门之外，右手提你翻滚。

送你滚坪烂土烂泥，滚坡烂杂烂草。

送你千年也回不转这里家堂，

送你百岁也回不转此间家殿。

## 充绒闹夯·Congd rongx laob hangs·请龙神下凡间

几瓦棍·Jid wax ghunt·调头下凡间

修力洞久，

Xiud lis dongb jiud,

油章洞板。

Yud zhangs dongb biab.

喂扑久洽埋难当，

Wed pub jut qiab manb nanb dangs,

扑要洽埋难留。

Pub yaob qiab manb nanb liux.

内沙几单腊扑几单。

Niax sat jid dans lad pub jid dans.

内包几哭，

Niex baod jid kub,

腊扑几哭。

Lad pub jid kub.

打久打炯嘎秋喂斗得寿告见，

Dad jud dad jongb gad qied wed doub dex shout gaox jiand,

打要打逃嘎怪剖弄告得送嘎。

Dad yaob dad taob gad guanb poud nongb gaox dex songb gax.

声棍喂扑几久腊召，

Shongt ghunt wed pub jid jus lad zhaob,

弄猛喂寿几报腊将。

Nongb mengs wed shoub jid baob lad jiangb.

喂列几瓦长猛冬豆，

Wed lieb jid wab changb mengd dongt dout,

吉嘎长闹冬腊。

Jid gad changb laob dongtt lad.

收煞已了，解祸已完。

我讲恐你难等，讲少怕你难着。

人教直的也讲直的，人教曲的也讲曲的。

若多几句莫怪吾本弟子交钱，

若少几句莫怪我这师郎度纸。

神辞我讲不了也罢，神韵我吟不完也放。

我要调头回转凡间，转面回去凡尘。


几瓦窝冬吧汉·Jid wax aot dongt biab haib·移回诸般供仪


几瓦酒豆酒江，

Jid wax jiud dout jiud jiangb，

达缪这昂。

Dad mious zheb ghax.

标绒标潮，

Bioud rongx bioud ceb，

白录白然。

Biad nux biad rab.

爬林爬章，

Pab liongb pab zhangb，

书虐爬汝。

Sut rub pab rub.

格岭白吾白补，

Gied liongx biad eud biad bub，

格穷白补白冬。

Gied qiongb biad bub biad dongt.

意记送斗，

Yid jid shongb dous，

以达穷炯。

Yid dad qiongb jongb.

勇陇穷雄，

Yongd longs qiongb xiongd，

禾走抗闹，

Aod zoub kangb naox,

穷梅雄棍。

Qingd mieb xiongd ghunt.

几瓦长猛冬豆，

Jid wax changd mengd dongt dout,

吉嘎长闹冬腊。

Jid gax changd laob dongt lad.


搬回供酒甜酒，盘鱼碗肉。

龙堂龙殿，糍粑供粑。

大猪供猪，肥猪好猪。

绿旗满山满水，红旗满坪满地。

纸团糠香，蜂蜡糠烟。

竹柝竹筒，神卜骨卦，招请铜铃。

调头搬回凡间，转面搬回凡尘。


## 充棍闹夯·Chongd ghunt laob hangd·请祖神下凡间

产棍几没然鸟，

Chant ghunt jib miex rax niaox,

吧猛几没拢奈。

Bab mengd jib miex longd nanb.

列拢然鸟——

Lieb longd rax niaox—

绒剖绒娘，

Rongx pout rongx niax,

绒内绒骂，

Rongx niex rongx mab,

绒得绒嘎。

Rongx det rongx gad.

召休猛格，

Zhaob xiub mengd gies,

召兵猛昂。

Zhaob biongd mengd ghax.

召休洞内，

Zhaob xiub dongb niex,

召兵王记。

Zhaob biongd wangb jib.

召休猛补，

Zahob xiub mengd bud,

召闹猛冬。

Zahob laob mengd dongt.

召休内乖浪标，

Zhaob xiub niex guat nangs bioud,

召兵内令浪秋。

Zhaob biongd niex liongbnangd qieb.

然鸟埋闹冬豆，

Rab niaob maib laox dongt dout,

弄奈埋闹冬腊。

Niongx naix maib laox dongt lab.

拔达嘎苟吾鸟，

Piad dab giad goud wut niaob,

浓闹嘎苟嘎缪。

Niongx laox giad giad mioub.

拔达嘎苟提果，

Piad dab giad goud tib guet,

浓闹嘎苟呕雷。

Niongx laox giad goud oud leib.

拔达嘎苟声够声除，

Piad dab giad goud shongt gout shongt chub,

浓闹嘎苟声商比良。

Niongx laox giad goud shongt shangd bid liab.

吾鸟嘎缪，

Wut niaob giad mioub,

提果呕雷，

Tib guet oud leid,

声够声除，

Shongt gout shongt chub,

声商比良，

Shongt shangd bid liab,

怕猛纠录乙苟，

Pat mengb jiub lub yib goud,

怕猛谷叉图公。

Pat mengb guob chad tub gongt.

拔达拔苟先头麻林，

Piad dab piad goud xiand toub mab liuongb,

浓闹浓苟木汝麻头。

Niangx laox niangx goud mub rux mab toub.

拔达拔苟吾见扛拢，

Pad dab pad goud wut jianb gangb liongb,

浓闹浓苟吾嘎扛到。

Niongx laox niongx goud wut giad gangb daox.

苟扛得忙西吾笑斗，

Goud gangb deib mangb xid wut xiaox doub,

苟扛度忙西补笑冬。

Goud gangb dux mangb xid bub xiaox dongt.

苟扛得忙出话出求，

Goud gangb dex mangb chub huat chub qiub,

苟扛度忙出乖出令。

Goud gangb dub mangb chub guet chub liongb.

　　千神没有来请，百神没有来奉。
　　奉请龙公龙母、龙娘龙爷、龙子龙孙。
　　从大海来，从大洋来。
　　从大城市来，从大京城来。
　　从名山来，从大川来。
　　从大官贵家来，从大富翁家来。
　　奉请你们下界，迎请你们下凡。
　　女来莫带口水，男下莫带鼻涕。

女来莫带白布，男下莫带孝服。

女来莫带唱声哼声，男下莫带悲伤哀号。

口水鼻涕，白布孝服。

唱声哼声，悲伤哀号。

隔去九条路途，收去十岔路道。

女来女带生气长寿，男下男带洪福好气。

女来女带财源送来，男下男带财运送到。

女来女带白财送来，男下男带横财送到。

拿送信士光宗耀祖，好让户主祭祖敬神。

要送户主做发做旺，要让东家做富做贵。

## 闹棍·Laob ghunt ·回转凡间

喂列吧奈便告斗补，

Weib lieb bax naix biat gaox doub bub,

照告然冬，

Zhaob gaox rab dongt,

棍缪棍昂，

Gunt mioub gunt angb,

得寿产娥棍空，

Deib shet cant eb gunt kongt,

录汝吧图棍得。

Lub rux bax tub gunt deit,

浪喂声然几最布告送斗，

Nangb weib shongt rab jid zuib bub gaod songx doub,

洞剖弄奈吉麻布龙穷炯。

Dongt pout nongd naix jib miab bub longb qiongx jiongb.

得寿巴为归先归得，

Deib shet bad weib guib xiand guib deit,

弄得巴牙归木归嘎。

Nongx deit bad yab guib mub guib giax.

吉哟——亚——夫——夫窝——夫窝——夫窝。

Jib yod—yad—fud—fud od—fud od—fud od.

阿热声棍,

Ad reib shongt gunt,

长单以留西向,

Changb dandy id liub xid xiangt,

阿然弄猛,

Ad rab nongd mengb,

长送意苟格补。

Changb songx yib goud gib bub.

向剖向娘,

Xiangt pout xiangt niangb,

埋拿召修以留西向,

Maib lab zhaob xiut yid liub xid xiangt,

向内向玛,

Xiangt neid xiangt max,

埋列召闹意苟格补。

Maib lieb zhaob laox yib goud gib bub.

吉哟——亚——夫——夫窝——夫窝——夫窝。

Jib yod—yad—fud—fud od—fud od—fud od.

呕热声棍,

Out reib shongt gunt,

长单几纵棍缪,

Changb dand jid zongb gunt mioub,

呕然弄猛,

Out rab nongd mengb,

长送吉秋棍昂。

Changb songx jib qiux gunt angb.

棍缪召修达纵,

Gunt mioub zhaob xiut dab zongb,

棍昂召闹这胜。

Gunt angb zhaob laox zhex shongx.

吉哟——亚——夫——夫窝——夫窝——夫窝。

Jib yod—yad—fud—fud od—fud od—fud od.

补热声棍,

But reib shongt gunt，

莎腊纵豆拢久，

Sax lab zongb dout liongb jub，

补然弄猛，

But rab nongd mengb，

全见纵腊拢板。

Quanx jianb zongb lab liongb banb.

纵豆归先归得喂不白久，

Zongb dout guib xiand guib deit weib bub beid jiud，

纵腊归木归嘎，

Zongb lab guib mub guib giad，

喂先喂研，

Weib xiand wib yuanb，

喂不白得。

Weib bub beid deb.


　　我要奉请五方土地，六面龙神(寨祖)。

　　鱼神肉神，弟子的千位祖师，尊贵的百位宗师。

　　听我声请齐齐驾赴糠香，闻我声奉齐聚驾赴蜡烟。

　　弟子紧收生气儿气，师郎藏好长寿洪福。

　　神韵——

　　一番神腔，回到家祖大堂，

　　一次神韵，转到家宗大殿。

　　祖公祖婆，暂离家祖大堂下来，

　　祖母祖父，出离家宗大殿下来。

　　神韵——

　　二番神腔，回到鱼神堂中，

　　二次神韵，转到肉神殿内。

　　鱼神暂离鱼神堂中下来，肉神出离肉神堂内下来。

　　神韵——

　　三番神腔，也都来到凡间，

　　三次神韵，全部下到凡尘。

　　回到凡间长寿生气我负满体，

转临凡尘儿孙洪福我得我载、我带满身。

# 赐棍·cib ghunt·安神

长摆窝冬吧汉·Changd baid aos dongt baib haib·安放诸般供仪

酒豆酒江，

Jiud dout jiud jiangb，

达缪这昂。

Dad mious zheb ghax.

标绒标潮，

Bioud rongx bioud ceb，

白录白然。

Biad nux biad rab.

爬林爬章，

Pab liongb pab zhangb，

书虐爬汝。

Sut rub pab rub.

格岭白吾白补，

Gied liongx biad eud biad bub，

格穷白补白冬。

Gied qiongb biad bub biad dongt.

意记送斗，

Yid jid shongb dous，

以达穷炯。

Yid dad qiongb jongb.

勇陇穷雄，

Yongd longs qiongb xiongd，

禾走抗闹，

Aod zoub kangb naox，

穷梅雄棍。

Qingd mieb xiongd ghunt.

长拢江林虫兵，

Changd longd jiangb liongx chongb biongd，

江照虫兄。

Jiangb zhaob chongb xiongd.

供酒甜酒，盘鱼碗肉。

龙堂龙殿，供粑糍粑。

大猪肥猪，供猪好猪。

绿旗满山满水，红旗满坪满地。

纸团糠香，蜂蜡糠烟，

竹栌竹筒，问卜骨卦，招请铜铃。

回来摆在堂屋之中，转来放在中堂之内。

## 赐猛纵·Cib mengd jongb·请大桌祖神上座

几长窝汝意记送斗，

Jid changs aod rub yid jib shongb dout，

几长然鸟——

Jid changes rax niaox——

绒剖绒娘，

Rongx pout rongx niax，

绒内绒骂，

Rongx niex rongx mab，

绒得绒嘎。

Rongx dex rongx gad.

补热声棍纵豆拢久，

Bub rex shongt ghunt zongb dout longd jud，

补然弄猛纵腊拢板。

Bub rax nongb mengd zongb lad longd baib.

纵豆你瓦虫兵标绒，

Zongb dout nid wab chongb biongb bioud rongx，

炯龙虫兄标潮。

Jongb nhong chongb xiongd bioud ceb.

几达然鸟嘎修，

Jid dab rax niaox gad xiut，

吉炯达奈嘎闹。

Jid jongb dab nanb gad laob.

你当喂斗得寿，

Nid dangd wed doud dex shout，

然鸟纵豆列袍扛服，

Rax niaox zongb dout lieb paob gangb hub，

炯当剖弄告得，

Jongb dangd poud nongb gaox det，

弄奈纵腊列奈扛龙。

Nongb nanb zongb lad lieb nanb gangb nongx.

埋你埋当，

Manb nid manb dangd，

埋炯埋留。

Manb jongb manb liub.


又来烧好纸蜡糠烟，又来奉请——

龙公龙母、龙娘龙爷、龙子龙孙。

三声神腔，下到凡间，

三次神韵，光临凡尘。

来到请坐堂屋中的龙堂，来临请坐中堂内的龙殿。

同日有请莫起，同时有敬莫去。

稍等吾本弟子，奉请到齐要供给喝，

稍待我这师郎，奉迎到全要敬送吃。

你们稍等，敬请稍候。


## 赐棍度标·Cib ghunt dub bioud·安东道主神

然鸟向剖向娘，

Rab niaob xiangt pout xiangt niangb，

向内向骂。

（返请诀）

Xiangt neid xiangt max.

便告斗补，

Biat gaox doub bub,

照告然冬，

Zhaox gaox rab dongt,

棍缪棍昂，

Gunt mioub gunt angb,

得寿产娥棍空，

Deib shet cant eb gunt kongt,

录汝吧图棍得。 （临坛诀）

Lub rux bax tux gunt deit.

补热声棍，

But reib shongt gunt,

纵豆拢久，

Zongb dout longs jub,

补然弄猛，

But rab nongd mengb,

纵腊拢板。

Zongb lab longb banb.

纵豆你瓦意记送斗，

Zongb dout nit wab yib jib songx doub,

炯龙以打穷炯。 （安位诀）

Qiongx longb yit dt qiongx jiongb.

你瓦喂斗得寿，

Nit wab weib doub deib shet,

炯龙剖弄告得。

Qiongx longb pout nongd gaot deit.

几达然鸟嘎修，

Jid dab rab niaob giat xiut,

吉炯达奈嘎闹。

Jib jiongx dab naix giat laox.

葵汝葵将声棍，

Kiub rux kiub jiangx shongt gunt,

几将归先归得，

Jid jiangb guib xiand guib deib,

录汝录将弄猛,

Lub rux lub jiangb nongd mengb,

几将归木归嘎。

Jid jiangb guib mub guib giad.

吉哟——亚——夫——夫窝——夫窝——夫窝。　　　（收魂诀）

Jib yod—yad—fud—fud od—fud od—fud od.


　　奉请祖公祖婆,祖母祖父,

　　五方土地,六面龙神,

　　鱼神肉神,弟子的千位祖师,尊贵的百位宗师。

　　三番神腔,来到凡间,

　　三次神韵,光临凡尘。

　　来到坐享纸团糠香,光临坐受蜂蜡糠烟。

　　坐拥吾本弟子,守护我这师郎。

　　同日有请莫起,同时有敬莫去。

　　祖师放下神腔,不放长寿生气,

　　本师放下神韵,不放儿孙洪福。

　　神韵——


然鸟埋莎纵豆拢久,

Rab niaob maib sax zongb dout liongb jub,

弄难埋莎纵腊拢板。

Nongx nanb maib sax zongb lab liongb banb.

喂斗得寿,

Weib doub deib shet,

喂拢告见喂到先头。

Weib liongb gaot jianb weib daox xiand toub.

剖弄告得,

Pout nongd gaot deit,

剖弄送嘎剖到木汝。

Pout nongd songx giax pout daox mub rux.

你娘产谷产豆,

Nit niangb cant guob cant dout,

炯挂吧谷吧就。

Jiongx guax bax guob bax jux.

度标度竹莎你莎汝,

Dub bioud dud zhub sax nit sax rux,

纵那纵苟莎总莎在。

Zongb nat zongb goud sax zongx sax zaib.

吉哟——亚——夫——夫窝——夫窝——夫窝。　　（收魂诀）

Jib yod—yad—fud—fud od—fud od—fud od.


奉请你们也都来了,奉迎大家全都来临。

吾本弟子,我来主持我得长寿。

我这师郎,我来主祭我得洪福。

坐得千余年去,活过百余岁去。

信士全家都得清吉,在场大众都获平安。

神韵——

龙堂祭坛的设置场景

# 后 记

　　笔者在本家 32 代祖传的丰厚资料的基础上，通过 50 多年来对湖南、贵州、四川、湖北、重庆等五省市及周边各地苗族巴代文化资料挖掘、搜集、整理和译注，最终完成了这套《湘西苗族民间传统文化丛书》。

　　本套丛书共 7 大类 76 本 2500 多万字及 4000 余幅仪式彩图，这在学术界可谓鸿篇巨制。如此成就的取得，除了本宗本祖、本家本人、本师本徒、本亲本眷之人力、财力、物力的投入外，还离不开政界、学术界以及其他社会各界热爱苗族文化的仁人志士的大力支持。首先，要感谢湖南省民族宗教事务委员会、湘西州政府、湘西州人大、湘西州政协、湘西州文化旅游广电局、花垣县委、花垣县民族宗教事务和旅游文化广电新闻出版局、吉首大学历史文化学院、吉首大学音乐舞蹈学院、湖南省社科联等各级领导和有关工作人员的大力支持；其次，要感谢中南大学出版社积极申报国家出版基金，使本套丛书顺利出版；最后，还要感谢苗族文化研究者、爱好者的大力推崇。他们的支持与鼓励，将为苗族巴代文化迈入新时代打下牢固的基础、搭建良好的平台；他们的功绩，将铭刻于苗族文化发展的里程碑，将载入史册。《湘西苗族民间传统文化丛书》会记住他们，苗族文化阵营会记住他们，苗族的文明史会记住他们，苗族的子子孙孙也会永远记住他们。

　　本书除了部分说明、注释外，余下皆为科仪实录。由于对苗族巴代文化的研究还有待进一步深入，其中诸多术语、论断有可能还不够完善，还由于工程巨大、牵涉面广、时间仓促，错误在所难免，诚望读者海涵、指正。

　　浩浩宇宙，莽莽苍穹，茫茫大地，悠悠岁月，古往今来，曾有我者，一闪而过，何失何得？我们匆匆忙忙地从来处来，又将急急促促地奔向去处，当下只不过是到人世这个驿站小驻一下。人生虽然只是一闪而过，但我们总该为这个驿站做点什么或留点什么。瞬间的灵光，留下一丝丝印记，那是供人们记忆的。最后我们还得从容地走，而且要走得自然、安详、果断，消失得无影无踪……

编　者

2019 年 11 月

**图书在版编目（CIP）数据**

接龙. 第一册／石寿贵编. —长沙：中南大学
出版社，2019.12

（湘西苗族民间传统文化丛书）

ISBN 978 - 7 - 5487 - 3704 - 9

Ⅰ.①接… Ⅱ.①石… Ⅲ.①苗族—祭祀—民族文化
—介绍—湘西土家族苗族自治州 Ⅳ.①K892.29

中国版本图书馆 CIP 数据核字（2019）第 171522 号

接龙（第一册）

**JIELONG（DI-YI CE）**

石寿贵　编

□**责任编辑**　陈应征

□**责任印制**　易红卫

□**出版发行**　中南大学出版社

　　　　　　社址：长沙市麓山南路　　　　邮编：410083

　　　　　　发行科电话：0731 - 88876770　　传真：0731 - 88710482

□**印　　装**　湖南省众鑫印务有限公司

□**开　　本**　710 mm × 1000 mm　1/16　□**印张** 23.25　□**字数** 559 千字　□**插页** 2

□**版　　次**　2019 年 12 月第 1 版　□2019 年 12 月第 1 次印刷

□**书　　号**　ISBN 978 - 7 - 5487 - 3704 - 9

□**定　　价**　316.00 元